献给上海锦天城(天津)律师事务所成立10周年

锦天城法律实务丛书

涉企疑难案例
深度解析与操作指引

IN-DEPTH ANALYSIS AND
OPERATIONAL GUIDELINES FOR
DIFFICULT CASES INVOLVING ENTERPRISES

上海锦天城（天津）律师事务所 / 主编

法律出版社　LAW PRESS·CHINA

北京

图书在版编目（CIP）数据

涉企疑难案例深度解析与操作指引／上海锦天城（天津）律师事务所主编． -- 北京：法律出版社，2025． -- ISBN 978 - 7 - 5244 - 0179 - 7

Ⅰ．D922.291.914

中国国家版本馆 CIP 数据核字第 2025RB8822 号

涉企疑难案例深度解析与操作指引
SHEQI YINAN ANLI SHENDU JIEXI
YU CAOZUO ZHIYIN

上海锦天城（天津）律师事务所　主编

策划编辑　田　浩
责任编辑　田　浩
装帧设计　臧晓飞

出版发行	法律出版社	开本	710 毫米×1000 毫米　1/16
编辑统筹	法商出版分社	印张 17　字数 278 千	
责任校对	杨锦华　李景美	版本	2025 年 6 月第 1 版
责任印制	胡晓雅	印次	2025 年 6 月第 1 次印刷
经　　销	新华书店	印刷	三河市兴达印务有限公司

地址：北京市丰台区莲花池西里 7 号（100073）
网址：www.lawpress.com.cn　　　　　　销售电话：010 - 83938349
投稿邮箱：info@ lawpress.com.cn　　　　客服电话：010 - 83938350
举报盗版邮箱：jbwq@ lawpress.com.cn　　咨询电话：010 - 63939796
版权所有·侵权必究

书号：ISBN 978 - 7 - 5244 - 0179 - 7　　　　定价：68.00 元

凡购买本社图书，如有印装错误，我社负责退换。电话：010 - 83938349

编写人员名单

(按照姓氏首字母排序)

白 雪	陈 飚	陈正昕	陈 新	董彦林	窦立君
杜学义	杜世川	冯俊武	范云洁	冯艳娇	付 有
光利岗	关立君	胡德莉	贾丽丽	兰玉梅	李克强
李冀君	李彦君	刘楚才	李 楠	刘弘琳	李大为
任妍晖	沈 健	尚丽娟	田学义	王腾燕	王忠琦
王 娜	王丽婷	王文怡	夏凡兮	于娟娟	张昕华
张彩霞	臧雪君	张文嘉			

序 言

上海锦天城律师事务所（以下简称锦天城）成立于1999年，是一家提供一站式法律服务的综合性律师事务所，在核心业务领域具备行业领先优势。锦天城深刻洞察法律行业发展趋势，始终秉持着对卓越服务的不懈追求，坚定不移地沿着规范化、专业化、数字化、国际化的方向阔步前行。

上海锦天城（天津）律师事务所（以下简称锦天城天津分所）于2015年6月9日应时而生。十载春秋，我们始终将陪伴客户成长奉为圭臬，矢志不渝地为客户提供一站式、精细化、专业化的卓越法律服务。过去10年中，我们不断雕琢服务细节，优化服务品质，凭借专业的能力和敬业的态度，成功为近7000家企业量身定制全流程、全周期的法律解决方案，不仅实现法律风险的精准防控，更为企业创造超数百亿元价值。在天津这片充满机遇与挑战的土地上，留下了锦天城律师坚实而深刻的足迹。

值此锦天城天津分所成立10周年之际，为进一步发挥我们的专业优势，积极践行社会责任，我们将服务实体经济与客户的智慧结晶凝练成书。书中精选的29个典型案例，涵盖公司治理、资本市场、银行金融、财富传承、破产清算等专业领域，既有化解上市公司控制权争夺的实战策略，也有破解企业困局的退出方案。书中所涉案例皆源自锦天城律师办理的真实案件，为严守客户信息安全，我们对客户名称及相关敏感信息进行了妥善处理。本书立足客户视角，回溯与企业发展紧密相连的过往项目及纠纷解决过程，深入剖析其中的法律难点，抽丝剥茧，层层深入，详细阐述解决思路。每个案例经法律关系图谱、争议焦点分析、风险防控指南的三重解构，为企业应对复杂商业环境的法律问题提供具有前瞻性与实用性的专业建议及可复制的解决方案。

  总结过往，锦天城天津分所的发展离不开各级党委政府的关心，离不开司法行政机关的指导，离不开锦天城管理总部、上海总所及各兄弟分所的帮助，更离不开每一位客户的信任与托付以及社会各界朋友的鼎力支持。这份深厚情谊，我们铭记于心。

  值此本书付梓之际，我们怀着最诚挚的感恩之情，向大家汇报我们的"拾光征程"，并向长期以来选择、信任、支持、帮助锦天城天津分所的朋友们致以最崇高的敬意与最衷心的感谢！同时，借此机会，一并感谢自锦天城天津分所成立以来，为律所曾经奉献过以及持续奉献着的每一位，愿我们在坚持长期主义的路上做时间的朋友。

  站在新的历史起点，展望未来，我们初心不改。我们将继续发挥锦天城的专业优势，持续提升专业能力，以法律＋科技、服务生态化为驱动，在人工智能与法律融合以及复杂商事法律服务等领域持续突破，不仅做法律服务的提供者，更要成为企业价值的共同创造者，真正成为人民群众合法权益的维护者、经济社会高质量发展的推动者、国家法治进步的参与者与贡献者！

  最后，走过"拾光征程"，10岁的锦天城天津分所芳华正茂。致敬过去10年那一段为了理想奋不顾身的岁月。愿我们常怀赤子之心，用心底的光照亮下一个10年及更远未来的征途。

  山水一程，不负遇见。

  是为序。

上海锦天城（天津）律师事务所

负责人：于娟娟

2025年仲夏于海河之畔

目·录

卷首故事

从被外资收购到独立上市，再从购销合同到重大资产重组
——与客户共同成长的故事 | 003

企业运营篇 一

私募新规后首家登记通过的私募基金管理人项目实操指引 | 013

打造中国首个养老行业可信数据空间的法律实践 | 019

职员私刻公章签署的合同是否有效之实务分析
——表见代理案例分析 | 026

用工主体责任纠纷解决指引
——刘某与天津某建筑公司、天津某集团公司、张某、李某用工主体责任纠纷 | 034

企业用工合规管理之医疗期及"泡病假"员工的合规管理 | 040

违法分包下，劳务分包合同的"雷区"与"旋涡" | 048

合同僵局情形下，合同的解除时间司法实务适用
规则解读 | 057

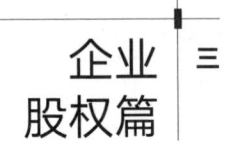

房地产企业融资中的非典型担保方式分析
——让与担保与所有权预告登记 | 069

债权类基础资产作为信托财产的独立性分析
——以某信托公司执行异议案件为例 | 077

服务类企业商标侵权及不正当竞争纠纷实务 | 084

债权人撤销权的可行性路径分析
——名转股　实逃债 | 091

提单背面管辖权条款的法律效力分析 | 100

天津城市更新法律实践
——国有土地上房屋征收与补偿 | 108

如何赢得公司控制权争夺战
——股权纠纷解读 | 125

新三板公司股权代持案例分析 | 134

一人公司股东人格否认应诉策略应用 | 140

审计报告在一人公司股东连带责任案件中的证据
认定规则分析 | 148

公司决议不成立之诉讼拆解
——伪造股东签名情形下的公司决议 | 162

目 录

企业退出篇 四

风险处置服务信托
——某大型国有地产开发企业市场化重组服务信托案例分析 | 173

强制清算案件实务要点 | 182

企业自主清算及破产清算前的风险梳理项目指引 | 190

公司解散纠纷解决
——国有股东视角 | 196

PPP 项目争议剖析及结算退出建议 | 205

权益保障篇 五

破解"以房产置换赡养"现实困境
——赠与合同纠纷案 | 217

老年再婚妇女在离婚案件中的财产保护 | 224

无罪辩护经典案例解读
——周某涉嫌诈骗罪羁押 3 年被判无罪案 | 232

贪污罪的辩护要点 | 239

优秀民营企业深陷法律盲区之应对 | 249

对法院委托鉴定机构所作的鉴定结论有异议之救济路径探析 | 256

# 卷首故事

从被外资收购到独立上市，再从购销合同到重大资产重组
——与客户共同成长的故事

张昕华

一、初见

2010年盛夏，那时的我在其他律所独立执业还不到一年。

缘于曾经的留学经历，我可以使用英文作为工作语言。也许正是这个原因，我结识了李总。到现在15年过去了，我依然记得我们初见的情景。那时，李总一个人背着双肩包到我的办公室和我见面，虽然身材不高，但腰背挺拔，虽然戴着眼镜，却遮挡不住炯炯的目光。李总到律师事务所是咨询他将公司股权出售给美国行业巨头的事情，他坦率、睿智，但又不失谦和，笑起来还带着点憨厚。当时谁也想不到年度净利润只有四五百万元的"小作坊"，今天能够成为市值近百亿元的上市公司、行业龙头。

美国人搞跨境并购项目，喜欢给项目起个名字，2010年是中国虎年，所以，这个项目的名字叫"Tiger Project"（老虎项目）。

这个项目说起来其实也不复杂。李总及其创业团队持有一家研发、生产、销售高分子材料抗老化助剂产品公司的全部股权，并拟向一家美国公司出售超过50%的控制权。由于李总及其创业团队都具有天津大学化工专业背景，在这个领域本身就具有学科优势，加之多年来的不懈努力，到2010年时，公司业务已经在国际市场崭露头角。高分子材料抗老化助剂也被称作"工业味精"，在各种工业材料领域应用广泛，但是全球市场规模不大。这就意味着在这个领域，把一家

公司搞起来或许不算困难，但也容易被竞争对手"盯上"。而这个"Tiger Project"的收购方，也正是当时全球行业三巨头之一。

我介入这个项目的时候，收购方已经完成了项目尽职调查，尽职调查的结果令收购方基本满意，按照一般的跨境并购交易流程，接下来进入实体交易谈判的过程。

二、决断

2010年9月2日下午3时，召开了项目出让方内部谈判准备会。在这个会议之前，我认为这个项目的实质法律文件就是《股权转让协议》、《合资合同》和《公司章程》，核心条款应该是股权转让价格、付款节点、陈述和保证、转让后的公司治理安排及相关的人事任免等常规条款，再加上一些中国律师需要辅助完成的工作，比如当时的外商投资企业审批、工商登记变更等。

直到谈判准备会上，我才知道需要谈判的内容和涉及的文件包括股权转让、财务控制、商标授权许可及禁用、原材料独家供应、产成品独家销售……甚至包括解散研发团队的相关约定。签订这一揽子协议，标志着李总公司的研发、品牌、采购、销售全都被美国人牢牢控制。这等同于把公司从一家集研发、生产、销售于一体的全方位、全功能的独立市场主体，变成了一个美国人的生产车间。更有甚者，谈判时公司的剩余经营期限已经不足10年，一般来说，买卖双方都会借并购的机会延长企业经营期限，但是，在《合资合同》《公司章程》的修改草案中却并未提及延长企业经营期限的事。这意味着或许不出10年，这个李总及其创业团队哺育了多年的"孩子"，将终结于激烈的国际市场竞争中。

这哪里是以强强联合、携手发展为商业目标的跨境并购！这分明就是以消灭竞争对手为目的的计划。美国企业打着全球研发、全球采购、全球销售、全球品牌战略的幌子，以股权转让的美元对价为先锋开路，以产品销售的低价竞争为威胁手段，事实上就是要消灭我们刚刚登上国际舞台的民族工业企业。这不禁让我想起来高中历史课学过的一个词："大棒加金元"。

司马昭之心，路人皆知。我有心提示，但转念一想，作为在行业中长期摸爬滚打的企业家，李总及其创业团队又何尝不清楚美国人的狼子野心。其实把企业卖个好价钱，拿着价值不菲的股权转让对价环游世界、享受人生，或许也是个不错的选择……

卷首故事

感触归感触，律师的本职工作还是要做的，而且必须精益求精、尽善尽美。作为全球的行业龙头企业，美国公司的律师团队非常强大，包括一名美国总部的美国律师、两名亚太区总部的中国香港律师和两名中国知名红圈所的中国律师。受限于律师费预算，出让方的律师只有我一个人，而且有时还要兼任翻译。在后续半年左右的时间里，关于合同文本的谈判紧锣密鼓地进行着，其间还有数不清的邮件沟通和电话会议，而且还进行了四次现场谈判。大多数的现场谈判都是我一个人应对对方5名律师。中国内地、香港地区和美国的法律有很多区别，谈判桌上，我有时会利用这些法律规定的区别，挑起对方律师团队内部的讨论，利用对方律师"内讧"的时间休息并思考接下来的谈判策略，这在一定程度上也缓解了我方律师人数不足的劣势。

我印象最深的一次现场谈判是在天津进行的，由于美国团队第二天下午就要从北京飞回美国，那天的谈判从上午10时进行到了夜里2时多。在中方的不断坚持和努力下，在股权转让的核心条款——股权转让定价以及转让后业绩承诺确认标准问题上，中方取得了重大进展。美方放弃了其一直坚持的以EBIT（息税前利润）作为股权转让对价的定价模型基础，同意了中方坚持的以EBITDA（税息折旧及摊销前利润）为基础，单这一项就为出让方股东争取了可观的转让对价增值。相反，在股权转让后的业绩承诺问题上，美方也同意了以EBITDA作为标的公司利润的确认依据。

多年来，我在同行交流、实习生培训等很多不同的场合都提起过那天的谈判，给我印象最深的其实是"幸福来得太突然"。股权转让对价和期后业绩承诺这两个重大问题其实是当天双方谈判的第一个环节。一方面事关重大不能轻易让步，另一方面还要保持相对良好的谈判气氛，所以双方律师好像有默契一样，在这两个问题上是谈谈又放下、放下又谈谈，凌晨12时过了双方在核心利益上还是各不相让、僵持不下；直到凌晨一点半左右，美方的首席谈判律师忽然说了一句："OK, We agree."（好吧，我们同意。）老实说，他说这句话的时候，我还不知道对方为什么就忽然同意了中方的主张；直到看到美方律师红肿的眼睛和会议桌上装满烟头的烟灰缸，我才明白：他们谈不动了。

实践给我们上了生动的一课，除了需要和委托人的紧密配合以及扎实的法律功底、良好的沟通技巧，对于律师而言，成功的商业谈判往往还需要一个非常重要的因素：过硬的体力支持！

2011年3月11日，中美双方敲定了所有需要签署的全部合同文本，天津津利华酒店的宴会厅里觥筹交错。双方都对谈判半年来取得的成绩感到满意，谈判过程中发生过的些许摩擦也随风散去，我与律师对手们也都成了朋友。按照程序，美方回国后会将这次系列交易方案及相应的合同文本提交董事会批准，随后即可签约，作为程序对等的体现，中方也提出同样的董事会审批程序。事后回想，正是因为人为地加入了这个本来不必要的对等程序，公司有可能走上另一条自主发展的康庄大道。

宴会结束后，我、李总以及另一位创始团队的孙姓老总同车离开，司机开着李总用了十几年的老奔驰行驶在初春空旷的马路上，车窗外灯火阑珊，车厢里的三个人醉意朦胧。"就这么把公司给美国人了？"孙总貌似不经意地问。没有人说话，那一瞬间，车厢里的空气凝固了。过了一会儿，李总说："这半年多，谈的条件再好也觉得哪里憋屈，但是不卖给美国人，公司的出路又在哪里呢？""咱自己Ａ股上市啊，美国人想消灭我们，这本身就说明我们有价值……"借着酒劲，我终于把憋了半年多的话说出来了。

那一天的下午，日本发生了9.0级地震和强烈海啸。也是从那一天开始，李总及其创始团队一手打造和培养的公司放弃了被美国行业巨头并购的计划，踏上了国内上市、自主发展的征途。

三、发展

发展才是硬道理。转眼来到2015年。

经过了四年多的发展，李总公司的业务取得了长足的发展和进步，已经向中国证监会提交了首次公开发行股票并在创业板上市的申请。而我，也从一个初涉江湖的独立律师成长为上海锦天城（天津）律师事务所的创始合伙人。2015年10月29日，上海锦天城（天津）律师事务所的开业庆典上，李总专程亲自到场致贺。这几年间，我也一直作为公司的法律顾问，陪伴、见证着公司的成长和发展。上市之路岂是一帆风顺，环保标准提高、"专利蟑螂"骚扰、意外事件发生、发行审核停摆、国际市场的对手排挤、国内市场的无序竞争……凡此种种，无一不考验着一个企业家的耐心、信心和决心。而我能做的，不过仍是一个律师的本分：解决争议、创造价值。

2015年9月的一天，律所办公室里还残存着一点装修的味道。按照约定的时间，孙总来到我的办公室。对，就是说"就这么把公司给美国人了"的孙总。这次孙总到访，主要是请律师帮助公司起草一份购销合同。作为最基本的商事交易合同，购销合同大量出现在社会经济活动的方方面面，多到很少请律师帮助起草，大部分的购销合同都是在频繁且稳定的商业合作中，由交易双方自行起草并长期使用了。显然，这次孙总亲自到访，说明这个购销合同具备一定的特殊性。

故事是这样的：一家河北衡水的公司生产李总公司产品的一种主要原材料，这家衡水公司的产品供不应求，价格也不稳定，对李总公司的原材料供应和成本控制都产生了不利的影响。因此，公司需要一份有分量的购销合同，能够稳定住原材料供应的数量和价格。往小了说，这份合同关系到李总公司的产品交期、成本利润等指标；往大了说，这份合同也关乎李总公司业绩表现和上市审核前景。衡水公司的创始人和时任总经理是全国、省级劳动模范，都是从国有企业走出来的民营企业家，有胸怀、有担当，在我看来属于讲诚信又不失精明、能吃苦又洞察大局的儒商。经过几轮谈判，这份购销合同顺利地签署并履行了。购销合同的大体框架是，购销双方事先沟通商定下一年度的产品购销计划，包括从数量到交期、从价格到账期等核心商业条款，然后按照购销计划执行。如此卖方有了明确的销售预期，买方也获得了稳定的原材料供应保证。

但是这份购销合同需要购销双方每年进行一轮交易磋商，卖方的生产成本变化、买方的产品价格波动，都需要购销双方在上一年末做出相对准确的预计。在瞬息万变商海中，做到相对准确谈何容易。其实，对于李总公司和衡水公司而言，双方都是规规矩矩的生意人，且合作多年、友谊深厚，如果一方确实因为客观条件发生变化而导致已经达成的购销计划不得不发生变更，对方也基本能够充分理解并且会尽最大努力配合。但是，这种配合是情分而不是本分，按照合同条款约定，很多情况下被配合的一方在对方同意配合前就已经违约了。于是，在这种背景下，双方不约而同地产生了一个想法：组建合资公司，专门满足李总公司的原材料供应。那么，对于律师而言，比购销合同更重大的工作来了，开展组建合资公司的商业谈判。例如，出资主体、总投金额、公司选址、产线安排、出资比例、公司治理等，这一谈又是将近一年。

不过好消息是，2017 年年初，李总公司成功上市了。从 2011 年 3 月算起来，将近 6 年的时间和努力终究没有错付，其中所有的艰辛、挫折甚至痛苦，都随着李总敲响深圳证券交易所铜锣的响亮声音而得到了释放。

李总公司成功上市增强了衡水公司股东对于组建合资公司的信心，但是组建合资公司的具体事务谈判还要一步一步地推进，其中双方共同面对的问题还是需要一个一个地解决。比如，在衡水公司如何平衡合资公司和本公司之间的生产要素分配的问题上，双方就谈了很久。前文说过，高分子材料抗老化助剂产品被称作"工业味精"，全球的市场份额总体就不大，对于中国这样一个制造业强国而言，这个产品的全球产能大部分也在中国。说起来行业里的几家企业相互之间不仅认识，而且熟悉。作为主要原材料供应商，衡水公司的产能向上市公司倾斜，必然招致其他客户的不满，这也成了摆在双方老总面前的共同难题。

"和衡水公司合作的背景已经发生了变化，现在我们已经是A股上市公司，可以考虑发行股份购买资产，把衡水公司100%收了。"基于对衡水公司股权结构、业务、资产等方面的深入了解，经过和券商保荐代表人的反复、深入、细致交流，我们郑重向李总提出了这个建议。经过审慎思考，李总和衡水公司股东都同意了我们的建议。由此，我们又开启了发行股份购买资产重大资产重组项目的漫漫征途。

业内人士都了解，发行股份购买资产、重大资产重组实质上是两部分工作：（1）以接近首发上市的标准审核目标公司；（2）在目标公司原股东的经济利益诉求和上市公司增发股份之间寻求一个合理交易价格。我个人感觉，从某种程度上讲，这个业务比单纯的IPO更有挑战性，也更能创造价值。受限于当时执业律师事务所的业绩和资质，我并不是李总公司当年IPO的签字律师；这次不一样了，有了锦天城有力的支撑和丰富的经验，终于可以自己干了。

2019年4月26日，经过大概一个半小时的等待，我们迎来了好消息：上市公司发行股份购买资产、重大资产重组项目无条件过会！短短的一个半小时背后，是强大的实力、充分的准备、深厚扎实的法律功底和夜以继日的不懈努力。在这个项目推进过程中，我印象最深的，还是锦天城一丝不苟的工作态度和精益求精的执业精神。举个简单的例子，这个重大资产重组项目最终向中国证监会提交的法律意见书一共60页，但是回应锦天城内核审查的答复文件搞了98页。功夫不负有心人，在中国证监会并购重组委的审核会上，他们没有向律师提问一个问题……

四、感受

十五年，对于任何一个律师，都是一段最珍贵的时光。与李总共处的十五年来，我和客户的平台、规模、业务都取得了高速的发展和长足的进步，是律师和客户共生共长、彼此成就的典型例证。一个律师的本分，就是解决争议、创造价值。我想，也许一个律师、一家律师事务所，乃至整个律师行业的发展，也应该根植在这个过程中吧。

现在，我仍然担任着上市公司的常年法律顾问，一如既往地做好我的本职工作，为上市公司的经营发展贡献力量。经过十几年的发展，李总公司目前已经成为全球行业头部企业，生产基地遍布全国、营销网络覆盖全球。那个"Tiger Project"的收购方终究没能竞争过勤劳、勇敢、善良的中国企业家，早已黯然退出了这个行业。并购之后，衡水公司借助上市公司的平台和资源得以进一步健康发展，不仅增加了上市公司的产品条线，也为整个企业乃至中国精细化工行业的发展贡献着力量。跟随中国"一带一路"建设的推进，上市公司已经或将要开展若干重大海外并购计划，实现了从"卖给外国企业"到"收购外国企业"的蜕变；在国际并购的商业谈判中，我也从一个初涉江湖的年轻律师蜕变成了收购方律师团的牵头律师。

现在的李总已经年逾花甲，但仍然在为企业的持续壮大、行业的不断发展而辛勤奔波、不懈努力着。上海锦天城（天津）律师事务所也成了天津市场的头部律师事务所，不论事务所人数、创收总额还是人均创收额均在天津市场名列前茅。事业越做越大，大家也都变得越来越忙，见面的机会少了，但是我偶尔还是会忙里偷闲和李总小酌两杯，共同回味过往、畅谈未来。每次李总笑起来，还是带着那一点点憨厚……

一

企业运营篇

私募新规后首家登记通过的私募基金管理人项目实操指引

刘楚才　冯艳娇

一、项目介绍

根据中国证券投资基金业协会（以下简称基金业协会）于2016年2月5日发布的《关于进一步规范私募基金管理人登记若干事项的公告》（中基协发〔2016〕4号）的要求，自公告发布之日起，新申请私募基金管理人登记，需通过私募基金登记备案系统提交中国律师事务所出具的法律意见书。2023年1月11日，上海锦天城（天津）律师事务所接受某某创业投资管理有限公司（以下简称某某创投）委托，为其办理私募股权、创业投资基金管理人登记提供全流程法律服务。2023年2月24日，基金业协会发布《私募投资基金登记备案办法》（以下简称私募新规或《办法》），该办法自2023年5月1日起施行，并规定自2023年5月1日起，《办法》施行前已提交但尚未完成办理的登记、备案及信息变更事项，基金业协会按照《办法》办理。面对突如其来的新规，我所律师充分与某某创投工作人员沟通项目的特殊性、紧迫性，并梳理某某创投是否有与私募新规要求冲突的情况，提示相关风险，经梳理后发现除某某创投成立时间已超过12个月与基金业协会新规要求不符外，其他关于注册资本及实缴出资金额要求、投资决策负责人的投资业绩证明材料、核心高管持股、实控人及高管专业性等方面，某某创投均符合私募新规要求。最终经与某某创投实际控制人沟通，决定尽快在最短时间内准备齐全登记所需材料，争取在私募新规施行前提交私募股权、创业投资基金管理人登记，私募新规施行后还未办理完毕的，与基金业协会沟通协商整改措施或另行设立新公司办理私募基金管理人登记。

二、项目难点

1. 某某创投成立于2021年4月19日,已设立超过12个月。《私募基金管理人登记指引第1号——基本经营要求》第2条明确规定:自市场主体工商登记之日起12个月内提请办理私募基金管理人登记。某某创投已设立超过12个月仍未提交管理人登记,即便于私募新规实施前提交管理人登记申请,如在私募新规实施后,某某创投仍未通过管理人登记,则有无法通过登记的风险。

2. 某某创投与实际控制人赵某某、投资经理姜某及外部第三方人员赵某萌共同出资设立某某(天津)科技咨询合伙企业(有限合伙)(以下简称某某平台),某某平台已出资1200万元对外投资了某某黑科技有限公司(以下简称黑科技公司)。鉴于基金业协会要求"在申请登记前违规发行私募基金,且存在公开宣传推介、向非合格投资者募集资金行为的,协会将不予办理登记",某某创投与外部第三方人员赵某萌共同设立某某平台的行为是否属于向第三方非公开募集并设立有限合伙企业形式的私募基金、是否违反了基金业协会前述监管要求,须调查清楚并妥善解决,如属提前违规展业,则很可能有无法通过登记的风险。

3. 某某创投实际控制人赵某某曾于2011年3月出资100万元(持有5%股权)与刘某等人共同投资设立辽宁某某房地产有限公司(以下简称某某房地产)。根据基金业协会监管要求,申请机构主要出资人曾经从事过或目前仍兼营房地产开发等与私募基金业务相冲突业务的,基金业协会将不予办理登记,且自该机构不予登记之日起1年内不接受办理其高管担任私募基金管理人高管,作为私募基金管理人的出资人或实际控制人。如赵某某曾经从事过房地产开发相关业务,那么基金业协会将不予办理某某创投登记,这属于管理人登记中风险最大的情形之一,该问题急需解决。

三、法律分析

1. 针对某某创投自2021年4月设立至今未登记为私募基金管理人的事项。

《私募基金管理人登记指引第1号——基本经营要求》第2条还对无法自市场主体工商登记之日起12个月内提请办理私募基金管理人登记的企业留有"但

企业运营篇

书"条款:"但因国家有关部门政策变化等情形需要暂缓办理登记的除外。"本所律师经访谈某某创投实际控制人赵某某及投资决策负责人韩某了解到:某某创投设立时拟登记为私募基金管理人,由于新冠疫情,出行不便,募资困难,且基金业协会的基金从业资格考试一直处于暂停状态,风控总监一直未能找到合适人选,某某创投的私募基金管理人登记工作被搁置。2022年12月30日,某某创投确定了风控总监一职人选并与之签订了劳动合同,某某创投正式重启私募基金管理人登记的筹备工作。本所律师如实将该情况在法律意见书中披露。

2023年4月28日,即距离私募新规施行还有2天的时间,某某创投收到基金业协会审核人员的第二次反馈意见:"根据2023年2月24日协会《关于发布〈私募投资基金登记备案办法〉的公告》(中基协发〔2023〕5号)的相关要求,自2023年5月1日起,《私募投资基金登记备案办法》施行前已提交但尚未完成办理的登记、备案及信息变更事项,协会将按照《办法》办理。请机构对照《办法》及配套指引的要求,对机构实缴资本、核心高管持股、实控任职、实控及高管专业性、投资业绩证明材料等信息进行核实,并根据《私募基金管理人登记申请材料清单(2023年修订)》重新提交材料。"该意见是基金业协会的最后一次反馈意见,基金业协会审核人员并未要求某某创投核实成立时间超过12个月的问题。

2. 针对某某创投与外部第三方人员赵某萌共同设立某某平台的行为是否属于向第三方非公开募集并设立有限合伙企业形式的私募基金、是否违反了基金业协会前述监管要求。

本所律师经访谈某某创投实际控制人赵某某了解到:外部第三方人员赵某萌与黑科技公司董事李某某是同学,在李某某的介绍下,赵某萌了解到黑科技公司的投资机会。通过李某某的介绍,赵某某也有了投资黑科技公司的想法。赵某萌作为自然人投资不太便利,无时间办理各项手续,便提出与赵某某一起投资黑科技公司,赵某萌出资50万元投资了某某创投担任普通合伙人的某某平台,某某平台又投资了黑科技公司。赵某萌也没有向某某创投缴纳过管理费或其他费用,其与其他有限合伙人享有同等的权利和义务。

《私募投资基金监督管理暂行办法》第2条第3款规定:"非公开募集资金,以进行投资活动为目的设立的公司或者合伙企业,资产由基金管理人或者普通合伙人管理的,其登记备案、资金募集和投资运作适用本办法。"本所律师结合我国私募基金的监管规定，认定某某创投并未向外部第三方人员赵某萌非公开募集资金，设立的某某平台也无私募基金的意思表示，本所律师建议赵某某联系外部第三方人员赵某萌出具《情况说明》，将实际情况陈述清楚，并在法律意见书中论证某某平台并非私募基金，某某创投并未在登记为私募基金管理人前从事私募基金业务。

2023年4月28日，某某创投收到基金业协会审核人员的第二次反馈意见："某某创投下设有限合伙且有对外投资，与某某创投未来备案私募基金如何业务隔离、防范风险"。就此问题，本所律师核查赵某某及某某平台、博时平台出具的《承诺函》及某某创业《业务隔离制度》《公平交易制度》，申请人下设两个有限合伙分别为某某平台、博时平台。博时平台是专门为了投资某某智能科技有限公司、某某平台是专门为了投资黑科技公司而设立的SPV（特殊目的公司），两个有限合伙企业均不涉及对外募集，赵某某及两合伙企业承诺：未来不会进行其他业务（包括对外投资），前述项目到期后考虑清算注销，与某某创投未来备案私募基金不会存在利益冲突。某某创投已制定了《业务隔离制度》，规定某某创投存在大额长期股权投资的，应当保证在管私募基金财产与公司固有财产独立运作、分别核算。原则上，某某创投与在管私募基金在同一投资领域/同一股权项目上有交集时，只有在管私募基金投资人确定不参与该项目投资或允许某某创投跟投的，才可以投资。赵某某承诺未来工作重心放在某某创投，在某某创投完成基金业协会管理人备案后，如有合适的投资机会，会采取与在管基金跟投的方式对外投资。某某创投还制定了《公平交易制度》，规定了某某创投原则上应发起设立不同投资范围、投资领域的私募股权投资基金。某某创投对外投资与在管私募基金在同一投资领域/同一股权项目上有交集时，原则上只有在管私募基金的投资人确定不参与该项目投资或允许公司跟投的，才可以投资。某某创投管理的私募股权投资基金的投资范围、投资领域、投资限制条件、投资期限等近似的，拟投项目在多个私募股权投资基金的投资范围内的，应按照不同基金的认缴总规模之比进行分配投资金额，以保证公平对待投资者。无法按该比例分配的，应当有明确的适当理由，并经各在管基金的投资决策委员会同意，必要时，可由基金份额持有人大会决策。某某创投在管基金已投的项目，如在后发起设立的基金的投资范围内，后发起设立的基金拟参与存续基金已投项目的，应严格按照关联交易制度向投资者披露，并经由投资决策委员会决策。某某创投管理的基金退

一 企业运营篇

出某项目，不得将该项目的股权转让给某某创投管理的其他基金，除非向其他基金的投资者披露后，其他基金的投资者按照基金合同的约定决定受让。本所律师认为：某某创投虽下设有限合伙且该有限合伙有对外投资，但该两有限合伙未来不会进行其他业务（包括对外投资），已投项目到期后考虑清算注销，与某某创投未来备案私募基金不会存在利益冲突。某某创投已制定了《业务隔离制度》《公平交易制度》，且赵某某承诺将来会采取与在管基金跟投的方式对外投资。该两合伙企业与某某创投未来备案私募基金可做到业务隔离、防范风险。

3. 某某创投实际控制人赵某某2011年3月出资100万元（持有5%股权）与刘某等人共同投资设立某某房地产的行为，是否属于曾经从事过或目前仍兼营房地产开发等与私募基金业务相冲突业务。

经本所律师与赵某某访谈了解到：赵某某就前述股权投资从未实缴出资、某某房地产设立至今从未开发过房地产项目，至今仍无实际经营业务，且2022年8月已将持有的某某房地产5%股权转让。本所律师建议赵某某协调某某房地产出具《情况说明》、工商档案、纳税申报文件，协调某某房地产所在地的税务部门出具证明材料及赵某某本人就前述情况出具《情况说明》，经本所律师核查前述全部证明材料后了解到：2011年3月，赵某某出资100万元与刘某等人共同设立某某房地产，某某房地产设立的初衷是准备开发辽宁省某房地产项目，但政策和形势的变更导致项目无法启动，也没有任何进展，某某房地产设立至今一直没有实际经营，某某房地产虽名称和经营范围含有"房地产""房地产开发"，但从未实质从事房地产开发业务。2022年8月，赵某某已将其持有的某某房地产5%股权转让给刘某，并办理了工商变更，赵某某从未在某某房地产任职。辽宁某税务局出具的《证明》，证明某某房地产自2011年3月30日在该局办理税务登记以来，未发生生产经营业务，所有年度涉税财务报表均为零申报。

本所律师认为：虽然赵某某曾于2011年出资某某房地产100万元，持有5%的股权，但某某房地产设立至今未实际经营，虽名称和经营范围含有"房地产""房地产开发"，但从未实质从事房地产开发业务，且2022年8月赵某某已将持有的某某房地产全部股权转出且从未在该公司任职。赵某某不属于曾经从事过或目前实际从事与私募基金业务相冲突的业务。

四、项目结果

2023年4月10日首次提交登记申请，经过两次反馈，于2023年5月份成功通过基金业协会私募股权、创业投资基金管理人登记，登记编号为P1074589，为私募新规施行后首家通过登记的私募基金管理人[1]，在业界引起一定关注。

某某创投为注册在北京市怀柔区的私募基金管理人，实际办公地址在天津市南开区水上公园街道鲁能国际中心，成立时间为2021年4月19日，注册资本为1000万元，登记编号为P1074589。赵某某出资600万元、持有60%股权；韩某出资400万元、持有40%股权。某某创投的实际控制人赵某某曾在上市公司鹏翎股份（股票代码：300375）任职14年，历任总经理助理、董事会秘书、副董事长兼副总经理、副董事长兼总裁，深耕汽车配件领域十余年。某某创投的法定代表人、投资决策负责人韩某为北京大学经济学硕士，在私募基金领域有将近8年从业经历，具有相当丰富的私募基金管理经验。某某创投的合规风控负责人严某菲曾在广州证券从事合规风控及业务承揽，并有多年律师从业经验。

五、项目提示

1. 办理私募基金管理人登记业务时，需与拟登记企业的实际控制人充分交流，了解拟登记企业的全貌，并分析哪些可能是取得私募基金管理人资格的"拦路虎"，并将该风险充分披露给拟登记企业、做好应对方案。在拟登记企业充分接受相关风险及备案方案的情况下，再进一步开展相关工作。

2. 在确认拟登记企业主要出资人是否"属于曾经从事过或目前仍兼营房地产开发等与私募基金业务相冲突业务"时，应从实质重于形式的角度出发，并辅以充分的证明材料，为拟登记企业争取机会。

3. 在核查拟登记企业是否在登记前违规发行私募基金且存在公开宣传推介、向非合格投资者募集资金行为时，需多方调查取证确认，该事项涉及是否"不予登记"，如核实确实存在该情况，不能让拟登记企业存在侥幸心理，需及时告知无法办理私募基金管理人登记。

---

[1] 收到管理人登记通过的提示后，本所律师第一时间查询基金业协会"私募基金管理人分类查询公示"页面，该页面显示某某创投为新规后第一家通过的基金管理人，当天有诸多微信公众号及私募基金领域相关网站报告该情况。第二天再次查询发现当日通过的管理人增加"浙江金投鼎新私募基金管理有限公司"。

打造中国首个养老行业
可信数据空间的法律实践

陈飚

一、项目介绍

养老，和每个人、每个家庭都息息相关。2023 年年末，民政部公布的最新数据显示，截至 2022 年年底，我国 65 周岁及以上老年人口超过 2 亿人，占总人口的 14.9%。按照联合国标准，这意味着我国已经正式进入"老龄社会"。

2024 年开年，首场国务院常务会议就聚焦老年人群，研究发展银发经济、增进老年人福祉的政策举措。1 月 15 日，国务院办公厅印发《关于发展银发经济增进老年人福祉的意见》，提出 4 个方面 26 项举措。这是我国首个以"银发经济"命名的政策文件。未来，国家将着力培育高精尖产品和高品质服务模式，让老年人共享发展成果，安享幸福晚年。

中民聚康（天津）养老产业发展有限公司（以下简称中民聚康公司）是天津本土企业，自 2019 年成立至今，服务的范围已经从天津走向了山东、河南等多个省市，公司结合社区养老服务的需求特点和行业发展需求，形成了"区块化三级运营管理"、"1＋5＋N 运营模式"及"特约合伙人连锁经营"三大板块。中民聚康公司总经理展恒波表示："多年来立足天津，不断探索实践，我们实现了居家养老服务的可市场化的持续性、可简单规范的复制性，以及可实现品牌化的规模效应。"

2024 年 8 月 1 日，上海锦天城（天津）律师事务所以陈飚律师为首的数据资产投融资团队，在成为广州数据交易所会员之后，积极协助中民聚康公司在打造中国首个养老行业可信数据空间的法律实践中勇往直前。2024 年 8 月 13 日，协助中民聚康公司成为广州数据交易所会员。（见图 1）

图 1　会员证

2024 年 10 月 29 日，协助中民聚康公司的"中民聚康柚爱小新平台"在广州数据交易所数据交易平台挂牌交易，为打造中国首个养老行业可信数据空间提供了更进一步的法律实践。（见图 2）

图 2　挂牌证书

一
企业运营篇

二、项目难点

社区居家养老服务由于面向的老人群体需求分散、个性化强度高，在做社区居家养老服务时，难以精准抓取用户需求，难以聚焦精准服务及产品与服务规模化，由此，一直存在盈利模式不清晰，难以实现特定项目的产品或服务收支平衡的难题。如何通过"人工智能＋大数据"进行破题，实现持续获得老人的精准需求数据，形成老人的精准用户画像，从而实现数据驱动的智慧社区居家养老服务的盈利模式，并实现可复制、可持续的规模化发展，成为社区居家养老服务行业不可回避的核心课题。

然而，老人的数据一般通过其用餐、购物、学习、社交、康养、就医等各种行为，在其生活方方面面中进行记载与留存，目前存在碎片化、难收集、周期长等特点。需要通过关注老人日常生活的方方面面，方可精准化锁定老人的需求数据，并通过对其生活各方面的需求分析，形成老人的精准用户画像，从而匹配和研发以数据驱动的多元化产品或服务的智慧社区居家养老服务的盈利模式，并实现可复制、可持续的规模化发展。

我们通过和中民聚康公司依法合规地共同打造中国首个养老行业可信数据空间，将为智慧社区居家养老服务的数字化转型、可信数据空间中的企业间合作与数据流动、数据资产化及证券化、银发金融产品创新等提供多维度的积极法律实践。

三、法律分析

1. 中国首次在全球范围内将数据纳入生产要素，这是中国政府对全球数字经济作出的第一次划时代意义的重大创新。

2019年10月，党的十九届四中全会首次将数据纳入生产要素范畴，这是中国政府对全球数字经济作出的第一次划时代意义的重大创新。此后，中央发布多项政策文件，围绕数据要素发展谋篇布局。

数据基础制度建设事关国家发展和安全大局。2022年12月19日，中共中央、国务院《关于构建数据基础制度更好发挥数据要素作用的意见》（以下简称"数据二十条"）对外发布，从数据产权、流通交易、收益分配、安全治理等方面构建数据基础制度，提出20条政策举措。"数据二十条"的出台将充分发挥中国海量数据规模和丰富应用场景优势，激活数据要素潜能，做强做优做大数字经济，增强经济发展新动能。

"数据二十条"构建了以下四大制度：

（1）建立保障权益、合规使用的数据产权制度。探索数据产权结构性分置制度，建立数据资源持有权、数据加工使用权、数据产品经营权"三权分置"的数据产权制度框架。

（2）建立合规高效、场内外结合的数据要素流通交易制度，从规则、市场、生态和跨境等四个方面构建适应中国制度优势的数据要素市场体系。

（3）建立体现效率、促进公平的数据要素收益分配制度。在初次分配阶段，按照"谁投入、谁贡献、谁受益"原则，推动数据要素收益向数据价值和使用价值创造者合理倾斜。在二次分配、三次分配阶段，重点关注公共利益和相对弱势群体，防止和依法规制资本在数据领域无序扩张形成市场垄断等各类风险挑战。

（4）建立安全可控、弹性包容的数据要素治理制度，构建政府、企业、社会多方协同的治理模式。

其中，数据产权"三权分置"也是全球一大创新。根据国家发展和改革委员会领导的讲话，在数据生产、流通、使用等过程中，个人、企业、社会、国家等相关主体对数据有着不同利益诉求，且呈现复杂共生、相互依存、动态变化等特点，传统权利制度框架难以突破数据产权困境。"数据二十条"创新数据产权观念，淡化所有权、强调使用权，聚焦数据使用权流通，创造性提出"三权分置"的数据产权制度框架，构建中国特色数据产权制度体系。

2. 2024年1月1日实施的《企业数据资源相关会计处理暂行规定》，为中国企业合法、合规地将数据资源转化为数据资产提供了法律依据，这是中国政府对全球数字经济作出的第二次划时代意义的重大创新。

2023年8月1日，财政部发布《企业数据资源相关会计处理暂行规定》，旨在为企业如何识别、计量、记录及报告数据资源提供具体的操作指引，规范企业数据资源的会计处理，并加强会计信息的披露，该暂行规定自2024年1月1日起施行。自此，中国企业可以依据《会计法》及《企业数据资源相关会计处理暂行规定》等法律法规，合法、合规地将数据资源转化为数据资产，记入资产负债表等财务报表，提升企业的资产价值，并进行包括数据资产授信融资、数据资产入股、数据资产信托、数据资产证券化等各种合法、合规的数据资产的价值变现，这是中国政府对全球数字经济作出的第二次划时代意义的重大创新。

3.《可信数据空间发展行动计划（2024—2028年）》将促使我国加快培育推广企业、行业、城市、个人和跨境等5类可信数据空间，以可信安全促要素流通，同时加快推动可信数据空间规模化应用。

2024年11月21日，国家数据局印发《可信数据空间发展行动计划（2024—2028年）》。该计划提出，到2028年，可信数据空间运营、技术、生态、标准、安全等体系取得突破，建成100个以上可信数据空间，形成一批数据空间解决方案和最佳实践，基本建成广泛互联、资源集聚、生态繁荣、价值共创、治理有序的可信数据空间网络，各领域数据开发开放和流通使用水平显著提升，初步形成与我国经济社会发展水平相适应的数据生态体系。

当前，数据要素的流通多是点对点，效率低、成本高，安全可控性比较差。如果利用规则和技术打造一种"靠谱"的基础设施，让更多主体进入"空间"内，一起创造更多数据服务、数据产品，就能实现数据价值增值。这是可信数据空间要实现的目标。

《可信数据空间发展行动计划（2024—2028年）》明确，可信数据空间是基于共识规则，联结多方主体，实现数据资源共享共用的一种数据流通利用基础设施，是数据要素价值共创的应用生态，是支撑构建全国一体化数据市场的重要载体。

根据安恒信息首席技术官刘博的观点，从能力出发，可信数据空间是一种在保证安全可信的前提下，解决数据在供给、流通过程中"不敢""不愿""不能"的问题，为数据使用和场景探索提供支撑的一种数据流通利用基础设施实践。从目的出发，可信数据空间是一种实现"数据自由"的重要载体。

根据赛智产业研究院院长赵刚的观点，从功能上看，可信数据空间是一个能实现多方共享共用数据的数字空间。"它是一个数字的空间，在这个空间里，大家共同遵守已经达成共识的数据接入、交互、使用和管控等规则，供方就可以放心地把数据供出来，需方也会信守规则使用数据，在这个空间中各方的利益都能得到保障。"从形态上看，可信数据空间既是一个数据流通基础设施，也是一个利益互惠的市场空间，还是一个数据价值共创的应用生态。

我们认为：第一，建设可信数据空间将为数据基础设施投资带来重大机遇。可信数据空间是一种重要的数据流通基础设施，将成为国家数据基础设施的重要组成部分。围绕各类可信数据空间的建设，各行业各领域都将加大重点项目的投资，我们关于中国首个养老行业可信数据空间的法律实践，将为中国养老行业数据流通基础设施的建设、投资等提供重要的经验。第二，建设可信数据空间将为数据空间生态建设带来重大机遇。可信数据空间是一个数据要素价值共创的应用生态，围绕各类可信数据空间的建设和运营，将促进链主企业、平台企业、数据空间运营方、数据应用企业等扩大数据产品生产和应用规模，带动数据产业发展壮大；以中民聚康公司为链主企业，通过联合平台企业、数据空间运营方、数据应用企业、数据要素服务企业等各方，形成了中国首个养老行业可信数据空间的数字化转型的产业链，为各企业的数字化转型提供了丰富的数据资源和应用场景。第三，建设可信数据空间将为数据市场发展带来重大机遇。可信数据空间规模化应用将彻底解决目前数据要素流通存在的问题，实现数据低成本、高效率、安全可控的大规模、多层次、广领域、多方式的企业、行业、城市、个人之间的国内数据流通以及跨境的数据流通，在确保安全的基础上让数据"供得出、流得动、用得好"；我们关于中国首个养老行业可信数据空间的法律实践，将为养老行业数据市场的数据低成本、高效率、安全可控的大规模的企业间、行业间、城市间等多元流动提供重要的参考案例。

四、项目结果

目前，我们关于中国首个养老行业可信数据空间的法律实践，正在密切跟进中共中央、国务院、财政部、国家数据局等中央政府以及地方政府出台的关于数字化转型以及数据要素发展各种政策与法令的过程中不断前行。

五、项目提示

1. 关注中国政府对全球数字经济作出的多次划时代意义的重大创新，提高律师关于产业数字化与数字产业化的法律业务认知尤为重要。

众所周知，我们永远无法赚到认知以外的钱。目前，党和国家为全国经济发展指明了产业数字化与数字产业化的数据要素发展的正确方向，就需要我们不断地通过法律新知识学习与法务实践，验证我们关于产业数字化与数字产业化的法律业务认知，为企业的数字化转型和数据资产化、证券化等提供更多的解决方案及成功与失败的法律实践案例。这样才能形成良性循环，不断地迭代我们自己，

一
企业运营篇

为进行更多新业务的挑战打好坚实基础。

2. 密切跟进政策法令，做好合规与风控，推动与企业共建数字化转型项目，积极大胆创新尤为重要。

在大量政策法令出台的时代，我们面临着大量的机遇和风险。作为律师，既要和企业在认知上达成一致，更需要引领企业密切跟进政策法令，做好合规与风控，推动与企业共建数字化转型项目。这样，企业才能放心大胆地进行产业数字化与数字产业化的创新，并积极利用数据资产相关政策红利，大力推进改革与创新。

职员私刻公章签署的合同是否有效之实务分析

——表见代理案例分析

窦立君

一、案例介绍

2022年6月，某融资租赁公司法务饶某利用职务上的便利私刻公司印章，凭借多年交易习惯和职务外观与刘某签订多份车辆买卖合同，通过多个私人账户收取刘某200余万元购车款后挥霍一空。

2022年12月，刘某因多次讨要车辆未果，向天津市滨海新区人民法院起诉某融资租赁公司，请求解除双方签订的车辆买卖合同，同时返还购车款并支付违约金和资金占用利息。

2023年5月，一审法院经审理认定刘某提交的现有证据尚不能证明已满足表见代理构成要件，驳回了刘某的全部诉讼请求。

刘某不认可一审判决，委托本所代理其案件的二审审理阶段。本所接受刘某的委托，指派笔者担任刘某的诉讼代理人。笔者纳案时初步分析，饶某是在履行某融资租赁公司赋予的职权范围，应当属于职务代理，其行为后果应由某融资租赁公司承担。

二、案例难点

1. 在一审法院驳回刘某全部诉讼请求的情况下，职务代理事实的认定存在困难

在一审法院对案件进行全面审理并作出驳回刘某全部诉讼请求的情形下，若

当事人对案件的事实、证据认定存在异议，认为一审判决存在错误，想要推翻一审判决通常面临着一定的困难。如果一审法院已经对案件的事实、证据进行了充分且全面的审查，并根据已充分查清的事实、证据作出了判决，那么在二审程序中没有提交新证据的情况下，二审法院对于事实查明、证据认定有可能维持一审法院认定内容。

因此，对于当事人来说，想要在二审中突破一审法院对事实、证据的认定，关键在于提交新的、有力的证据。这些新证据必须能够充分证明一审法院在认定事实时存在错误，或者能够提供新的事实和理由，足以推翻一审法院的判决。新证据的提交，不仅需要符合法律规定的形式要求，而且必须具有较强的证明力，能够对案件的判决结果产生决定性的影响，所以必须认真对待事实、证据的认定问题，并通过提交新的、有力的证据来突破一审法院的判决。这既是一个法律程序上的挑战，也是对代理人法律意识和策略运用能力的考验。

本案中，一审法院以现有证据证明力不足，尚不能证明表见代理为由驳回刘某全部诉讼请求，是对刘某现有证据的消极评价，若想在二审中取得突破，必须深入分析一审法院的事实认定，找出其中的薄弱环节，从而争取打破现有的不利局面。经过笔者团队集体讨论发现一审判决认定中存在多处薄弱点：一是本案不应当视为饶某表见代理，而应当认定为饶某行使某融资租赁公司赋予的职权行为；二是刘某于一审审理中缺少提交载明饶某具有处置案涉车辆权限的授权委托书；三是未能对一审审理中提交的证人证言进行补强。针对上述三点内容，笔者重新收集了证据，并制定了新的诉讼策略。

2. 根据法律规定结合本案事实，突破表见代理与职务代理的壁垒

（1）结合《民法典》第172条和最高人民法院《关于适用〈中华人民共和国民法典〉总则编若干问题的解释》第28条，可以归纳出表见代理构成要件和法律后果。《民法典》第172条规定，行为人没有代理权、超越代理权或者代理权终止后，仍然实施代理行为，相对人有理由相信行为人有代理权的，代理行为有效。最高人民法院《关于适用〈中华人民共和国民法典〉总则编若干问题的解释》第28条第1款规定："同时符合下列条件的，人民法院可以认定为民法典第一百七十二条规定的相对人有理由相信行为人有代理权：（一）存在代理权的外观；（二）相对人不知道行为人行为时没有代理权，且无过失。"第2款规定："因是否构成表见代理发生争议的，相对人应当就无权代理符合前款第一项规定

的条件承担举证责任；被代理人应当就相对人不符合前款第二项规定的条件承担举证责任。"

首先，表见代理属于无权代理，即代理人没有代理权、超越代理权或者代理权终止后实施的代理行为。这种无权代理形式是指为代理行为时无代理权或者对于所实施的代理行为无代理权。至于该无权代理人是否曾经拥有代理权，或者当时是否有实施其他民事法律行为的代理权，并不影响表见代理的构成。

其次，构成表见代理须在代理行为外观上存在使相对人相信行为人具有代理权的理由，即行为人存在代理权的外观，从行为人具备的某些表象特征能够使相对人相信其具有代理权。此处需要注意的是，如果仅是代理行为有代理权的外观，但是相对人并不能建立起对该代理行为的合理信赖，这种情况并不能构成表见代理，而应当归类于狭义无权代理的范畴。因此，相对人对代理权外观的信赖是否合理、是否存在正当理由，都是判断构成表见代理的重要组成部分。此处的"有理由"通常是限缩的，不能扩张到第三人视角，否则将使"有理由"的判断丧失合理性。

最后，表见代理构成要件中重要的一点是相对人须是善意且无过失的。目前，学界和实务界基本达成了通说，认为要构成表见代理，相对人必须是善意且无过失的。具体表现的内容是要求相对人不知道行为人没有代理权，并且对"不知道没有代理权"没有主观上的过失，即相对人不能"明知故犯，故意为之"，如果相对人明知行为人为无权代理，却仍与其建立民事法律关系，那么相对人就应当自行承担法律后果，在这种情况下就与被代理人无关。

构成表见代理能够产生与有权代理相同的法律后果，即表见代理行为人代理实施的民事法律行为的法律后果均由被代理人承担。

（2）依据《民法典》第170条，可以归纳出职务代理的构成要件和法律后果。《民法典》第170条规定："执行法人或者非法人组织工作任务的人员，就其职权范围内的事项，以法人或者非法人组织的名义实施的民事法律行为，对法人或者非法人组织发生效力。法人或者非法人组织对执行其工作任务的人员职权范围的限制，不得对抗善意相对人。"

所谓职务代理，是指代理人根据其在法人或者非法人组织中所担任职务，依据其职权对外实施民事法律行为的代理，行使职务代理的行为人必须是工作人员，因此职务代理具有一定的稳定性、持续性。职务代理制度是随着现代市场经

企业运营篇

济的发展应运而生的,法人的员工只要被委任工作,除非另有规定,其自然享有相应的代理权,只要在职务范围内,员工即可代理法人行为,从而无须法人每次单独授权,这也体现了职务代理在交易便捷方面的提升。因此,职务代理与表见代理最本质的区别就是职务代理属于有权代理。

首先,代理人是法人或者非法人组织的工作人员,如果代理人不是该法人或者非法人组织的工作人员,其按照被代理人的授权从事的代理行为便属于一般的委托代理。

其次,代理人实施的必须是其职权范围内的事项。职权范围内的事项,可以理解为法人或者非法人组织对工作人员的"全包圆"授权,工作人员的职务、职权本身就是授权委托的证明。

职务代理最后一个构成要件便是工作人员必须以该法人或非法人组织的名义实施民事法律行为。

《民法典》第170条明确了职务代理中"职权限制不得对抗善意第三人"的规则,即只要相对人不知晓代理人存在职权限制,就产生合法有效的职务代理法律后果。这一规定大大减轻了相对人的证明责任,为社会主义市场经济的腾飞发展作出强有力的制度保障。

在本案的二审办案过程中,笔者发现刘某在一审审理中提交的证据在对于饶某实施的是某融资租赁公司赋予的职权行为的证明上确有薄弱和缺失之处,笔者便带领团队重新解读表见代理与职务行为区别点,重新梳理案件发展经过和事实、证据,对案件整体穿针引线,将一审审理过程中有失偏颇的要点细心缝补,最终织成绵密完整的"网"扑向某融资租赁公司。

三、法律分析

本案争议焦点是刘某、某融资租赁公司是否构成买卖合同关系。根据本案案情,刘某其实存在请求权竞合的情况:一是通过证明饶某是职务行为从而主张某融资租赁公司承担法律后果;二是通过证明饶某构成无权代理从而主张某融资租赁公司承担法律后果。虽然二者殊途同归,但是基于前述表见代理和职权代理构成要件的不同、对应证明的难易程度,主张第一种请求权更能维护当事人权益。

本案中,饶某在某融资租赁公司先后担任法务专员、法务主管,获得某融资租赁公司的授权，对外以某融资租赁公司的名义处置案涉车辆，其行为应对某融资租赁公司产生法律效力。案涉车辆签署书面合同，双方明确形成了买卖合同的意思表示，刘某已经支付了货款，合同内容已经实际履行，某融资租赁公司对书面合同上公章的真实性的抗辩不能影响买卖合同关系的成立，且某融资租赁公司关联案件在法院提交的授权委托书，明确载明饶某具有处置涉案车辆的权限。现有证据足以证明饶某的行为构成职务行为，刘某构成善意相对人，此时饶某代理行为的法律后果应当由某融资租赁公司承担。

然而本案中还有一点值得关注，就是关于刘某按照饶某指示将款项打入饶某指定的个人账户，未打入某融资租赁公司账户的行为。虽然某融资租赁公司未对饶某进行此项授权，但在饶某已经构成职务代理的情况下，某融资租赁公司对其工作人员职权范围的限制，不得对抗善意第三人，故不影响刘某与某融资租赁公司买卖合同关系的成立。双方形成买卖合同关系后，某融资租赁公司不能交付车辆，案涉车辆经关联案件查询，部分属于一车多卖，其余部分车辆某融资租赁公司亦未履行，案涉合同目的不能实现，故刘某主张解除合同的诉讼请求，是应当得到支持的。

四、裁判结果

天津市第三中级人民法院最终判决如下：

1. 撤销一审判决；
2. 解除刘某与某融资租赁公司之间的买卖合同；
3. 某融资租赁公司返还刘某全部购车款200余万元；
4. 某融资租赁公司支付上诉人刘某资金占用利息。

五、案例提示

本案其实反映出某融资租赁公司在针对员工职权范围管理上存在重大缺陷，导致了饶某私刻公章仍以公司名义与刘某签订买卖合同。某融资租赁公司未能有效实施不相容职务分离控制，使饶某有机会伙同区域主管侵害某融资租赁公司的利益。

某融资租赁公司在会计系统控制方面同样存在漏洞。公司未能通过会计系统对员工的职权范围进行有效监控和记录，导致无法及时发现和纠正饶某通过个人

一
企业运营篇

账户收款行为。如果公司能够建立严格的会计记录和审计制度，那么在案涉交易发生时，公司可能已经发现饶某的私自收款行为，从而采取有效措施阻止事态发展，极有可能避免了后续的纠纷和损失。

同时，本案也提示各公司应当建立和完善不相容职务分离控制、授权审批控制和会计系统控制等内控机制，以防止类似事件的发生。通过加强内部管理，公司不仅能够更好地保护自身利益，还能为交易相对方提供更加安全可靠的交易环境。

此处提出几点企业对职工职权范围限制的内部控制管理措施，供各位参考，仅作抛砖引玉之用。

1. 不相容职务分离控制。为了确保企业内部管理的有效性和防止潜在的舞弊行为，不相容职务分离控制显得尤为重要。企业需要全面而系统地分析和梳理其业务流程中涉及的所有职务，识别出那些可能存在利益冲突或相互制约的职务。这些职务通常包括但不限于财务、采购、销售、库存管理等关键环节。通过深入分析，企业能够明确哪些职务是不相容的，即在同一人或同一部门的控制下可能会导致风险的职务。

在识别出不相容职务后，企业应采取相应的分离措施，确保这些职务由不同的人员或部门来执行。例如，负责审批付款的人员不应同时负责记录和处理付款事务，以避免滥用职权和财务舞弊的风险。通过这种分离，可以形成一种有效的内部制衡机制，确保各个职务之间相互监督、相互制约。

此外，企业还应制定明确的职责分工和操作流程，确保每个员工都清楚自己的职责范围和工作要求。同时，定期培训和考核，提高员工的职业道德和业务能力，进一步强化不相容职务分离控制的效果。最终，企业将形成一个各司其职、各负其责、相互制约的工作机制，从而有效提升内部控制水平，保障企业的健康稳定发展。

2. 授权审批控制。企业依据既定的常规授权和特别授权的相关规定，详细地明确各个岗位在办理业务和处理事项时所享有的权限范围、必须遵循的审批程序以及各自应承担的责任。这样一来，每个员工都能清楚地了解自己在工作中可以做什么、需要经过哪些审批流程，以及在出现问题时应承担什么样的责任，从而确保企业运营的规范性和高效性。同时，企业还应建立完善的权限管理机制，通过定期审查和更新权限设置，确保权限分配的合理性和时效性。这一机制不仅有助于防止权限滥用和越权操作，还能促进企业内部信息的透明流通和资源的优化配置。

3. 会计系统控制。企业应当根据每位员工所担任的不同岗位及其相应的职责，制定出一套详细且具有针对性的财务审批流程。这样的流程需要考虑到每个岗位在财务操作中的具体权限和责任，从而确保每一笔财务活动都能得到适当的监督和控制。同时，为了防范潜在的财务风险和避免不当行为的发生，企业还应当制定一系列有效的控制措施。这些措施应涵盖从日常的财务操作到重大财务决策的各个方面，确保财务活动的合规性和透明度。通过这种方式，企业不仅能够提高财务管理水平，还能有效保护公司资产，确保其稳健运营。

在此也对合同相对方作出风险提示，对工作人员职权范围的审查是一个重要的法律程序，有助于保障合同的合法性和执行力，减少未来可能出现的法律风险和纠纷。

1. 法人或非法人组织通常会有章程、规章制度等内部文件，这些文件会对工作人员的职权范围进行规定。合同相对方可以要求对方提供这些内部文件进行查阅，以确定工作人员是否有权处理相关事务。比如，一家公司的章程规定，超过一定金额的采购合同需要董事会决议，那么，如果与该公司工作人员签订大额采购合同，就需要查看是否有董事会决议相关的依据。对于一些特殊行业或企业，可能还存在行业规范或内部操作手册等对工作人员职权进行细化规定的文件。这些文件有助于合同相对方更精准地判断工作人员的职权范围。

2. 了解工作人员的职务名称和岗位职能是判断其职权范围的基础。不同的职务和岗位往往对应着不同的决策权限和工作任务。通过询问工作人员的职务和岗位信息，或者查看对方公司的组织架构图等资料，可以初步判断其是否有权力处理特定合同事务。此外，还要考虑工作人员的岗位层级。一般来说，层级越高，可能拥有的决策权限越大，但也不是绝对的。

3. 审查过往交易惯例。如果合同相对方与该法人或非法人组织有过过往交易，可以查看以往类似交易中工作人员的参与情况和决策权限。在后续类似的采购合同签订时，就可以参考之前该员工的职权情况。对于没有过往交易的情况，可以了解该法人或非法人组织在同行业内的交易惯例。同行业企业可能在工作人员职权分配上有相似之处，通过行业调查或者咨询同行业其他企业，可以获取一些参考信息。

4. 核实授权文件。要求工作人员提供授权委托书等授权文件是直接判断其职权范围的有效方法。授权委托书应明确写明工作人员的姓名、被授权事项、授权期限等关键信息。如果是涉及特殊事项或较大金额的合同，还可以要求对方提供更高级别领导或机构对该工作人员的额外授权证明，以确保其有足够的职权处理合同事务。

用工主体责任纠纷解决指引
——刘某与天津某建筑公司、天津某集团公司、张某、李某用工主体责任纠纷

王忠琦

一、案例介绍

天津某集团公司将其建设项目外包给天津某建筑公司，刘某经老乡李某介绍至该项目干活，接受张某的直接管理，刚工作两天，刘某在下班途中乘坐工友王某驾驶的电动车回宿舍时发生交通事故（事故认定书中刘某被认定为非本人主要责任），该电动车为项目班组配备，用于员工上下班，后刘某住院治疗，张某为其支付了大部分医疗费后不再支付任何费用，刘某要求张某继续支付医疗费，张某不同意并让其找介绍其来工地的李某，李某也以各种理由推脱并告知刘某理应找张某，之后张某和李某互相推诿，未再支付任何费用。刘某住院治疗一个月后出院，时隔半年进行了第二次手术，并自行支付了全部医疗费用。刘某希望通过认定工伤主张权利，遂向劳动部门提交了工伤认定申请，但劳动部门要求其提交与天津某建筑公司之间存在劳动关系或其他用工关系的相关证据，并中止了刘某的工伤认定申请处理程序。

二、案例难点

1. 确认诉讼请求

从事实角度看，刘某并不清楚张某或李某与承包商天津某建筑公司之间的关系。如果张某或李某是基于其与天津某建筑公司之间的劳动关系即职务行为而对

刘某进行管理，则刘某可向天津某建筑公司主张确认存在劳动关系；如果张某或李某仅为包工头，系从天津某建筑公司处以个人名义承包部分工程，则刘某需向天津某建筑公司主张确认其承担用工主体责任。因此，在诉讼前应先明确诉求是确认存在劳动关系还是确认承担用工主体责任。

2. 确认案由

承担用工主体责任的案件一般有三类案由：一是"劳动争议"；二是"用人单位责任纠纷"；三是"提供劳务者受害责任纠纷"。区别在于，"劳动争议"需要经过劳动仲裁前置程序，而"用人单位责任纠纷"和"提供劳务者受害责任纠纷"为侵权责任纠纷，可直接向法院提起诉讼。因此，在诉讼前应先明确诉讼的案由。

3. 确认承担用工主体责任的公司

刘某经老乡李某介绍进入该项目，且入职仅两天就发生交通事故，其与该项目的相关人员几乎没有沟通，也没有相关人员的微信等联系方式，没有加入过微信群、钉钉群等接受相关管理，也还未领取过工资。因此，刘某对所在项目的承包关系、雇佣关系并不清楚。

刘某手中唯一的材料是出入该项目工地的"出入证"，而该出入证的原件在刘某住院期间被工友拿走，刘某手中仅有复印件，该出入证载明的承包单位名称为公司简称，经查询，该公司简称项下有三个公司主体，暂称为A公司、B公司、C公司。因此，根据现有的材料，需要厘清的问题有：

（1）A公司、B公司、C公司，哪个公司为实际承包方？

（2）实际承包方是否存在向其他公司转包或分包的情况？

（3）张某、李某与实际承包方之间是什么关系？

（4）张某、李某之间是雇佣关系还是转包或分包关系？

（5）张某、李某名下是否存在自己设立的公司或是否存在挂靠其他公司的情况？

在没有其他线索的情况下刘某应向哪个主体主张权利，也是本案在诉讼前需要解决的问题。

4. 多层转包关系中用工主体责任的认定

假如李某将从承包方天津某建筑公司处承包的工程又分包给张某，张某雇用刘某，即出现了两个不具备用工主体资格的主体，那么，刘某是否还可以要求天津某建筑公司承担用工主体责任？

三、法律分析

1. 明确诉讼请求为确认承担用工主体责任

本案的目的是解决刘某工伤认定事宜，即要明确承担工伤责任的主体以及该主体与刘某之间的用工关系。

《关于确立劳动关系有关事项的通知》第1条规定："一、用人单位招用劳动者未订立书面劳动合同，但同时具备下列情形的，劳动关系成立。（一）用人单位和劳动者符合法律、法规规定的主体资格；（二）用人单位依法制定的各项劳动规章制度适用于劳动者，劳动者受用人单位的劳动管理，从事用人单位安排的有报酬的劳动；（三）劳动者提供的劳动是用人单位业务的组成部分。"《天津法院劳动争议案件审理指南》第6条【认定劳动关系的基本要素】规定："确定当事人之间是否成立劳动关系，可以综合考虑下列因素：（1）用人单位与劳动者订立劳动合同；（2）劳动者实际接受用人单位的管理、指挥与监督；（3）用人单位向劳动者支付工资性劳动报酬；（4）劳动者被纳入用人单位的组织体系中从事劳动，而不是从事独立的业务或者经营活动；（5）劳动者无权将工作分包给他人完成；（6）生产资料一般由用人单位提供；（7）劳动者提供的劳务是继续性的而不是一次性的；（8）用人单位为劳动者缴纳社会保险费。"

根据"谁主张，谁举证"的原则，确认劳动关系案件中由劳动者一方承担举证责任。结合前述法律规定，本案中，如刘某在案件中主张与天津某建筑公司存在劳动关系，则其至少应举证证明张某、李某为天津某建筑公司的员工，进而证明刘某与天津某建筑公司之间存在管理与被管理的关系，但根据刘某现有的材料，很难证明上述事实，而从刘某住院期间刘某家属与张某、李某的沟通来看，张某、李某为包工头的概率更大一些。因此，刘某很难证明其与天津某建筑公司之间存在人身依附性、财产依附性的劳动关系。而天津某建筑公司在庭审中如果从劳动关系角度进行答辩，可绕过实际用工情况，直接主张刘某提交的证据不能证明双方存在劳动关系即可，届时刘某将很难获得天津某建筑公司的任何有价值的庭审陈述，包括其与张某、李某之间的关系等，那么刘某的诉讼目的就会落空。而如果刘某主张确认天津某建筑公司应承担用工主体责任，则天津某建筑公司需举证证明涉案项目转包给了其他具备用工主体资格的主体，否则，其将承担相应责任。因此，结合案件材料综合考虑，最有利的诉求为确认天津某建筑公司应承担刘某的用工主体责任。

2. 确认案由为"劳动争议"

民事案件中确认承担用工主体责任的案件大致分为三个案由："劳动争议"、"用人单位责任纠纷"和"提供劳务者受害责任纠纷"。

该等法律关系主要适用的法律依据如下。原劳动和社会保障部发布的《关于确立劳动关系有关事项的通知》第4条规定："建筑施工、矿山企业等用人单位将工程（业务）或经营权发包给不具备用工主体资格的组织或自然人，对该组织或自然人招用的劳动者，由具备用工主体资格的发包方承担用工主体责任。"此外，在劳动法领域，人力资源和社会保障部《关于执行〈工伤保险条例〉若干问题的意见》第7条规定："具备用工主体资格的承包单位违反法律、法规规定，将承包业务转包、分包给不具备用工主体资格的组织或者自然人，该组织或者自然人招用的劳动者从事承包业务时因工伤亡的，由该具备用工主体资格的承包单位承担用人单位依法应承担的工伤保险责任。"最高人民法院《关于审理工伤保险行政案件若干问题的规定》第3条规定："社会保险行政部门认定下列单位为承担工伤保险责任单位的，人民法院应予支持：……（四）用工单位违反法律、法规规定将承包业务转包给不具备用工主体资格的组织或者自然人，该组织或者自然人聘用的职工从事承包业务时因工伤亡的，用工单位为承担工伤保险责任的单位；（五）个人挂靠其他单位对外经营，其聘用的人员因工伤亡的，被挂靠单位为承担工伤保险责任的单位。前款第（四）、（五）项明确的承担工伤保险责任的单位承担赔偿责任或者社会保险经办机构从工伤保险基金支付工伤保险待遇后，有权向相关组织、单位和个人追偿。"《天津法院劳动争议案件审理指南》第9条【建筑施工、矿山企业的主体责任】规定："建筑施工、矿山企业等将工程或者经营权发包给不具备用工主体资格的组织或者自然人，该组织或者自然人招用的劳动者主张确认与上述发包人有劳动关系的，不予支持。没有用工主体资格的组织或者自然人违法招用的劳动者因工负伤或者死亡的，由上述违法发包的建筑施工、矿山企业等与实际招用该劳动者的组织或者自然人按照《工伤保险条例》规定的工伤保险待遇承担连带赔偿责任。"因此，为避免直接起诉到法院时法院不予受理，可先通过劳动仲裁，如果劳动仲裁不予受理再进入法院起诉程序。司法实践中绝大多数此类案件也是以"劳动争议"为由申请劳动仲裁。

3. 确认承担责任的用工主体

根据出入证上的公司简称，结合 A 公司、B 公司、C 公司的经营范围，以及建设单位公司名称，在全国建筑市场监管公共服务平台进行查询，成功查询到了天津某集团公司将其建设项目外包给天津某建筑公司的信息，锁定了天津某建筑公司为涉案项目的实际承包方，并将其作为被申请人。申请劳动仲裁时，为查明案件事实，也为佐证天津某集团公司与天津某建筑公司的承包关系，将建设单位即项目的发包方天津某集团公司列为第三人，以此希望天津某集团公司能够提供双方的承包合同坐实天津某建筑公司为涉案项目承包方的事实。

对于其他未厘清的问题，只能在诉讼过程中充分发挥律师调查令的作用进一步调证核查。

本案在仲裁阶段，仲裁未予受理，起诉到一审法院后，代理人第一时间联系法官出具律师调查令，对交通事故卷进行调证，并获取了非常有用的信息，如"110"报警单显示李某为报警人且在报警时称自己员工发生交通事故，在询问笔录中李某称其系电动车所有权人，刘某系下班途中发生事故。结合一审庭审中天津某集团公司提交了其与天津某建筑公司的承包合同，天津某建筑公司也承认其将项目分包给了李某，而李某、张某作为第三人未到庭参加庭审。因此，最终法院作出了支持刘某的判决。

4. 多层转包关系中由最后一个具有用工主体资格的公司承担用工主体责任

如果案件中出现多层转包关系，如甲公司转包给乙公司，乙公司转包给丙包工头，丙包工头又转包给丁包工头，丁包工头雇用劳动者，此时出现了两个不具备用工主体资格的自然人，那么，是否还能由具备用工主体资格的乙公司来承担用工主体责任？

司法实践中，此类案件经常发生在将工程层层转包、分包的建筑工程领域，而一旦发生伤亡事件，承包单位、转包单位往往互相推诿责任，因此为了保护劳动者的切身利益，无论不具备用工主体资格的组织或自然人是几层，均可穿透，直接由最后一层具有用工主体资格的主体承担用工主体责任或工伤保险待遇责任。这体现了国家对建筑企业出借资质、违法转分包的惩戒，也体现了工伤制度对劳动者进行及时救助和经济补偿的核心价值。

四、案例提示

1. 厘清转包关系。此类案件中需要找到具备用工主体资格的主体以及不具备用工主体资格的主体。但因劳动者很难掌握层层转包的主体及转包关系，往往需要将最有可能查询到的总承包单位列为被申请人，同时将建设单位以及其他已知主体列为第三人以便查明事实。

2. 因用工主体责任案件并非常见的劳动争议案件，实践中劳动人事争议仲裁委员会及法院对此类案件是否属于受理范围也存在不同观点，需根据案件当地仲裁委员会及法院情况处理。

企业用工合规管理之医疗期及"泡病假"员工的合规管理

张彩霞

我国法律规定医疗期的主要目的是用人单位对于在工作中患病或非因工负伤停止工作治病休息的员工不得解除劳动合同的时限保护，但实践中有员工利用医疗期的规定"泡病假"，而造成企业管理上的难度。那么，本文将根据企业提出的问题、法律规定，结合案例分析以及用工管理提示，就医疗期及"泡病假"员工的管理实务进行分享。

一、问题的提出

天津地区一企业向律师咨询：员工医疗期满后以未康复为由拒不上班（有继续"泡病假"倾向），公司发送限期返岗通知书后如果仍不上班，是否可以旷工为由解除劳动合同，还是需要支付N+1的经济补偿金？是否需要进行复工鉴定？

针对企业的上述问题，我们需要厘清什么是医疗期、医疗期能否解除劳动合同、天津地区对于医疗期满不能返岗上班的员工如何处理是否有相关规定、对于长期"泡病假"的员工应如何应对等问题。

二、什么是医疗期以及医疗期与病假的区别

1. 医疗期的定义及其与病假的区别

根据《企业职工患病或非因工负伤医疗期规定》（劳部发〔1994〕479号）的规定，医疗期是指企业职工因患病或非因工负伤停止工作治病休息不得解除合同的时限。

一 企业运营篇

那么，因职工进入医疗期企业不得解除劳动合同的情形，根据《劳动合同法》第42条的规定，主要是指《劳动合同法》第40条及第41条规定的情形，即企业不得对处于医疗期的员工进行无过失性辞退及经济性裁员。这是法律赋予员工的一项时限保护权利。

病假并不是一个法律概念，是员工患病后经过医生诊断并建议进行休养治疗的一个时间段且不固定，与医疗期不能等同。当然，病假是医疗期的前提，病休后员工才能进入法律规定的医疗期。如果员工医疗期满，仍继续请休病假，则不再享受医疗期待遇，即员工在医疗期满后不能从事原工作，也不能从事由用人单位另行安排的工作的，公司可以提前30日以书面形式通知员工或者额外支付1个月工资，与其解除劳动合同。

医疗期满后员工继续请休病假，公司是否可以不予审批？如果员工请休病假的程序及提供的资料符合公司的制度规定，律师建议公司不应拒绝审批，并按照规定向员工支付病假工资。

2. 医疗期的天数

医疗期的天数如表1所示：

表1 对应的医疗天数

实际工作年限	本单位工作年限	医疗期	累计计算周期
10年以下	5年以下	3个月	6个月
	5年以上	6个月	12个月
10年以上	5年以下	6个月	12个月
	5年以上10年以下	9个月	15个月
	10年以上15年以下	12个月	18个月
	15年以上20年以下	18个月	24个月
	20年以上	24个月	30个月

上述为国家层面的规定，适用于我国绝大部分地区，个别地区有特别规定。例如，上海市《关于本市劳动者在履行劳动合同期间患病或者非因工负伤的医疗期标准的规定》第2条规定："医疗期按照劳动者在本用人单位的工作年限设置。劳动者在本单位工作第1年，医疗期为3个月；以后工作每满1年，医疗期增加

1个月，但不超过24个月。"上海市规定的医疗期只与本单位工作年限有关，且没有累计周期的限制，更有利于用人单位的管理，一定程度上也可以遏制员工长期"泡病假"。

3. 医疗期的起算

关于医疗期的起算，原劳动部《关于贯彻〈企业职工患病或非因工负伤医疗期规定〉的通知》（劳部发〔1995〕236号）规定，医疗期计算应从病休第一天开始，累计计算。如：应享受三个月医疗期的职工，如果从1995年3月5日起第一次病休，那么，该职工的医疗期应在3月5日至9月5日之间确定，在此期间累计病休三个月即视为医疗期满。其他依此类推。病休期间，公休、假日和法定节日包括在内。

4. 病假工资的支付（以天津、上海、北京地区为例）

（1）天津地区

《天津市工资支付规定》第25条规定，劳动者患病或者非因工负伤治疗期间，在规定的医疗期内用人单位按有关规定支付其病假工资，用人单位支付劳动者病假工资不得低于本市最低工资标准的80%。①

（2）上海地区

根据上海市原劳动和社会保障局《关于病假工资计算的公告》（2004年11月1日发布实施），疾病休假工资标准为：职工疾病或非因工负伤连续休假在6个月以内的，企业应按下列标准支付疾病休假工资：①连续工龄不满2年的，按本人工资的60%计发；②连续工龄满2年不满4年的，按本人工资70%计发；③连续工龄满4年不满6年的，按本人工资的80%计发；④连续工龄满6年不满8年的，按本人工资的90%计发；⑤连续工龄满8年及以上的，按本人工资的100%计发。疾病救济费标准为：职工疾病或非因工负伤连续休假超过6个月的，由企业支付疾病救济费：①连续工龄不满1年的，按本人工资的40%计发；②连续工龄满1年不满3年的，按本人工资的50%计发；③连续工龄满3年及以上的，按本人工资的60%计发。②

---

① 天津规定的最低病假工资包括员工应交的养老、医疗、失业保险费和住房公积金。
② 上海地区疾病休假工资或疾病救济费最低标准不包括应由员工缴纳的养老、医疗、失业保险费和住房公积金。

(3) 北京地区

《北京市工资支付规定》第21条规定，劳动者患病或者非因工负伤的，在病休期间，用人单位应当根据劳动合同或集体合同的约定支付病假工资。用人单位支付病假工资不得低于本市最低工资标准的80%。①

三、对于医疗期满员工以未康复为由拒绝上班企业如何处理的实践分析

天津市高级人民法院、天津市人力资源和社会保障局印发的《关于审理劳动人事争议案件的会议纪要》（以下简称《会议纪要》）第8条规定："劳动者患病或者非因工负伤，在规定的医疗期满后继续请休病假的，应区分以下情形处理：（1）用人单位依据《中华人民共和国劳动合同法》第四十条规定，提前三十日以书面形式通知劳动者本人或者额外支付劳动者一个月工资后，解除劳动合同，劳动者主张经济补偿的，应予支持；（2）用人单位通知劳动者进行劳动能力（复工）鉴定，如果劳动者不配合，或者经鉴定能够复工后仍没有及时返岗工作，用人单位主张依据企业规章制度解除劳动合同并不支付经济补偿的，应予支持。"

律师认为：上述规定为企业处理医疗期满员工解除劳动合同提供了两种解决途径，为企业处理"泡病假"员工提供了法律支持，且"复工鉴定"也不再是医疗期满员工解除劳动合同的必经程序。虽然有规定在此，但司法实践中，各法院对于类似案件是如何认定的呢？律师进行了案例检索，如表2所示：

表2 相关案例

序号	审理法院及案号	是否调岗	是否做复工鉴定	用人单位解除原因	裁判结果
1	天津市第二中级人民法院（2021）津02民终10498号	复工鉴定前单位与员工协商调岗	经鉴定可复工	经鉴定可复工，单位通知返岗后员工未上班，用人单位按照严重违纪与其解除劳动合同	员工起诉主张违法解除劳动合同的赔偿金，法院酌定单位支付经济补偿金

---

① 北京地区企业应支付员工的病假工资不包括员工应交的养老、医疗、失业保险费和住房公积金。

续表

序号	审理法院及案号	是否调岗	是否做复工鉴定	用人单位解除原因	裁判结果
2	天津市河东区人民法院（2022）津0102民初12283号	—	经鉴定可复工	经鉴定可复工，单位通知返岗后员工未上班，用人单位按照旷工与其解除劳动合同	员工申请仲裁和起诉主张违法解除劳动合同的赔偿金，法院驳回其诉请
3	天津市第二中级人民法院（2023）津02民终9236号	—	—	医疗期满员工继续请病假未上班，公司按照旷工与其解除劳动合同	员工起诉主张违法解除劳动合同的赔偿金，法院酌定单位支付经济补偿金
4	天津自由贸易试验区人民法院（2022）津0319民初12364号	经鉴定可复工后单位出具调岗通知	经鉴定可复工	经鉴定可复工，单位调岗后员工仍未上班，单位按照旷工与其解除劳动合同	员工起诉主张违法解除劳动合同的赔偿金，法院驳回其诉讼请求
5	天津市南开区人民法院（2022）津0104民初4142号	医疗期满单位通知员工返岗，之后单位进行调岗	—	单位因员工严重违纪与其解除劳动合同	员工起诉主张违法解除劳动合同的赔偿金，法院酌定单位支付经济补偿金
6	天津市第一中级人民法院（2024）津01民终3624号	通知员工协商调岗	—	公司依据《劳动合同法》第40条第1项的规定解除劳动合同并支付经济补偿金	员工起诉主张违法解除劳动合同的赔偿金，法院认为员工未返岗系请休病假，不能归责于员工自己，因为认定用人单位解除劳动合同系违法解除，用人单位应支付赔偿金

在上述 6 例案件中，有 3 例案件法院酌定支持经济补偿金；有 2 例案件法院支持企业在员工经鉴定可复工但仍未返岗上班的情形下，按照旷工进行处理；对于上述第 6 例案件，律师对法院的认定持保留意见。根据前述《会议纪要》的内容，律师认为在医疗期满后员工仍继续请休病假，企业通知协商调岗仍未能到岗上班的，与该员工解除劳动合同并支付经济补偿金，符合法律规定，不应被认定为违法解除劳动合同。

回到文首的问题，员工医疗期满后继续请休病假，对于该类员工的管理，可从以下几个方面进行：

1. 发送书面返岗通知

医疗期届满后，企业应及时向员工以书面形式发送限期返岗通知。

2. 发送书面协商调岗通知

根据《劳动合同法》第 40 条第 1 项的规定，员工收到返岗通知后未到岗上班的，建议发送协商调岗通知，以履行法定的协商调岗程序。

3. 是否进行"复工"鉴定

"复工"鉴定系劳动能力鉴定，实践中是否需要进行"复工"鉴定仍存在争议。当然，如果企业通知员工进行"复工"鉴定，员工不予配合的，律师认为可以按照《会议纪要》第 8 条的规定，公司按照企业规章制度进行处理。实践中，建议企业对于是否进行"复工"鉴定以及所需相关材料，可向当地人力资源和社会保障部门进行了解。

四、对于特殊疾病（精神类疾病）员工的特殊管理

1. 适用特殊医疗期

《关于贯彻〈企业职工患病或非因工负伤医疗期规定〉的通知》（劳部发〔1995〕236 号）第 2 条（关于特殊疾病的医疗期问题）规定，根据目前的实际情况，对某些患特殊疾病（如癌症、精神病、瘫痪等）的职工，在 24 个月内尚不能痊愈的，经企业和劳动主管部门批准，可以适当延长医疗期。

2. 对于精神类疾病员工医疗期满进行劳动能力鉴定的问题

《企业职工患病或非因工负伤医疗期规定》（劳部发〔1994〕479 号）第 7 条规定："企业职工非因工致残和经医生或医疗机构认定患有难以治疗的疾病，医疗期满，应当由劳动鉴定委员会参照工伤与职业病致残程度鉴定标准进行劳动能

力的鉴定。被鉴定为一至四级的，应当退出劳动岗位，解除劳动关系，并办理退休、退职手续，享受退休、退职待遇。"根据该规定，对于精神类疾病本身为特殊疾病员工医疗期满能否直接按照《会议纪要》第 8 条的规定进行处理，就值得商榷了，不排除裁判者以未能进行劳动能力鉴定因而不符合解除劳动关系的条件为由不支持用人单位单方解除的行为，因此特殊疾病特别是精神类疾病的员工，无疑对企业来说是更大的管理难题。

3. 对于特殊类疾病的人文关怀

在用工管理过程中，无论是对特殊员工还是普通员工，无外乎"法、理、情"。如果企业只知道用法律规定、规章制度处理员工关系，那么员工也势必不会对企业有情义，相反实践中碰到很多企业在处理员工关系时给予员工家属充分的人道主义关怀，为企业解决疑难问题奠定了很好的基础。那么，对于特殊类疾病员工，律师建议更要充分体现企业的人文关怀。

五、对于"泡病假"员工的实务管理提示

1. 假期申请流程管理

企业在对病假员工进行管理时，应在公司规章制度中规定关于请休病假的流程，如病假申请及审批流程、病假资料等。如果不能按照公司制度规定申请病假，公司有相应的处罚制度，做到有据可依。

2. 病假申请资料管理

对于员工请休病假时应提交的资料，可根据病假时间长短进行区分。如果请休 1 天病假，提交挂号单、诊断证明等；如果请休 2 天或 2 天以上病假，可根据病假时间长短，要求提交挂号单、诊断证明、药品清单及交费发票、病历、住院资料等，以规避员工提供虚假诊断证明的情形。如果员工未按照公司制度规定提交病假请休资料，建议制定相应的处罚机制，但不建议按照旷工处理。

3. 建立病假复核制度的可行性

有的公司规章制度中规定公司有权要求员工到指定医院复查，否则按照制度规定给予处罚。这种方式的可行性值得商榷，如果指定医院复查结果与员工就诊医院诊断结果不一致，并不能代表员工原就诊医院诊断一定错误，且司法实践中若员工提供了诊断证明，公司不能拒绝审批。若因复查结果不一致而拒绝审批员工的病假申请并认定员工旷工，存在法律风险；如果指定医院复查结果与原就诊

企业运营篇

医院诊断一致，那公司的行为也将被"打脸"。

如果公司对员工病假真伪存疑，公司人力资源可以带着介绍信、员工的劳动合同或工作证明等，到医院的医政办公室或相关部门，核实该员工的就医情况，甚至可以找看诊的医生询问该员工的病情，一般情况下医院会配合公司的核查并出具相关的说明。我们在实践中碰到过"泡病假"员工多次提交了医生出具的诊断证明，但公司人力资源经向医院核查该员工并没有挂号记录，那么其患病的真实性明显存疑，掌握这一情况后，公司日后也顺利解决了该员工的"泡病假"问题。

以上为医疗期相关规定、案例分析及"泡病假"员工的实务处理分享，企业如果能从制度、流程、管理等方面加强落实，对于"泡病假"员工进行事前防范、事中管理、事后处罚，定能有效遏制员工"泡病假"的问题。

违法分包下，劳务分包合同的"雷区"与"旋涡"

王 娜 冯俊武

一、案例介绍

在建筑行业的实际操作中，转包及违法分包的现象屡见不鲜，由此催生出的畸形劳务分包合同，犹如一枚随时可能引爆的炸弹，给整个工程的建设以及各方利益相关者带来了巨大的风险隐患。以天津某商品房小区的建设项目为例，2018年4月，建设单位作为发包人，与承包人签订了《施工总承包合同》，这本应是一个正规建设流程的开端。然而，承包人出于自身利益的考量，与自然人张某签订了《内部承包协议》，将工程项目的全部合同义务转移给了张某。

2019年5月，为了形式合规，张某下属的两个施工队挂靠在劳务分包单位，随后，劳务分包单位与承包人签署了《劳务分包合同》。这份合同表面上仅对人工费用进行了明确约定，但实际上，每平方米700元的报价已将人工、材料及机械使用等全部费用包含在内。从合同的签订形式和内容来看，它与正常的劳务分包合同并未存在明显差异，但这种"挂羊头卖狗肉"的行为，为后续的一系列问题埋下了伏笔。

自2021年8月起，该项目出现农民工讨薪问题，张某及其下属的劳务分包单位相继停工。此后，多次群体性上访事件发生，劳务分包单位所报劳务款项经承包人初步审核后，存在严重虚报情况，因此承包人拒绝支付相关款项。2022年年初，由于劳务分包单位的众多农民工向区人力资源和社会保障局投诉，该局经核查并联合区住建委，从发包人共管账户中强制划扣了相应资金。此后，发包人、承包人及实际施工人张某在区住建委签署会议纪要，确认了所有涉及劳务分包单位的款项金额，并已全部完成支付。

2022年5月，在劳务分包单位收到区住建委拨付的款项之后，张某针对承包人及业主未支付的工程款项提起了诉讼。张某意欲主张超额工程款项，遂以个人名义与劳务分包单位签订了《劳务分包合同》以及《大清包周转材料采购及脚手架材料租赁协议》。张某亦分别与劳务分包单位就这两份合同签订了相应的结算协议。然而，出于对虚假诉讼的担忧，张某并未将该组证据呈递给法院，并与承包人达成了结算退场的协议，撤回起诉。然而，一系列诉讼的序幕也正式拉开。劳务分包单位依据其与张某签订的两份合同及结算协议，向张某提出了巨额的人工费用及因停工造成的损失索赔，同时在另一案件中要求张某支付材料款项及设备租赁费用。在两起案件中，劳务分包单位均要求发包人在拖欠承包人工程款项的范围内承担连带责任。

二、案例难点

1. 在工程项目中，将工程的劳务与材料供应部分进行分离，形成独立的劳务分包合同与材料采购合同。在此情形下，劳务分包单位是否具备实际施工人的法律地位？

2. 劳务分包单位声称，张某作为承包人的代表，与其签订了《劳务分包合同》《大清包周转材料采购及脚手架材料租赁协议》以及相关的结算协议，张某的行为构成了表见代理。在此情形下，张某的行为是否满足表见代理的构成要件？承包人是否应当对张某所负的外部债务承担偿还责任？

3. 在由区人力资源和社会保障局举办的会议上，张某作为实际施工人，签署了一系列文件，以证明施工期间与劳务分包单位相关的所有款项均已结清。然而，劳务分包单位声称张某的签字对其不具有法律效力，并要求张某及承包人依照《劳务分包合同》《大清包周转材料采购及脚手架材料租赁协议》以及对应的结算协议中规定的金额履行付款义务。基于此情况，承包人或实际施工人是否存在重复支付或超额支付的可能性？

4. 如劳务分包单位提供的《劳务分包合同》《大清包周转材料采购及脚手架材料租赁协议》以及结算协议均为虚假证据，是否构成刑事犯罪？

三、法律分析

1. 建筑行业的"双胞胎":劳务分包与工程承包

在建筑行业,劳务分包与工程承包是两种核心的业务形式,精确理解二者之间的差异对于维护建筑市场的规范性以及确保各方权益具有至关重要的意义,我们可以从承包方式、承包内容、结算方式三个维度深入分析二者的不同,并结合具体案例进行解读。

(1)承包方式:劳务分包主要涉及提供劳动力,如组织泥瓦工、木工等进行具体施工,不包括设备和材料采购或技术支持。而工程承包要求承包者整合所有资源,包括组织施工人员、采购设备和材料,以及提供技术团队进行项目管理,确保工程顺利进行。

(2)承包内容:劳务分包主要涉及工程项目中的劳务环节,例如,建筑施工中的混凝土浇筑、钢筋绑扎等作业。工程承包则包括整个项目的规划、设计、施工直至后期验收的全部流程,实现全面的项目管理。

(3)结算方式:劳务分包之核心要素在于劳动力的供给,即"人力资源",其结算主要关注人工成本。计费方式具有多样性,包括但不限于日结、按工作量或总价计算。以某建设项目为例,劳务分包单位与发包人根据工人的日薪150元进行结算,费用的确定依据是工人的出勤天数和人数。相较之下,工程承包的计价过程更为复杂,涉及人工费、材料费、设备费、机具使用费、管理费以及税费等多个方面。

(4)参考案例解读:

在(2023)最高法民辖132号案例中,最高人民法院为深入分析建设工程分包合同纠纷与劳务合同纠纷的判定标准,提供了重要的参考依据。在该案件的审理过程中,法院在区分两者时,全面审视了多个关键因素。当事人之间是否存在控制、支配与从属关系,是判定的重要依据之一。若当事人之间相对独立,不存在劳务关系中典型的工资支付、教育监督等支配与被支配、管理与被管理的关系,则可能构成建设工程分包合同纠纷。工作场所与时间是否受到明确限制,亦能揭示合同的性质。若工作场所和时间有明确的限制,更倾向劳务合同的特征;反之,若工作场所和时间较为灵活,则可能更倾向于建设工程分包合同。此外,工作内容是侧重于劳务的提供还是工作成果的交付,亦是关键因素之一。若工作内容主要侧重于劳务的提供，如单纯的劳动力输出，则可能是劳务合同；若更侧重于工作成果的交付，即完成特定的工程项目并达到一定的质量标准，则可能属于建设工程分包合同。

在实践中，准确区分劳务分包与工程承包，不仅有助于当事人明确自身的权利义务，避免合同纠纷的发生，也有利于司法机关在处理相关案件时，做出公正、合理的裁决，维护建筑市场的正常秩序。结合前述分析，本案中劳务分包单位并不具备实际施工人的地位，而张某则满足实际施工人的认定条件。

2. 明晰表见代理，守护公平正义

在建筑领域，"三包一挂"的存在导致实际施工人与承包单位之间的法律关系界定异常复杂，尤其在表见代理的确认上显得尤为重要，因为它直接关联到合同的合法性以及各方的权利与责任。我们依据《民法典》第172条的规定，对表见代理的构成要件进行分析，并结合具体案例，深入研究张某的《劳务分包合同》是否构成表见代理。

（1）张某的授权情况：经核查，张某并没有获得承包人明确的书面授权，以代表承包人签订相关合同。这满足了表见代理构成要件中行为人无代理权这一条件。

（2）代理权表象分析：从合同签订的情形来看，虽然承包人在将涉案工程转包给实际施工人张某之后，对外仍以承包人名义签订相关合同，但在合同的签订、履行以及付款等关键环节，均依照张某的要求进行。并且，承包人在与劳务分包单位签署合同时曾要求合同的相对方也就是劳务分包单位签署声明文件，以确认劳务分包单位对实际施工人作为转包主体的身份有所了解。这表明，劳务分包单位在与承包人签订《劳务分包合同》时，已经明确知晓实际施工人的身份，并没有因承包人的行为或疏忽，产生张某具有代理权的误解。例如，在合同签订过程中，没有出现承包人向实际施工人提供介绍信、公章、空白合同书等能够表明代理权的文件，也不存在承包人通过先前的行为、声明或默许等方式赋予实际施工人代理权的情况。

（3）第三方的信赖合理性：基于上述情况，劳务分包单位在知晓实际施工人身份的前提下，后续与实际施工人签订其他相关合同，第三方（劳务分包单位）并不存在基于合理信赖而认为实际施工人有权代表承包人行事的基础。因为劳务分包单位在签订合同前已经清楚了解实际施工人并非代表承包人，所以其签订合同的行为并非基于对代理权表象的合理信赖。

（4）表见代理的排除：综上所述，在本案中，虽然张某无代理权，但由于不存在使相对人（劳务分包单位）相信其具有代理权的事实和理由，相对人也并非善意且无过失地相信行为人具有代理权，权利外观也不归因于被代理人承包人，所以《劳务分包合同》不能构成表见代理。

3. 总承包人对实际施工人对外债务承担给付责任的边界

（1）一般原则与特殊情形

在建筑行业，即便合同未形成表见代理，亦不能武断地判定总承包方对实际施工人所承担的外部债务无须承担连带责任。解答此问题，犹如解开一束错综复杂的线团，必须综合考虑合同的具体条款、相关的法律规范以及案件的具体事实等众多因素。

在建筑领域，总承包商可能因特定情况而对现场施工人员的债务承担连带责任。例如，总承包商违反相关法律规定进行分包或转包，这种做法无异于在建筑工程的结构中植入了一枚定时炸弹。《建筑法》第28条明文规定，禁止承包单位将其承包的全部建筑工程转包给他人，禁止承包单位将其承包的全部建筑工程肢解后以分包的名义分别转包给他人。第29条进一步规定，建筑工程承包人可以将承包工程中的部分工程发包给具备相应资质条件的分包单位；但是，除总承包合同中约定的分包外，必须得到建设单位的同意。施工总承包的情况下，建筑工程主体结构的施工必须由承包人自行完成。禁止承包人将工程分包给不具备相应资质条件的单位。禁止分包单位将其承包的工程再分包。一旦总承包商违反上述规定，可能导致现场施工人产生外部债务，总承包商亦可能因此承担连带责任。

若承包人默认实际施工人以己方名义进行施工活动，可能导致承包人承担连带责任。由于默认行为的存在，第三人可能基于对承包人名义的信任，与实际施工人建立交易关系，进而形成债务关系。若实际施工人无法履行债务，总承包人可能因此被牵涉其中。由于其违法分包或转包行为违反了法律规定，所以需承担相应的连带责任；在承担相应责任之后，方可向实际施工人员追偿。

（2）本案中的发包人与承包人的责任判断

在本案例中，承包人是否应对实际施工人张某的债务承担连带清偿责任，必须依据相关法律规范、合同条款以及案件具体事实等多重因素进行综合判断。鉴于《劳务分包合同》及《大清包周转材料采购及脚手架材料租赁协议》为张某与劳务分包单位之间实际履行的合同，且劳务分包单位在签订合同时明知该合同系张某以承包人的名义与其签订，因此，该合同的签订双方应为张某与劳务分包单位，付款责任应由张某承担。然而，由于该两份合同违反了法律的强制性规定，故自始无效。进一步地，考虑到劳务分包单位在本案中是通过层层违法分包后进行施工的，根据《最高人民法院关于审理建设工程施工合同纠纷案件适用法律问题的解释（一）》第43条，仅在转包和违法分包关系中的实际施工人有权突破合同相对性向违法分包人及发包人主张权利，而不包括层层违法分包关系中的实际施工人。因此，劳务分包单位提出的承包人及发包人承担连带责任的诉讼请求，将不会得到法院的支持。换言之，若劳务分包单位与张某个人之间形成了合同关系，则其只能依据合同相对性向张某个人主张付款，而无权向承包人和发包人主张权利。

4. 在相关款项已经结算完毕的情况下，张某是否仍需依照相关结算协议对劳务分包单位承担支付义务？

针对本案事实层面，劳务分包单位与承包人签订的《劳务分包合同》中，尽管张某及承包人均声称该合同仅对人工费用进行了明确约定，然而，每平方米700元的报价实际上已将人工、材料及机械使用等全部费用纳入其中。此外，各方在区人力资源和社会保障局沟通中确定的金额，均基于对整个项目的人工费、材料款进行的结算金额的认可，再次对同一项目签订的合同进行付款将构成重复给付。然而，由于各方均无法对其主张的事实提供相应的证据，各方在人力资源和社会保障局签订的会议纪要中也未明确该部分内容。而劳务分包单位提供相应的施工材料及设备租赁却是不争的事实，因此，人民法院最终判定张某需向劳务分包单位支付相应的材料款。

四、裁判结果

1. 针对《劳务分包合同》人工费案件：

一审法院：驳回劳务分包单位的全部诉讼请求。

二审法院：驳回劳务分包单位的上诉请求，维持一审判决。

再审法院：驳回劳务分包单位的再审申请。

2. 针对《大清包周转材料采购及脚手架材料租赁协议》材料款案件：

一审法院：支持劳务分包单位的全部诉讼请求。

二审法院：撤销原判，并对鉴定报告中不属于材料款项的部分金额进行扣除，相应地对劳务分包单位的诉讼请求予以支持。

五、案例提示

1. 程序正义与实体正义的碰撞

证据在诉讼程序中的核心地位毋庸置疑。在法律框架内，庭审所追求者为程序正义，此要求当事人必须积极主动地承担起证据收集的责任。因在多数情形下，唯有当事人自身最明了与案件相关的事实细节，亦最有可能获取那些能够支持己方主张的证据。若当事人未能妥善履行此责任，则极可能面临不利之后果。

在司法审判过程中，法律事实是依据证据和法律规范来确定的，与客观事实存在差异。鉴于人类认知的局限性以及时间的不可逆性，真实情况往往难以被完全复原。就本案而言，法官仅能依据当事人提交的有关劳务分包合同的签订与履行的证据作出判断。即便法官在自由心证的基础上倾向于相信实际施工人张某或承包人的事实陈述，但由于缺乏相应的证据支持，其主张仍无法得到支持。我们必须承认，法律作为道德的最低标准，仅能确保程序上的正义，而无法保证实体上的正义。庭审的时空限制可能妨碍法官对案件的全面理解。时间的限制要求当事人和律师迅速陈述观点、提供证据和进行辩论，否则可能导致重要事实的遗漏。空间的限制意味着任何证据都无法完全再现案件的背景。尽管证据和辩论规则旨在保障公正，但它们也可能限制真相的发现。这进一步要求各方在民事活动中注重证据的留存，否则，如张某在本案中所遭遇的超额给付情形，将会不断重演。

2. 隐藏在暗处的刑事"雷区"

在审视此案件时，劳务分包单位的一系列行为引发了发包人对其是否涉及虚假诉讼的严重质疑。根据代理律师向相关行政部门调取的证据，2021年年底，劳务分包单位向区人力资源和社会保障局提交的农民工工资台账显示，即便在施工现场停工期间，农民工的全勤状态仍被记录。然而，在本案的诉讼过程中，相同的自然人在同一时段的庭审证据中却声称在窝工期间应获得人工费补偿，且同一人在不同楼宇停工期间的人工费被重复计算。例如，张三在人力资源和社会保障局存档的工资表中被记录为焊工，月薪为5000元，但在庭审证据中，其身份却转变为月薪1.5万元的钳工。劳务分包单位在庭审中坚称之前提交给人力资源和社会保障局的工资台账并不准确，是将其他费用以人工费的形式记录，许多工人实际上并未收到相应款项。劳务分包单位的代理人也当庭对该部分陈述予以确认。这些相互矛盾的陈述和证据，不禁让人怀疑劳务分包单位是否利用虚假的农民工工资报表来骗取工程款项。基于此，劳务分包单位在涉及人工费用的诉讼案件中未能得到法院的支持。

关于案涉两份劳务分包合同，也存在诸多疑点。据实际施工人所述，由人力资源和社会保障局存档的《劳务分包合同》为各方实际执行的合同，该合同仅列明了人工费用，而实际上人工费用中包含了材料款项。实际施工人主张，劳务分包单位在本次诉讼中所依据的劳务分包合同，原本是实际施工人为向承包人索赔准备的虚假材料，但鉴于该证据的虚假性，考虑到刑事风险最终未予采用，现在劳务分包单位却以此为依据提起诉讼。经过对比分析，两份劳务分包合同的施工范围存在完全重叠。若实际施工人所述属实，那么劳务分包方的行为极有可能构成虚假诉讼。

更为严重的是，若劳务分包单位以非法占有为目的，在签订和履行合同的过程中，采取虚构事实、隐瞒真相的手段，如虚构劳务量、虚报费用等，骗取对方当事人的财物，且数额达到一定标准，就可能构成合同诈骗罪。在本案中，如果劳务分包单位确如实际施工人所述系蓄意伪造工资台账和考勤表、虚报工资和费用，意图通过人力资源和社会保障局、住建委骗取发包人工程款，且数额巨大，就符合诈骗罪的构成要件。一旦被认定为诈骗罪，相关责任人不仅要面临刑事责任，还需承担经济赔偿责任，这对劳务分包单位及其相关人员而言，将是沉重的打击。

六、经验警示

以天津某商品房小区的建设项目为例，该案例对建筑行业的各利益相关方提出了警示。问题的根源在于对相关法律法规的忽视以及合同管理的混乱，从承包人的非法转包行为，到劳务分包单位签订的不规范合同，再到各方卷入民事纠纷甚至可能面临刑事责任，一系列问题凸显了合同管理的漏洞。

各利益相关方应深刻吸取此案例的教训，严格遵循法律法规，并规范劳务分包合同的签订与执行。发包方需加强对工程建设的全程监督，确保承包方严格依照合同条款和法律法规进行施工，以杜绝转包和违法分包等不当行为。总承包方亦不可因短期利益而违反法律，将工程转包或分包给无资质的单位或个人。劳务分包方亦应坚守法律底线，避免通过不正当手段获取利益，否则将面临法律的制裁。

在签订劳务分包合同时，必须确保合同条款的明确性、合法性和清晰性，避免出现含混不清或与实际履行情况不符的条款。应对合同的签订背景、条款内容以及双方的实际履行情况进行详尽审查，以防止虚假合同或虚假诉讼的风险。此外，各利益相关方还应强化内部管理，建立完善的人员管理制度、财务管理制度和监督机制，以确保工程建设的顺利进行并维护自身的合法权益。只有通过这些措施，才能有效避免民事和刑事风险，保障建筑行业的持续健康发展。

合同僵局情形下，合同的解除时间司法实务适用规则解读

杜学义　任妍晖

一、案例介绍

1. 基本事实

2016年7月13日，Y公司与案外人B公司订立《房屋租赁合同》，约定将其位于T市X区C道1号的房屋出租给案外人B公司用于汽车销售，租期为5年，自2016年8月1日起至2021年8月31日止。

合同约定，B公司作为承租人应向Y公司支付80万元履约保证金（约为3.7个月租金），如由于承租人原因使合同提前终止，出租人有权单方扣除全部履约保证金。合同租赁期满，承租人交清无异议的款项及按照合同的约定将租赁房屋交还给出租人后10日内，出租人将履约保证金一次性全额无息退还。

合同还约定，B公司根据自身经营和发展规划的需要，在与Y公司协商一致的情况下可以提前解除合同，但必须提前至少90天书面告知Y公司，并支付B公司实际使用租赁房屋期间产生的相关费用。

2016年10月10日，Y公司与案外人B公司、S公司三方达成了《合同主体变更三方协议》，约定将案外人B公司在《房屋租赁合同》项下承租方的全部权利义务转让给S公司。

之后，Y公司与S公司于2017年、2018年、2019年陆续签订了3份《房屋租赁补充协议》，均就《房屋租赁合同》相关事宜进行了补充。

Y公司和S公司于2019年8月20日订立的《房屋租赁补充协议》第1条约

定，S公司应于2020年9月10日前一次性支付租期为2020年9月1日至2021年8月31日的租金279.64万元。

2. 诉讼经过

合同履行过程中，S公司未按约定缴纳租金。

2020年9月27日，Y公司诉至X区法院，请求法院判令S公司向其支付2020年9月1日至2021年8月31日的279.64万元租金及相应的违约金。

2020年10月23日，S公司当庭提起反诉。S公司认为，因受疫情影响应当降租，同时案涉房屋因金融借款合同纠纷被C法院保全，且涉案房屋不符合合同约定致使其被X区生态环境部门行政罚款，故请求法院判令解除双方订立的《房屋租赁合同》、Y公司向其返还履约保证金80万元并赔偿由于房屋瑕疵而造成的损失。

2020年11月30日，一审法院作出判决，认为S公司仍在使用涉案房屋，租赁期限尚未届满，且结合在案证据，S公司所主张的解除合同的理由并不成立，故判令租赁合同继续履行，S公司应向Y公司支付至2021年8月31日止的房屋租金。

后S公司提起上诉，二审过程中，涉案房屋的抵押权人X信托公司请求以有独立请求权第三人身份参与本案诉讼。故根据相关法律规定，二审法院将本案发回重审。

本案被发回一审法院重审后，S公司仍请求法院确认涉案合同解除，解除时间为提起反诉之日，即2020年10月23日。同时，S公司称其已于2020年11月30日将涉案房屋腾空，并申请公证处对就涉案房屋的现状进行拍照的过程及结果以及向Y公司邮寄钥匙的过程进行保全证据公证。

一审法院重新审理后，认定涉案合同于2020年10月23日解除，同时判决S公司应向第三人X信托公司支付2020年9月1日至2021年3月31日的租金及占有使用费1 631 233元，Y公司有权扣除122 732元履约保证金（相当于0.5个月的租金）。

二、案例难点

我们认为，本案在审理过程中，争议焦点及难点主要集中在以下几个方面：

1. S公司是否享有解除合同的权利，合同解除的时间点应当如何认定。

2. S公司应支付的租金金额；涉案80万元履约保证金的性质为何，Y公司是否有权根据合同约定全部予以扣除。

三、法律分析

1. 关于涉案合同能否解除

关于这一问题的阐释，首先需要明确的一点是，结合在案证据及发回重审后一审、二审法院的认定，S公司提出的解除合同的依据并不构成法定或约定合同解除的事由。因此，S公司不支付租金并擅自搬离的行为构成违约。

关于违约方是否享有解除合同的权利，自原《合同法》[①] 颁布并实施后，无论理论界还是实务界，均存在一定的争议[②]。之后，《最高人民法院公报》（2006年第6期）刊登的新宇公司诉冯某梅商铺买卖合同纠纷一案，开创了违约方解除合同的先河。《全国法院民商事审判工作会议纪要》（《九民纪要》）发布后，一定程度上对该问题作出了较为清晰的规定。[③]《民法典》于2021年1月1日实施，其中第580条规定："当事人一方不履行非金钱债务或者履行非金钱债务不符合约定的，对方可以请求履行，但是有下列情形之一的除外：（一）法律上或者事实上不能履行；（二）债务的标的不适于强制履行或者履行费用过高；（三）债权人在合理期限内未请求履行。有前款规定的除外情形之一，致使不能实现合同目的的，人民法院或者仲裁机构可以根据当事人的请求终止合同权利义务关系，但是不影响违约责任的承担。"

根据前述法律规定，S公司虽系违约解除，但其已经在2020年11月30日

[①] 原《合同法》第94条规定："有下列情形之一的，当事人可以解除合同：（一）因不可抗力致使不能实现合同目的；（二）在履行期限届满之前，当事人一方明确表示或者以自己的行为表明不履行主要债务；（三）当事人一方迟延履行主要债务，经催告后在合理期限内仍未履行；（四）当事人一方迟延履行债务或者有其他违约行为致使不能实现合同目的；（五）法律规定的其他情形。"（现为《民法典》第563条第1款）

[②] 参见王利明：《合同编解除制度的完善》，载《法学杂志》2018年第3期。

[③] 《全国法院民商事审判工作会议纪要》（法〔2019〕254号）第48条规定："违约方不享有单方解除合同的权利。但是，在一些长期性合同如房屋租赁合同履行过程中，双方形成合同僵局，一概不允许违约方通过起诉的方式解除合同，有时对双方都不利。在此前提下，符合下列条件，违约方起诉请求解除合同的，人民法院依法予以支持：（1）违约方不存在恶意违约的情形；（2）违约方继续履行合同，对其显失公平；（3）守约方拒绝解除合同，违反诚实信用原则。人民法院判决解除合同的，违约方本应当承担的违约责任不能因解除合同而减少或者免除。"

（一审诉讼过程中）实际搬离涉案房屋，致使涉案合同事实上已经不能继续履行，故涉案合同应予解除。

2. 关于涉案合同解除时间点的认定

根据《民法典》第565条的规定，当事人一方依法主张解除合同的，应当通知对方。合同自通知到达对方时解除；通知载明债务人在一定期限内不履行债务则合同自动解除，债务人在该期限内未履行债务的，合同自通知载明的期限届满时解除。对方对解除合同有异议的，任何一方当事人均可以请求人民法院或者仲裁机构确认解除行为的效力。当事人一方未通知对方，直接以提起诉讼或者申请仲裁的方式依法主张解除合同，人民法院或者仲裁机构确认该主张的，合同自起诉状副本或者仲裁申请书副本送达对方时解除。

由于S公司系当庭提出反诉，故S公司主张的合同解除日为其提起反诉的当日，即2020年10月23日，一审法院亦据此认定合同的解除时间点为2020年10月23日。但需要强调的一点是，本案中S公司邮寄钥匙并实际搬离涉案房屋的时间为2020年11月30日，晚于其提起反诉的时间。

司法实践中，不同的案件就该问题亦有不同的认定。部分判决认为，起（反）诉状副本送达之日即为合同解除之日，如天津市蓟州区人民法院（2023）津0119民初15824号民事判决书；也有判决认为，承租人实际搬离之日为合同解除之日，如上海市浦东新区人民法院（2022）沪0115民初47963号民事判决书；还有判决认为，合同解除日为解除函送达之日〔如天津市第二中级人民法院（2022）津02民终8694号民事判决书〕、房屋钥匙签收之日〔如天津市第二中级人民法院（2022）津02民终6955号民事判决书〕或判决生效之日〔如北京市丰台区人民法院（2022）京0106民初14747号民事判决书〕。

具体到本案中，S公司在一审中提出反诉主张解除合同，但其据以解除合同的事由均不成立，因此我们认为反诉状的送达并不能产生解除合同的效力，合同仍然处于继续履行的状态。直至2020年11月30日S公司搬离涉案房屋，涉案合同才处于事实上不能履行的状态，那么此时才形成了"合同僵局"，至此我们认为涉案合同才满足解除的条件。

3. 关于履约保证金的性质问题，出租人是否有权根据合同约定将履约保证金全部扣除

涉案合同约定，承租人应向Y公司支付80万元履约保证金（约为3.7个月

企业运营篇

租金），如由于承租人原因使合同提前终止，出租人有权单方扣除全部履约保证金。按照 2020 年 11 月 30 日合同解除，彼时涉案租赁合同期限尚余 4 个月（自 2020 年 11 月 30 日起至 2021 年 3 月 31 日止）。

履约保证金是实践中比较常见的一个概念，但事实上我国现行法律并没有对履约保证金进行过明确的定性。法律层面提到履约保证金这一说法，目前只有《招标投标法》，该法第 46 条规定："招标人和中标人应当自中标通知书发出之日起三十日内，按照招标文件和中标人的投标文件订立书面合同。招标人和中标人不得再行订立背离合同实质性内容的其他协议。招标文件要求中标人提交履约保证金的，中标人应当提交。"但这一规定实际上也未对履约保证金进行定性。最高人民法院《关于适用〈中华人民共和国担保法〉若干问题的解释》（法释〔2000〕44 号）中提及了保证金，其第 118 条规定："当事人交付留置金、担保金、保证金、订约金、押金或者订金等，但没有约定定金性质的，当事人主张定金权利的，人民法院不予支持。"在该司法解释中，将"保证金"与"留置金、担保金、订约金、押金、订金"并列，但目前该司法解释已经废止。此外，最高人民法院《关于适用〈中华人民共和国民法典〉合同编通则若干问题的解释》中也提到了保证金，其第 67 条规定，当事人交付留置金、担保金、保证金、订约金、押金或者订金等，但是没有约定定金性质，一方主张适用《民法典》第 587 条规定的定金罚则的，人民法院不予支持。其同样将"保证金"与"留置金、担保金、订约金、押金、订金"并列。

履约保证金兼具保证金质押和违约金的双重属性，法定履约保证金因其担保对象固定、交纳比例不高，加之有法律的明确规定，一般不会出现应否与违约金等并用的问题。当事人约定的履约保证金过高时，可以适用违约金酌减规则。鉴于履约保证金同时具有违约金功能，一般不能与违约金并用，但也有例外情形，故不可一概而论。

我们的理解是在承租人违约解除合同的前提下，根据前述约定，实际上履约保证金的性质就转换成了违约金。因此，出租人 Y 公司是否有权扣除全部履约保证金的问题，就转化为 80 万元违约金是否过高的问题。

《民法典》第 584 条规定，"当事人一方不履行合同义务或者履行合同义务不符合约定，造成对方损失的，损失赔偿额应当相当于因违约所造成的损失，包括合同履行后可以获得的利益；但是，不得超过违约一方订立合同时预见到或者应当预见到的因违约可能造成的损失"；第 585 条规定，"当事人可以约定一方违约时应当根据违约情况向对方支付一定数额的违约金，也可以约定因违约产生的损失赔偿额的计算方法。约定的违约金低于造成的损失的，人民法院或者仲裁机构可以根据当事人的请求予以增加；约定的违约金过分高于造成的损失的，人民法院或者仲裁机构可以根据当事人的请求予以适当减少。当事人就迟延履行约定违约金的，违约方支付违约金后，还应当履行债务"。最高人民法院《关于适用〈中华人民共和国民法典〉合同编通则若干问题的解释》第 65 条规定："当事人主张约定的违约金过分高于违约造成的损失，请求予以适当减少的，人民法院应当以民法典第五百八十四条规定的损失为基础，兼顾合同主体、交易类型、合同的履行情况、当事人的过错程度、履约背景等因素，遵循公平原则和诚信原则进行衡量，并作出裁判。约定的违约金超过造成损失的百分之三十的，人民法院一般可以认定为过分高于造成的损失。恶意违约的当事人一方请求减少违约金的，人民法院一般不予支持。"

虽然上述法律规定已经较为明确，但实践中房屋租赁合同承租人违约解除给出租人造成的损失仍然是难以具体衡量的，大多依靠法官结合租期、房屋空置期以及其他相关因素进行酌定。我们检索了天津、北京、上海等地的案例，汇总如表 1 所示：

表 1　相关案例

法院及案号	重要时间点	租金、保证金相关约定及主张	租金截止时间	违约金
天津市第二中级人民法院（2022）津 02 民终 8694 号	【2022 年 5 月 14 日】解除函送达【2022 年 6 月 29 日】搬离	合同：约定履约保证金 + 物业服务费保证金 + 质量保证金 + 装修押金 + 收银系统押金。其中约定（履约保证金及物业服务费保证金）合同终止且没有违约情况下退还。出租方：请求支付 2022 年 4 月 1 日至 2022 年 7 月 30 日租金。承租方：请求退还各类保证金、押金。	判决支付至解除函送达之日（解除函送达之日至实际搬离之日的使用费由出租方承担）	以履约保证金（2 个月租金）及物业服务费保证金（2 个月物业费）作为违约赔偿金

一
企业运营篇

续表

法院及案号	重要时间点	租金、保证金相关约定及主张	租金截止时间	违约金
天津市第二中级人民法院（2022）津02民终6955号	【2021年12月21日】签收退租告知函，函中表示2022年1月31日解除合同并交还房屋【2022年1月24日】搬离并邮寄钥匙【2022年1月26日】钥匙签收	合同：承租方提前终止，需提前6个月提出，房租结算至6个月期满之日，并支付3个月房租作为违约金。出租方：1.请求解除；2.请求支付至解除之日房租；3.请求3个月房租作为违约金。承租方：请求于2022年1月26日解除	承租方已支付房屋租金至2022年1月31日	3个月租金
天津市第二中级人民法院（2021）津02民终10363号	【2020年12月16日】解除函送达之日，租金支付至该日并于该日搬离，一审判决该日解除（二审纠正）【2021年3月16日】承租方在庭审中表达解除合同的意思	合同：事实认定中未提及。法院认为双方在合同中对租赁保证金有明确约定，本案承租方未按约定提前90天通知出租方解除合同。出租方：请求继续履行。承租方：请求于2020年12月16日解除；请求返还租赁保证金	已支付至搬离之日，之后至判决解除之日的房租未提及	3个月租金（不予返还租赁保证金）

063

续表

法院及案号	重要时间点	租金、保证金相关约定及主张	租金截止时间	违约金
北京市丰台区人民法院（2022）京0106民初14747号	【2022年5月1日】起租日【2022年6月20日】承租方在群内表示不再进驻【2022年11月24日】一审判决作出未进驻，不涉及搬离	事实：承租方未装修，也未进驻。出租方：继续履行。承租方：退还租金及保证金	判决支付至2022年11月30日	2个月租金+2个月物业服务费（不予返还租赁保证金、物业费保证金）
上海市宝山区人民法院（2022）沪0113民初28604号	【2022年8月15日】发送解除通知函【2022年8月30日】发送房屋交还通知函【2023年1月4日】起诉状副本送达【2023年2月17日】搬离	合同：承租方擅自退租的，已支付的租金及租赁保证金、物业管理费保证金均不予退回，同时还应支付6个月租金及物业费作为违约金。出租方：（1）请求于起诉状落款日解除；（2）支付租金；（3）租赁保证金、物业费保证金不予退还；（4）支付逾期租金、物业费违约金；（5）支付月租金及物业费6倍的违约金；（6）解除后按日租金3倍支付房屋占用费。承租方：（1）请求于2022年8月15日解除；（2）房屋问题解除合同，不构成违约，不同意出租方的诉请；（3）2022年8月15日发函要求解除合同，出租方不同意接收房屋，故不同意支付房屋占用费	至2022年9月30日（收到房屋交还通知函后的1个月为收回房屋合理期限）	租赁保证金（3个月租金）、物业管理费保证金（3个月物业费）

续表

法院及案号	重要时间点	租金、保证金相关约定及主张	租金截止时间	违约金
上海市浦东新区人民法院（2022）沪0115民初47963号	【2022年4月6日】发送解除通知书 【2022年6月1日】EMS邮寄钥匙 【2022年6月24日】钥匙快递被退回 【2023年3月21日】交接物业（搬离）	合同：3个月房租作为租赁押金。出租方违约，承租方有权要求返还押金、支付3个月租金的违约金。承租方违约，出租方有权收回物业费，并要求支付3个月租金的违约金。 出租方：支付租金及逾期违约金。 承租方：（1）于2022年4月6日解除；（2）返还租金、押金、预付租金；（3）支付违约金	承租方已支付至2022年4月24日，判令再另行支付2个月租金	退还押金

结合上述案例，我们认为大多数法院酌定的违约金为3个月左右的租金，本案中履约保证金约为3.7个月租金，也属于合理范围。

四、裁判结果

本案经一审法院重新审理后，Y公司提起上诉。二审法院经审理后认定，一审法院认定的合同解除时间不当，涉案合同的解除时点应为S公司实际搬离之日，即2020年11月30日。同时判决S公司应向第三人X信托公司支付2020年9月1日至2021年3月31日的租金及占有使用费1 631 233元[相当于在实际搬离日的基础上再额外支付4个月的租金（占有使用费）]，Y公司有权扣除122 732元履约保证金（相当于0.5个月的租金）。那么，实际上S公司就其提前解除合同的行为承担的违约金是相当于4.5个月的租金。

五、案例提示

房屋租赁合同履行期限一般较长，对于合同双方均存在较大的不确定性，但即便是承租人违约解除，出租方作为守约方亦有义务采取必要措施，以避免损失无限扩大；在能够转租的情况下，及时转租，降低损失。同时，在合同履行过程中妥善留存相关的交接记录等重要记录，避免产生争议时无法举证。

企业资产篇

房地产企业融资中的非典型担保方式分析

——让与担保与所有权预告登记

李大为 李克强

一、案情介绍

2014年10月至11月，A合伙企业与B房地产公司签订413套房屋的《商品房买卖合同》，合同金额共计5.9亿元。合同签订后，A合伙企业办理了房屋网签备案登记和商品房所有权预告登记，并缴纳了契税和维修基金。同时，双方就上述413套房屋又签订《房产回购协议》，约定B房地产公司自愿向A合伙企业回购413套房屋，回购款6.9亿元，回购定金1亿元，若未按约回购则房产归A合伙企业所有。同日，A合伙企业支付购房款，B房地产公司收到购房款后转回A合伙企业1亿元回购定金。

2015年2月，法院裁定受理B房地产公司破产清算并指定破产管理人。2017年4月，法院裁定宣告B房地产公司破产。为保护自身权益，在破产程序中，A合伙企业向破产管理人主张413套房屋的取回权，经两审法院审理均予以驳回。在重新申报债权时，A合伙企业认为上述交易构成融资担保法律关系，符合让与担保情形，故向破产管理人申报债权，请求确认对B房地产公司债权数额6.9亿元，其中借款本金5.9亿元，利息1亿元，并请求确认对所购413套房屋在折价或拍卖、变卖所得价款范围内享有优先受偿权。

破产管理人经审查认为，A合伙企业并非真实购房人，A合伙企业虽主张构成让与担保，但不符合最高人民法院《关于适用〈中华人民共和国民法典〉有关担保制度的解释》关于让与担保需要完成财产权利变动公示即所有权转移登记的要求。另外，关于借款利息，B 房地产公司在收到房款当日又转回回购定金，属于将利息预先在本金中扣除。因此，破产管理人仅确认 A 合伙企业享有普通债权 4.9 亿元。A 合伙企业不同意上述确认意见，以破产债权确认纠纷案由将破产管理人诉至法院并委托笔者代理本案。

二、案件难点

结合破产管理人的答辩意见和法院审理过程中的争议焦点，本案存在以下难点：

1. A 合伙企业与 B 房地产公司之间属于何种法律关系；

2. 所有权预告登记是否属于最高人民法院《关于适用〈中华人民共和国民法典〉有关担保制度的解释》第 68 条规定的财产权利变动公示；

3. 本案事实发生在《民法典》实施前，是否可以适用《民法典》等相关规定；

4. 本案融资担保事实发生在破产受理前一年内，是否属于《企业破产法》第 31 条第 3 项规定的可撤销情形。

上述第 1 项和第 2 项，即双方属于何种法律关系和所有权预告登记是否属于财产权利变动公示是本案的争议焦点。

让与担保并非典型担保方式，属于《民法典》第 388 条规定的"其他具有担保功能的合同"。《全国法院民商事审判工作会议纪要》第 71 条和最高人民法院《关于适用〈中华人民共和国民法典〉有关担保制度的解释》第 68 条对让与担保作出了规定，但对于让与担保的具体适用规则，尤其是破产管理人主张的"预告登记不属于财产权利变动公示"，现行法律及司法解释并未作出明确具体的规定。笔者作为 A 合伙企业代理人在本案一审、二审及再审过程中，结合法律、司法解释、立法目的和裁判案例，综合进行论证并作出详细的法律分析，主要诉讼请求最终分别获得三级法院支持。

三、法律分析

1. 本案构成借贷和让与担保法律关系

首先，本案构成借贷关系。最高人民法院《关于审理民间借贷案件适用法律若干问题的规定》第23条规定,"当事人以订立买卖合同作为民间借贷合同的担保,借款到期后借款人不能还款,出借人请求履行买卖合同的,人民法院应当按照民间借贷法律关系审理"。本案名义上为商品房买卖,实则是A合伙企业通过购买商品房向B房地产公司提供融资,所以借贷是双方之间的真实意思表示。

其次,本案担保性质属于让与担保。《民法典》第388条规定,"担保合同包括抵押合同、质押合同和其他具有担保功能的合同"。让与担保合同属于"其他具有担保功能的合同",这既是学界及实务界的普遍共识,也为最高人民法院司法解释所认可。按照最高人民法院《关于适用〈中华人民共和国民法典〉有关担保制度的解释》第68条规定,本案中虽然A合伙企业与B房地产公司在《房产回购协议》中有关"若未按约回购则房产归A合伙企业所有"的约定应属无效条款,但并不影响当事人双方担保的意思表示效力。A合伙企业和B房地产公司在签订《商品房买卖合同》和《房产回购协议》时设定回购条款,并以413套房屋进行预告登记,目的是实现担保债权,符合让与担保的特征,具备让与担保的要件,让与担保成立。

另外,对合同性质的认定也符合合同双方的真实意思表示。当时B房地产公司为项目续建,多方筹集资金,A合伙企业为B房地产公司雪中送炭,采用这种融资方式是双方协商一致的结果,不违反法律及行政法规的强制性规定,不违背公序良俗,所提供的上述资金为项目的续建提供了重要保障。

2. 预告登记属于法定不动产登记方式,可以起到物权性质的排他效力和财产权利变动公示效果

预告登记是《民法典》规定的一种法定不动产登记制度,《民法典》第221条第1款规定:"当事人签订买卖房屋的协议或者签订其他不动产物权的协议,为保障将来实现物权,按照约定可以向登记机构申请预告登记。预告登记后,未经预告登记的权利人同意,处分该不动产的,不发生物权效力。"预告登记能够有效排除预告登记权利人之外的第三人对不动产的处分,阻却标的不动产在设立让与担保后的任意流通,避免案涉房屋再行出售或设置其他权利。另外,最高人民法院《关于人民法院办理执行异议和复议案件若干问题的规定》第30条规定,"金钱债权执行中,对被查封的办理了受让物权预告登记的不动产,受让人提出停止处分异议的,人民法院应予支持"。这表明预告登记具有排除执行的效果。

A合伙企业所办理的预告登记,权利内容记载于不动产登记簿中,同时根据

《民法典》第218条的规定，权利人、利害关系人均可以申请查询、复制不动产登记资料，已经起到了财产权利变动公示作用。最高人民法院《关于适用〈中华人民共和国民法典〉有关担保制度的解释》第68条规定的"完成财产权利变动的公示"，其立法目的是将权利人在先的权利进行公示，起到提示和对抗第三人的作用，从而保障在未来债务人无法清偿债务时担保物权的顺利实现。因此，对于让与担保这种具有担保功能的合同，凡是能够通过登记等方式进行公示的，均应认可其具有对抗效力。

综上所述，A合伙企业通过预告登记的方式完成了对案涉413套房屋权利变动的公示，预告登记是法定登记方式，可以起到公示、对抗以及排他效力，这种登记方式符合最高人民法院《关于适用〈中华人民共和国民法典〉有关担保制度的解释》第68条中要求的"财产权利变动的公示"，A合伙企业理应享有优先受偿权。

3. A合伙企业对案涉413套房屋折价或拍卖、变卖所得的价款享有优先受偿权

根据最高人民法院《关于适用〈中华人民共和国民法典〉有关担保制度的解释》第68条的规定，财产形式上转移至债权人名下，当事人已经完成财产权利变动的公示，可以就财产折价或者拍卖、变卖所得的价款优先受偿。A合伙企业与B房地产公司之间存在合法有效的《商品房买卖合同》，该合同已进行备案登记，并完成了对案涉房屋的预告登记，形式上已经转移至A合伙企业名下并进行了法定公示变动的登记。破产管理人认为A合伙企业没有完成财产权利变动的公示，即没有完成房屋所有权的转移登记，该抗辩主张没有事实和法律依据。按照最高人民法院《关于适用〈中华人民共和国民法典〉有关担保制度的解释》第68条的规定，完成财产权利变动的公示即可，没有规定"财产权利变动的公示"必须是"所有权的转移登记"。A合伙企业已完成预告登记，符合上述规定。另外，案涉房屋当时由于没有竣工验收，事实上也无法办理所有权转移登记。

《企业破产法》第109条规定："对破产人的特定财产享有担保权的权利人，对该特定财产享有优先受偿的权利。"案涉413套房屋都有具体的房号和明确的图纸位置标识，并分别办理了所有权预告登记，房屋作为担保物已经能够特定化，A合伙企业属于对特定财产享有担保权的权利人。另外，即便B房地产公司

主张商品房买卖合同已解除,但根据《民法典》第 566 条关于"主合同解除后,担保人对债务人应当承担的民事责任仍应当承担担保责任"的规定,B 房地产公司作为担保人,即使在商品房买卖合同已经解除的情况下,仍应就 413 套房屋继续向 A 合伙企业承担担保责任。

4. 司法实践支持与 A 合伙企业相同的诉讼请求

各地法院大量判例支持办理预告登记的让与担保具有优先受偿权。

湖南省高级人民法院于 2020 年 1 月 8 日作出的(2019)湘民终 870 号民事判决书指出,涉案房屋在办理预告登记后,债务人不能将涉案房屋再行出售或者设置其他权利,故该预告登记具有排他效力,起到了一定的财产权利变动的公示作用。现债务人到期没有清偿债务,债权人请求参照法律关于担保物权的规定对案涉房屋处分所得享有优先受偿权,可予以支持。

山东省青岛市中级人民法院于 2021 年 3 月 19 日作出的(2021)鲁 02 民终 1860 号民事判决书指出,"本案所涉的《商品房买卖合同》设定了回购条件,因此,该合同系因双方存在借贷合同法律关系,为担保债务的履行,通过办理预告登记的形式进行担保,并随着债务的清偿而消灭,为让与担保既有法律特征的有机组成部分"。法院最终认定属于让与担保且享有优先受偿权。

江苏省无锡市中级人民法院于 2021 年 12 月 6 日作出的(2021)苏 02 民终 5719 号民事判决书指出,"虽然尚未办理不动产转移登记手续,但已办理网签备案及预告登记,具有对外公示的效力,符合不动产让与担保的构成要件",预告登记权利人享有优先受偿权。

此外,(2021)最高法民申 5772 号、(2021)最高法执复 90 号、(2020)苏民终 1017 号、(2021)甘 01 民终 332 号、(2020)云民终 608 号、(2020)川民终 604 号、(2019)粤民申 9764 号等多个案例均直接或间接肯定了预告登记具有物权变动公示的效力。有案例直接指出预告登记具有对外公示的效力,符合不动产让与担保的构成要件。也有案例通过对比预售备案登记与预告登记的性质,认为预告登记是法定的物权登记方式,通过否定预售备案登记从而间接地承认预告登记的公示效果及让与担保下的优先受偿权。最高人民法院民法典贯彻实施工作领导小组主编的《中华人民共和国民法典物权编理解与适用》一书也有所论述,即"预告登记具有物权法上的法律效力,即对非经预告登记权利人同意的处分行为,不对第三人发生物权效力,而预售登记备案不具有预告登记制度中法定限制处分的效力"。

从上述司法判例中可以看出,预告登记属于最高人民法院《关于适用〈中华人民共和国民法典〉有关担保制度的解释》第68条规定的"完成财产权利变动的公示",这种法定公示方式在司法实践中得到认可,债权人具有优先受偿权。

5. 对《民法典》和《企业破产法》第31条的理解与适用

最高人民法院《关于适用〈中华人民共和国民法典〉时间效力的若干规定》第1条、第2条及第3条分别规定:《民法典》施行前的法律事实持续至《民法典》施行后,该法律事实引起的民事纠纷案件,适用《民法典》的规定,但是法律、司法解释另有规定的除外;《民法典》施行前的法律事实引起的民事纠纷案件,当时的法律、司法解释有规定,适用当时的法律、司法解释的规定,但是适用《民法典》的规定更有利于保护民事主体合法权益,更有利于维护社会和经济秩序,更有利于弘扬社会主义核心价值观的除外;《民法典》施行前的法律事实引起的民事纠纷案件,当时的法律、司法解释没有规定而《民法典》有规定的,可以适用《民法典》的规定。

虽然本案法律事实发生在《民法典》施行之前,但法律事实持续至今,且A合伙企业属于善意出资人,为B房地产公司的续建提供了资金支持,为维护全体债权人的合法权益作出了巨大贡献,维护了社会和经济秩序,弘扬了社会主义核心价值观,融资担保也并未背离双方合理预期,因此本案依法应适用《民法典》的相关规定。

《企业破产法》第31条规定,对没有财产担保的债务提供财产担保的,管理人有权申请撤销。该条所指的担保是针对没有财产担保的既有债务,不包括新的债务。本案的让与担保是针对新发生的债务提供担保,不是针对旧的债务提供新的担保,因此不应适用该条规定,破产管理人无权依据该条规定申请撤销。

四、裁判结果

一审法院经审理认为A合伙企业与B房地产公司签订413套房屋的《商品房买卖合同》,办理网签备案登记手续和所有权预告登记,又通过签订《房产回购协议》对回购案涉房屋进行明确约定,双方之间实为借贷法律关系。预告登记本身具有公示效力,双方未能办理所有权转移登记手续系因买卖合同签订时案涉工程尚处于在建状态,客观上亦无法办理所有权转移登记手续。所以A合伙企业

二
企业资产篇

有权要求B房地产公司返还借款本息,并就413份《商品房买卖合同》所对应的房屋在破产程序中折价或者拍卖、变卖所得的价款优先受偿。

对于借款本息数额,一审法院对于A合伙企业主张支付购房款当日转回的1亿元为回购保证金不应从借款本金中扣除的主张不予采信,并以B房地产公司实际收到款项4.9亿元认定借款本金数额。因双方对借款利息无明确约定,根据本案借贷事实发生时的法律和司法解释的规定,最终认定A合伙企业主张的利息应以4.9亿元为基数按照银行同期同类贷款利率计算至破产受理之日。

一审判决后,破产管理人不服提起上诉,二审法院认为直至B房地产公司进入破产清算程序案涉房屋尚不具备办理过户登记的条件,而预告登记本质上系对未来物权变动的一种公示方式,应视为当事人已经完成财产权利变动的公示。二审判决驳回上诉,维持原判。

二审判决后,破产管理人申请再审,再审法院经审查后认为双方之间构成让与担保的法律关系,判决A合伙企业享有相应优先受偿权并无不当,故裁定驳回破产管理人的再审申请。

五、案例提示

让与担保属于非典型担保方式,通过预告登记方式完成让与担保有利于社会资源的利用,符合鼓励交易的市场经济基本原则。立法和社会发展趋势鼓励新型担保制度的出现,这不仅在《民法典》和最高人民法院《关于适用〈中华人民共和国民法典〉有关担保制度的解释》中有所体现,大量司法判例对此也予以肯定。

综合考虑当前我国房地产领域的买卖和开发商融资模式,开发商通过让与担保方式进行融资时多处于房屋建设过程中,而根据我国现行法律规定,在房屋竣工验收前无法办理所有权转移登记,让与担保方式中的出资方在支付全额房款后只能通过办理预告登记的方式向外界公示其为房屋的权利人。这种公示在实践中可以阻却第三人在未经预告登记权利人同意的情况下设定新的权利负担。

最高人民法院民法典贯彻实施工作领导小组主编的《中华人民共和国民法典物权编理解与适用》一书指出,"随着经济的发展、制度的完善和实践需要的变化,预告登记的范围亦应与时代发展相适应,无论是本条规定的其他不动产物权协议还是《不动产登记暂行条例实施细则》规定的法律、行政法规规定的其他情形都采取一种开放式的立法模式,为预告登记范围扩展留了空间,这是一种务实的做法"。

最高人民法院、国家发展和改革委员会《关于为新时代加快完善社会主义市场经济体制提供司法服务和保障的意见》指出,要依法认定新型担保的法律效力,尊重当事人基于意思自治作出的交易安排,最大限度发挥担保制度的融资功能作用,促进商事交易健康发展。

在对非典型担保方式进行认定时,应当综合考虑融资企业的现状,鼓励企业和社会运用新型担保方式进行融资,促进市场经济的发展,在符合法律规定和政策要求的情况下,结合自愿、诚信和公平原则综合进行认定,在融资企业被雪中送炭的同时依法保障出资方的合法权益。

债权类基础资产作为信托财产的独立性分析

——以某信托公司执行异议案件为例

冯俊武 付 有

一、案例介绍

2016 年，A 公司与 B 公司分别签订 001 号、002 号《融资租赁合同》，约定 A 公司受让 B 公司所有租赁设备，再将租赁设备以融资租赁的方式出租给 B 公司，A 公司向 B 公司支付融资租赁本金，B 公司按照合同约定分期向 A 公司支付租金。C 公司与 A 公司签订《法人保证合同》，约定对 B 公司在 001 号、002 号《融资租赁合同》项下全部债务向 A 公司提供连带责任保证。

2017 年，A 公司与信托公司签订《信托合同》，A 公司将基于 002 号《融资租赁合同》对 B 公司享有的融资租赁债权、关联权益的全部回款以及对 C 公司的担保收益信托于信托公司设立"资产证券化信托"（以下简称"案涉信托"）。同时，A 公司与信托公司签订《信托资产支持票据服务合同》，信托公司委托 A 公司继续对 002 号《融资租赁合同》进行管理，A 公司有权采取提起诉讼或申请执行等管理措施。因 B 公司迟延付款，A 公司起诉 B 公司，2021 年，法院作出××2 号民事判决明确 A 公司对 B 公司享有的债权范围，明确 C 公司的连带给付责任，同年，A 公司对 B 公司申请强制执行，案号为①号，该案件项下已拍卖 C 公司名下股权并获得拍卖款，有关拍卖款已划入执行法院账号。

2018 年，本所当事人 D 公司作为出租人与 A 公司签订 004 号《融资租赁合同》，约定 A 公司以售后回租的方式向 D 公司出售租赁物，D 公司从 A 公司处购买租赁物并出租给A公司使用，租赁物即为001号《融资租赁合同》项下的物品。同期，D公司与A公司签订《质押合同（应收账款）》，约定A公司以001号《融资租赁合同》项下对B公司享有的全部应收账款债权向D公司提供质押担保，担保债权为004号《融资租赁合同》项下D公司对A公司享有的债权。合同签订后，基于A公司未履行004号《融资租赁合同》项下付款义务，D公司起诉A公司，并于2022年达成和解，法院出具××4号民事调解书明确D公司对A公司享有的债权范围。

此外，因B公司未履行001号《融资租赁合同》项下付款义务，A公司起诉B公司、C公司，D公司以有独立请求权第三人的身份参加A公司与B公司、C公司的诉讼。2022年，法院作出××4号民事判决明确A公司对B公司享有的债权范围，明确C公司对B公司给付义务向A公司承担连带给付责任，明确D公司有权对A公司在本判决中享有的权利在××4号民事调解书确定的D公司对A公司的债权数额范围内优先受偿，且确定B公司、C公司应将本判决确定的给付义务在××4号民事调解书确定的D公司对A公司享有的债权范围内的数额直接支付给D公司。

目前，D公司基于有独立请求权身份根据××4号民事判决申请对B公司、C公司的强制执行，案号为②号，D公司申请扣划了A公司①号案件项下的拍卖款。针对上述执行行为，信托公司以案外人身份提起执行行为异议，其主张A公司①号案件项下的C公司的股权拍卖款属于信托财产，就D公司申请划扣行为存在异议，请求法院撤销D公司②号案件项下扣划①号案件项下款项的执行行为。

二、案例难点

A公司已将002号《融资租赁合同》及其相关权益交付信托公司设立资产支持票据信托，有关002号《融资租赁合同》相关债权属于信托财产，有关基于002号《融资租赁合同》形成的①号案件项下股权拍卖款是否属于信托财产存在争议。

三、抗辩思路

其一，信托公司未提供任何证据证明信托财产符合《信托法》第7条"设立

二
企业资产篇

信托，必须有确定的信托财产，并且该信托财产必须是委托人合法所有的财产"关于确定性的要求，未提供任何证据证明信托财产交付符合《信托法》第10条"对于信托财产，有关法律、行政法规规定应当办理登记手续的，应当依法办理信托登记"的要求，未提供任何证据证明A公司委托设立的资产支持票据信托已经依法设立登记，未提供任何证据证明《资产支持票据信托合同》约定的九项案涉信托设立的前提条件均已满足。如案涉信托未依法设立，信托公司自然不存在提起本执行异议的任何事实或法律依据。

其二，即便资产支持票据信托已依法设立，C公司处置股权的拍卖款也不属于信托财产，原审中信托公司已自认C公司持有的码头公司50%股权不属于信托财产，亦自认A公司有权获得案涉款项并依照《资产支持票据信托合同》《资产支持票据服务合同》约定向信托公司信托专户交付。因此，如货币可以构成信托财产，至少应在信托公司就案涉信托以"××××信托有限公司"的名称在资金保管机构开立的独立的信托专用账户名下。否则，鉴于货币系特殊动产，属于种类物，具有高度可替代性，即便A公司有权获取案涉款项，案涉款项亦不具备与A公司账号内其他款项相区别的可能，信托公司仅基于《资产支持票据信托合同》《资产支持票据服务合同》享有对A公司的债权请求权，而不能基于对案涉款项可能发生的资金流向的猜想主张对案涉款项享有所有权。

其三，依照《2017最高法民他72号答复函》确定的"人民法院裁定受理破产申请时已经扣划到执行法院账户但尚未支付给申请执行人的款项，仍属于债务人财产"，案涉款项属于C公司的固定资产的构成部分，目前在法院账户中，该款项并不属于A公司，在没有第三方就案涉款项享有优先权的情形下，A公司方有可能取得相关款项，继而信托公司方有可能向A公司主张债权请求权取得同等金额款项，案涉款项与信托公司没有任何直接关系，信托公司无法成为①号案件的利害关系人。

综上，信托公司未提供充分证据证明信托已成立且完成信托交付，且基于委托管理事实信托公司已明确A公司存在转付义务，即信托公司对A公司仅享有债权请求权，现信托公司以享有的债权权利主张物权权利，完全突破债权权利边界且完全突破货币作为种类物的法定性质，于法无据且不合常理。另外，信托公司反复强调法院保管账户内C公司股权拍卖款属于其信托资产，系将人民法院的案件专户性质等同于其信托公司的信托专户，该主张无限延展了信托专户的概念，无事实及法律依据。

四、案件结果

对于信托公司执行异议、复议，法院均以争议款项是拍卖 C 公司的股权所得，目前存放在法院账户内，仍属于 C 公司的财产，不属于信托公司所称的信托财产为由，驳回信托公司相关申请。

五、法律分析

1. 信托财产的独立性

信托财产的独立性是《信托法》规定的信托财产的重要特性之一，即信托财产独立于委托人、受益人、受托人三者的债权人的追索，不受委托人、受益人、受托人三者破产风险的波及。最高人民法院于 2019 年发布了《全国法院民商事审判工作会议纪要》，亦明确了信托财产不属于清算财产，不能被诉讼保全。

针对委托人而言，委托人将财产转移给受托人，该财产即从委托人财产中分离出来，不再属于委托人的遗产或清算财产。信托一经设立，委托人对信托财产不再享有所有权，仅享有监督权。所以信托存续期间，委托人的继承人不得就信托财产本身主张继承，委托人的债权人也不能就信托财产本身主张清偿。

针对受托人而言，信托财产与其固有财产相区别。受托人虽然名义上享有信托财产的所有权，但是该类所有权只是为了方便行使管理权的一种手段。该种所有权是一种受限制的、不完整的所有权，其内容仅限于管理运用与处分，没有收益的权利，其行使受到信托文件的约束与限制，其目的是受益人的利益或者其他特定目的。

针对受益人而言，信托财产独立于其固有财产。在信托关系中，受益人虽然享有受益权，但是受益人本身并没有实际占有管理财产，即信托财产的所有权并非属于受益人，因此受益人的债权人不能直接针对信托财产行使清偿权，也不能请求法院强制执行信托财产。受益人的受益权不是直接针对信托财产行使的，而是针对受托人来行使的，当受益人根据信托文件的规定，从信托财产中获得信托利益之后，相关利益就转换成受益人的固有财产，不再属于信托财产的范围，同时它也独立于信托财产。

但是，实现信托独立性的法律效果须首先界定信托财产。《信托法》第 14 条

二
企业资产篇

规定,受托人因承诺信托而取得的财产是信托财产。受托人因信托财产的管理运用、处分或者其他情形而取得的财产,也归入信托财产。因此,在信托财产的认定上,既需满足信托成立及信托财产完成交付的形式要件,又需满足财产控制权真实转移的实质要件。

2. 资产支持票据信托中信托财产的独立性

根据《非金融企业资产支持票据指引》的规定,资产支持票据,是指非金融企业(以下简称发起机构)为实现融资目的,采用结构化方式,通过发行载体发行的,由基础资产所产生的现金流作为收益支持的,按约定以还本付息等方式支付收益的证券化融资工具。

信托型ABN的交易结构通常为:发起机构将其持有的基础资产委托信托公司,由信托公司作为受托人,以基础财产为初始信托财产设立财产权信托(特殊目的信托),再由该特殊目的信托在银行间债券市场发行资产支持票据。票据持有人为特殊目的信托的受益人,享有信托利益。特殊目的信托收取基础资产的现金回流作为信托财产收入,以此向票据持有人(受益人)分配信托利益。信托型ABN的基础资产应符合法律法规规定,权属明确,可以依法转让,能够产生持续稳定、独立、可预测的现金流且可特定化的财产、财产权利或财产和财产权利的组合,市场上已发行的ABN项目的基础资产主要为应收账款,且融资租赁公司的租赁债权是其中主要的应收账款类型。针对该类债权类基础资产,其独立性主要面临以下挑战:

(1)信托财产"独立性"的设立要件:基础资产权属的完整转移

信托财产的确定性包含"权属确定性"与"范围确定性"双重维度,在信托型ABN交易中,若以应收账款债权作为基础资产,须格外关注基础资产权属是否完成完整转移和真实交付。

根据《信托法》第10条规定,设立信托,对于信托财产,有关法律、行政法规规定应当办理登记手续的,应当依法办理信托登记。若委托人拟设立信托的财产属于应收账款债权,需满足《民法典》第545条和第546条关于债权转让的形式要求,明确债权转让意思表示并完善债务人通知程序。如通过《资产支持票据信托合同》《资产支持票据服务合同》等协议安排明确信托公司不直接管理债权类基础资产,并且就基础资产的剩余收益分配权与风险承担机制未完全转移至信托计划的,不排除被认定为"非真实交付"可能,继而不符合信托财产交付要求。

关于应收账款转让登记事宜，虽然《民法典》未强制要求对应收账款转让进行登记，但未登记的债权转让难以对抗善意第三人，有关构成信托财产的主张亦存在难以对抗善意第三人的风险。为使债权转让产生公示效力，确保实现基础资产权属的完整转移，继而确保信托财产独立性的实现，建议通过中国人民银行征信中心动产融资统一登记公示系统对应收账款转让进行登记。

（2）信托财产"独立性"的维持要件：资金流向的隔离控制

信托型 ABN 项目的初始信托财产为以应收账款债权为表现形式的资产，后续对该资产管理、运用、处分而取得的全部财产也属于信托财产的范畴，但针对该类债权类基础资产实现的现金流回款，基于货币资产种类物特征，债权回款不一定构成信托财产，尤其在相关回款特定化为具体债权回款之前，即便基于债权权利完成对相关款项的控制，相关款项的特定化尚未完成且权利可能属于账户名义持有人，有关该等回款构成信托财产的主张存在不被支持的风险。

因此，为确保债权类基础资产实现的现金回款的独立性，避免货币类信托财产存在未完成特定化的瑕疵，对债权类基础资产的管理需严格控制现金流回款路径，信托公司应在资金保管机构开立的独立的信托专用账户，由基础资产产生的现金流应当直接归集至信托专户，且有关回款路径需在交易文件中明确约定物理隔离措施，以确保信托财产始终具备独立可识别性的特征。

六、案例提示

债权类基础资产基于资产性质，尤其在反委托管理背景下，有关基础资产的风险隔离作用较弱，与委托人固有财产难以区分，有关债权类基础资产实现主要面临以下风险：

1. 基础资产再次转让或被设定权利负担的法律风险

基础资产权利转移一般通过签订合同实现。即使信托合同约定信托财产包括基础资产及其产生的相关收益，亦存在基础资产持有人另行转让基础资产或基于其他融资需求而在基础资产或其收益权上设立抵押、质押等担保措施的风险，从而影响资产的安全和收益。

2. 基础资产的转让人资产被强制执行的法律风险

因实践中存在基础资产未进行真实转移的情况，如果基础资产持有人自身有

二
企业资产篇

较大债务，则存在引发诉讼案件的风险。基础资产存在被法院拍卖、变卖的法律风险，届时依托于基础资产的收益权可能无法排除执行，基于信托财产独立性提出的执行异议或要求优先受偿的主张难以得到支持。

3. 基础资产经营不善引发的收益不足风险

实践中存在部分基础资产流动性不好，且受市场经济环境的影响，基础资产经营不善，导致没有实际收益或收益较少，信托公司将不能享受资产带来的收益，投资者的权益将不能得到有效保护。

4. 基础资产转让方未按约支付收益的风险

基础资产所产生的收益，大多是由债务人直接向基础资产持有人支付，再由收益权转让方支付至信托公司指定账户。该种模式下，存在基础资产持有人将信托计划资产与其他资产混同或侵占、挪用资产的风险。

基于上述风险，针对债权类基础资产，笔者认为，信托公司或融资方在开展业务时应注意从以下方面防范风险。

1. 设定担保权利

为防范基础资产转让方擅自转让基础资产或将基础资产设定相关担保权利的风险，建议在转让基础资产的同时，以收益权所对应的基础资产或转让方的核心资产为信托公司提供抵押、质押担保措施，以保障基础资产持有人自身债务较多情况下，信托公司可主张优先受偿权；同时建议设置基础资产回购条款或第三方增信措施，以保障收益不足情况下，可向其他义务主体主张付款责任。

2. 落实资金归集

为避免信托项下基础资产收益不能按约归集至信托公司账户的风险，无论是否存在委托管理事实，均建议与基础资产持有人协商，确保基础资产产生的现金收益直接支付至信托公司指定账户或信托财产专户，或通过设置监管账户，与银行签订资金监管协议，在融资人未按期足额支付收益或应付款项的情况下，由受让方直接指令监管银行扣划监管账户中的资金至受让方的财产专户。

综上所述，债权类基础资产的独立性认定需回归《信托法》的立法本旨，在遵循"登记公示+账户控制"形式要件的同时，穿透审查当事人是否具有真实的信托财产交付行为。唯有实现法律外观与交易实质的统一，方能在促进资产证券化市场发展与维护金融安全之间建立平衡，实现金融创新与债权人利益保护的双重价值。

服务类企业商标侵权及不正当竞争纠纷实务

陈 新 夏凡兮

一、案例介绍

河南某公司（原告）成立于 2018 年 10 月 26 日，为涉诉商标的现权利人，涉诉商标为 A 公司 2015 年 6 月 7 日注册，注册的商品/服务为"理疗；医疗护理；私人疗养院；心理专家；饮食营养指导；医疗诊所服务；医药咨询；休养所；保健；美容院"，国际分类为 44 类，类似群为 4401、4402；注册时类似群中并无产后护理服务或临时照看婴孩等。涉诉商标于 2018 年转让给某实业公司（该公司与原告无任何关联关系），2021 年 7 月转让给原告。

天津某公司（被告）2021 年 12 月设立，设立之初企业字号中即包含该涉诉商标，经营范围包含"母婴生活护理（不含医疗服务）"，门店及美团等店铺的使用中均包含涉诉商标，并配以"月子中心""母婴健康会所""母婴月子会所"等文字，2022 年 1 月 1 日，尼斯分类新增"产后护理服务"。

被告于 2023 年 7 月申请了带有涉诉商标的商标且已完成初审公告，原告提出异议，目前仍在异议程序中，原告又于 2023 年 8 月申请了 44 类产后护理服务的注册商标，原告与被告现均从事月子中心服务，原告诉请主张被告的行为构成商标侵权及不正当竞争，要求赔偿。

二、案例难点

该案中被告成立时间在原告申请 44 类产后护理服务商标之前，就双方的服

二
企业资产篇

务类型而言，是否为被告企业字号在先使用？假设原告在先注册的商标已包含产后护理服务，那被告企业名称的使用是否构成侵权或不正当竞争？

该案中原告持有的案涉商标，在被告成立前注册完成，但注册时尼斯分类无"产后护理服务"，尼斯分类在2022年1月1日新增了"产后护理服务"，而被告的使用恰为该服务，那商标注册后，尼斯分类新增类似群内容，被告使用该类似群的内容是否构成商标侵权？

原告和被告均为从事月子中心服务的服务类企业，判断服务类企业是否构成不正当竞争是否应考量服务类型的特殊性，竞争者应尽到何种注意义务？如构成侵权或不正当竞争，赔偿金额应如何认定？

三、法律分析

1. 企业字号与注册商标冲突问题

（1）商标侵权

《商标法》第57条规定了侵犯注册商标专用权的7种情形，本文重点探讨前两种情形的适用，即在同一种或类似商品/服务上使用相同或近似商标，也即构成商标侵权需满足：未经许可在同一种商品/服务上使用相同商标，或未经许可在同一种商品/服务上使用近似商标且容易导致混淆，或在类似商品/服务上使用相同或近似商标且容易导致混淆。

（2）在先的注册商标与在后的企业字号冲突

实践中常常出现企业字号与注册商标产生冲突的情形，何时会构成商标侵权，何时构成不正当竞争？企业字号是指能够使人们把此企业与彼企业区别开来的名称，商标是指用来区别一个经营者的商品或服务和其他经营者的商品或服务的标记。最高人民法院《关于审理商标民事纠纷案件适用法律若干问题的解释》（以下简称《商标侵权纠纷解释》）第1条规定："下列行为属于商标法第五十七条第（七）项规定的给他人注册商标专用权造成其他损害的行为：（一）将与他人注册商标相同或者相近似的文字作为企业的字号在相同或者类似商品上突出使用，容易使相关公众产生误认的……"另外最高人民法院《关于适用〈中华人民共和国反不正当竞争法〉若干问题的解释》第13条规定："经营者实施下列混淆行为之一，足以引人误认为是他人商品或者与他人存在特定联系的，人民法院可以依照反不正当竞争法第六条第四项予以认定：……（二）将他人注册商标、未注册的驰名商标作为企业名称中的字号使用，误导公众。"最高人民法院《关于审理注册商标、企业名称与在先权利冲突的民事纠纷案件若干问题的规定》第4条规定，被诉企业名称侵犯注册商标专用权或者构成不正当竞争的，人民法院可以根据原告的诉讼请求和案件具体情况，确定被告承担停止使用、规范使用等民事责任。

河南省高级人民法院（2022）豫知民终642号案件中，宇通公司为"宇通"商标的注册人，商标于1997年核准注册，且其在市场上有较高的知名度。2014年9月4日，原国家工商行政管理总局商标评审委员会下发商评驰字［2014］60号《关于认定河南恒星科技股份有限公司等企标为驰名商标的通报》，认定宇通公司使用在商标注册用商品和服务国际分类第12类汽车商品上的"宇通"注册商标为驰名商标。原阳宇通驾校2020年7月24日成立，经营范围为普通机动车驾驶员培训。法院认定："宇通驾校从事的驾考培训服务，与宇通公司业务虽然属于不同种类，但联系较为紧密，其擅自将宇通公司的驰名商标长期用于广告宣传、作为店招开展商业活动，足以使相关公众认为其与宇通公司之间具有许可使用、关联企业关系等特定联系，原审适用跨类保护认定宇通驾校构成侵害商标权并无不当。"同时，"宇通驾校在登记企业名称时，将宇通公司已经具有较高知名度的注册商标'宇通'作为企业名称突出使用，明显具有攀附他人商誉的主观故意，违反了反不正当竞争法的规定……原审认定其构成不正当竞争并无不当"。

如果注册商标在前，企业字号在后，企业字号的使用同时符合"商标使用性"和"混淆可能性"的特征，则可能构成商标侵权；如果仅作为企业字号使用，并未将字号突出使用，易导致相关公众产生混淆，误认为是他人商品或与他人存在特定联系的，构成不正当竞争。

经法院认定需变更企业名称的，应按照《企业名称登记管理规定》自收到人民法院生效的法律文书或者企业登记机关的处理决定之日起30日内办理企业名称变更登记；名称变更前，由企业登记机关以统一社会信用代码代替其名称。

但也存在例外情形，如最高人民法院指导案例58号"成都同德福合川桃片有限公司诉重庆市合川区同德福桃片有限公司、余某华侵害商标权及不正当竞争纠纷案"的认定，与"老字号"具有历史渊源的个人或企业在未违反诚实信用原则的前提下，将"老字号"注册为个体工商户字号或企业名称，未引人误认且未突出使用该字号的，不构成不正当竞争或侵犯注册商标专用权。

二
企业资产篇

（3）在先的企业字号与在后的注册商标冲突

企业字号在先使用能否对抗在后注册的商标？我国法律目前并没有关于"字号在先使用"抗辩的明确规定，但是实践中考虑到企业字号作为商业标识在商品上使用，具有类似商标的使用特点、类似商标的影响力及向商标转化的潜力，也可参照《商标法》第59条第3款处理。另外，江苏省高级人民法院《侵害商标权民事纠纷案件审理指南（修订版）》第5.5.1条规定，如果在先企业名称的使用系出于正常营业需要而合法善意地使用，并未攀附在后注册商标的商誉，应当判决在先的企业名称不构成侵害商标权。但为了防止市场主体的混淆和冲突，鼓励各自诚实经营，保护消费者权益与正常的市场竞争秩序，法院可以在判决中明确要求当事人各自规范使用其企业名称和注册商标。

在江苏省高级人民法院（2010）苏知民终字第0114号案件中，富士控股公司、番禺富士公司在电梯等核准商品范围内依法享有涉案"FUJI富士"商标的专用权与许可使用权，其主张苏州富士注册使用"富士"字号侵害其商标权。法院认为：考虑到"富士""FUJI"常与日本富士山等地名相关联，故涉案"FUJI富士"商标的固有显著性较弱，也未通过富士控股公司、番禺富士公司事后的使用取得较强的显著性；"FUJI富士"商标尚未在相关公众中产生一定的知名度以及苏州富士的"富士"字号早于涉案商标注册使用，其使用无主观恶意，故苏州富士在先使用的与"FUJI富士"商标相同的"富士"字号不会造成相关公众的混淆与误认，不宜认定此种使用字号的行为构成商标侵权。

但企业字号的在先使用并非一定获得在先权利保护，字号登记后，权利人未规范使用甚至超范围使用，将落入商标专用权的保护范围。例如在江苏省常熟市人民法院（2019）苏0581民初6627号案件中，法院认为：享有在先权利的商业标识应限定在最初的、具体的登记或使用的商品与服务的范围，而不得将具体的使用方式与范围随意延伸、拓展。

2. 如何界定商标侵权中的类似商品/类似服务

国家知识产权局《商标侵权判断标准》第10条规定，类似商品是指在功能、用途、主要原料、生产部门、消费对象、销售渠道等方面具有一定共同性的商品。类似服务是指在服务的目的、内容、方式、提供者、对象、场所等方面具有一定共同性的服务。另外，《商标侵权纠纷解释》第11条也对"类似商品""类似服务"进行了解释。《商标侵权判断标准》第12条第1款规定："判断涉嫌侵权的商品或者服务与他人注册商标核定使用的商品或者服务是否构成同一种商品或者同一种服务、类似商品或者类似服务，参照现行区分表进行认定。"《商标侵权纠纷解释》第12条规定："人民法院依据商标法第五十七条第（二）项的规定，认定商品或者服务是否类似，应当以相关公众对商品或者服务的一般认识综合判断；《商标注册用商品和服务国际分类表》《类似商品和服务区分表》可以作为判断类似商品或者服务的参考。"

实践中，判断是否构成类似的标准一般为是否为《商标注册用商品和服务国际分类表》（尼斯分类）中的同一类似群，但也需参考提供者、消费对象等方面是否具有共同性。例如，最高人民法院（2020）最高法行申5154号案件中，诉争商标指定使用的"热水器、电加热装置、电炊具"等商品，与引证商标核定使用的"浴室装置"等商品虽然在《类似商品和服务区分表》中分属不同群组，但属同一商品类别，且均属日常使用于卫生间或者厨房的家居用品，在消费对象、销售渠道等方面存在重叠。综合考量诉争商标和引证商标标志的近似程度、核定使用商品的关联度以及引证商标的知名度等因素，认定诉争商标与引证商标构成同一种或类似商品上的近似商标。

另外，对于区分表未涵盖的商品或服务，应参照《商标侵权判断标准》第12条的规定进行判断，即"对于区分表未涵盖的商品，应当基于相关公众的一般认识，综合考虑商品的功能、用途、主要原料、生产部门、消费对象、销售渠道等因素认定是否构成同一种或者类似商品；对于区分表未涵盖的服务，应当基于相关公众的一般认识，综合考虑服务的目的、内容、方式、提供者、对象、场所等因素认定是否构成同一种或者类似服务"。

3. 服务类企业不正当竞争的认定

本案中，被告是否构成不正当竞争应参考《反不正当竞争法》第2条"不正当竞争行为，是指经营者在生产经营活动中，违反本法规定，扰乱市场竞争秩序，损害其他经营者或者消费者的合法权益的行为"的规定及第6条第1项"擅自使用与他人有一定影响的商品名称、包装、装潢等相同或者近似的标识"和第4项"其他足以引人误认为是他人商品或者与他人存在特定联系的混淆行为"的规定。是否构成不正当竞争应综合考量双方是否存在竞争关系，是否有攀附的故意，以及是否进行了适当避让。

本案涉及服务类型为月子中心护理服务，权威机构调查报告显示，消费者和

二
企业资产篇

经营者对该等服务的关注重点是安全卫生、从业人员的专业性、价格这些可视化内容，同时月子中心服务一般只能在消费者的本地提供，与商品的全国流通性不同，笔者认为在该类服务中区域是认定能否具有竞争关系的关键要素之一。

除此之外，在认定不正当竞争时，考虑因素包括被侵权人是否具有一定的市场知名度、被诉侵权人是否具有主观上的攀附恶意、被诉侵权人的使用行为是否足以造成市场混淆，其中要将经营者的适当注意义务和攀附故意进行综合认定。在确定注意义务时不应过于严苛，根据具体案件情况不应不适当地加重经营者注意义务。不正当竞争必须有攀附的故意，攀附的目标是借用他人的市场竞争优势，增加自身交易机会，攀附的手段是使用他人标识，借用他人的宣传成果，因此是否有攀附故意也是认定不正当竞争的重要因素。

四、案例提示

本案尚未作出生效判决，但通过本案分析可知，商标是企业的重要无形资产，商标的管理和保护不容忽视。

1. 商标注册要尽早且做好防御性注册。商标注册，遵循"申请在先"原则。在企业成立之初，应考虑好是否长期使用企业字号或某一标识，甚至投入成本加以宣传以作为日后重要标识，同时应避免该标识与在先的有竞争关系的企业的企业字号相类似；尽早注册的同时适当做好商标防御保护，小企业虽不一定要像大企业一样把商标注册出一系列家族，但也可适当地做好防御性保护注册，如同音字防御商标有条件的最好申请，避免未来品牌成就后有其他企业"搭便车"。

2. 商标注册类目要切合企业发展需求且留存使用证据。商标注册时，应考虑到企业未来发展的方向、使用的类目，同时予以注册。但商标注册并非一劳永逸，如本案中，在注册时并无该尼斯分类后续新增的情况，企业应定期关注尼斯分类的更新，结合自身实际经营需求注册。同时，《商标法》及《商标法实施条例》针对已注册成功商标均有撤销连续三年不使用（"撤三"）及无效宣告的规定，因此也建议在商标使用过程中一定要定期留存好证据，比如相关合同、宣传资料等，遇到"撤三"或无效宣告程序，可以提交证据挽救商标。

3. 原告主张商标侵权及不正当竞争时，作为被告应如何应对？首先，自查是否构成商标侵权，在先商标权利是否稳定，即诉争商标应在专用权期限内，且不存在被宣告无效和"撤三"的法定情形；其次，应核查商标是否近似，原告商标核定使用的范围是否与被告相同或类似；最后，也应判断是否符合《商标法》第 64 条规定的销售者可以不承担赔偿责任情形，其中实务中比较容易涉及的是第 64 条第 2 款规定，即商标侵权中的合法来源抗辩。

如果两者为服务类企业，被告答辩时应考虑该服务的特性如是否具有地域性等特征以判断双方是否有竞争关系、被告是否有攀附的恶意、被告是否尽到了合理的避让义务，以及是否应适用惩罚性赔偿等多个因素。

债权人撤销权的可行性路径分析

——名转股 实逃债

李冀君 光利岗

一、案例介绍

执行案件中经常遇到债务人为逃废债务而采取各种转移财产的行为，实质上是债务人规避执行的手段，严重阻碍执行程序正常推进。笔者结合"债务人股权转让"，以近期代理的系列债权人撤销权纠纷案件为例，就债权人如何通过撤销权之诉实现债权进行阐述，以期对债权人依法高效追偿、营造诚信市场秩序有所裨益。现针对债务人在执行过程中"名转股，实逃债"展开。

2014年1月，B公司因业务需求向银行借款1500万元，A公司为该笔贷款提供担保。借款到期后，B公司未按约定偿还利息和本金，A公司作为担保人分数笔支付银行本金和利息。A公司数次催促B公司还款未果。

2017年5月，A公司向法院起诉B公司要求偿还欠款；2017年7月，法院经审理作出了民事调解书，确认了债权人A公司的合法债权，同时确认了还款期限。该民事调解书生效后，债务人B公司未按照民事调解书履行给付义务。

经查询，债务人B公司持有C公司的90%股权，C公司注册资本为人民币1000万元。2019年5月，债务人B公司将其持有的C公司的股权100%转让给了第三人D公司。第三人D公司系2019年1月成立，注册资本为100万元，且未实缴，经前往注册地现场核实，未在注册地经营。

2019年7月，因债务人B公司未履行付款义务，债权人A公司向法院申请强制执行，因债务人B公司无可供执行财产，法院作出了终结本次执行。故债权人A公司向法院提起债权人撤销权之诉，主张债务人B公司无偿转让，要求撤销债务人B公司与第三人D公司之间的关于转让C公司股份的股权转让协议并将股权变更至债务人B公司名下。

二、案例难点

案涉股权转让协议是债务人B公司与第三人D公司基于双方签署的《钢材买卖合同》，且第三人D公司已向债务人B公司支付了900万元预付款，债务人B公司因无力交付货物，故双方协商以股抵债所形成的。换言之，第三人D公司已支付了900万元股权转让的对价，那么是否还能满足债权人撤销权的法理基础，即"债务人无偿处分或者低价处分财产权益影响债权人债权的实现"呢？

本案中，目标公司C公司注册资本实缴，以股抵债对价900万元，第三人D公司亦已前期支付预付款，看似是很合理、很正常的业务，但是如何抽丝剥茧，找到债务人涉嫌无偿或低价处分的证据，这是本案的难点和关键点。

案件审理中，债务人B公司向法院提交2019年4月9日至17日期间D公司向其支付900万元预付款汇款凭证，欲证明交易的真实性。笔者审查汇款凭证后，发现诸多疑点。其一，汇款用途备注混乱。其中500万元备注为借款，300万元备注为货款，100万元备注为股权转让款，与预付款性质不符。其二，汇款行为反常。D公司分9笔、每笔100万元支付采购款。按常理，若卖方未按时发货，买方为避免损失会暂停付款，本案中D公司在卖方未发货时却持续付款。其三，D公司付款能力存疑。D公司系当年新成立，注册资本未实缴，未在注册地经营，难有实力承担巨额货款。

基于前述疑点，笔者向法院申请30余份调查令，全面调查9笔资金流向。结果显示，每笔汇款先现金存入，经多次银行转账，最终汇入案外人张某某（200万元）和于某某（700万元）账户后取现，遵循"存入—转账—取现—再存入"的循环路径。且每次资金流动后，D、B公司账户当日余额均为0元。这种复杂流转方式疑似掩盖资金真实来源和用途。此外，D公司存现人员办理现金存款时在现金存款凭条上未签名，增加了调查难度。为查清案情，笔者再次申请调取取现人员的影像资料。

在本案的调查过程中，笔者以资金流转为切入点，梳理分析取现、存现银行轨迹及对应时间。通过整合银行流水、交易时间以及取现存现各网点操作记录等多维度数据发现，多笔资金存入与取出在时间和空间上关联紧密，初步推断取现与存现人员极有可能为同一人。为验证这一推断，笔者对存现单据展开了细致审查。经比对发现存现单据的填写人笔迹与取现人员于某某在过往业务的笔迹在字体架构、笔画走势上呈现高度相似。据此，笔者向法院申请笔迹鉴定。司法鉴定机构通过分析现金存款凭条与于某某银行开户申请表上的文字，鉴定结论认定系同一人笔迹。从而证实存现和取现为同一人，揭开资金流转背后隐藏的虚假交易本质。

三、法律分析

随着社会经济的发展，信用经济在国民经济运行中发挥着重要作用。为维持债务人的责任财产充足，保护债权人实现债权，债务人的责任财产是普通债权人实现债权的最后保障。[1] 然而，债务人的责任财产是动态非恒定的。实践中，部分债务人为规避履行债务，将名下财产无偿或低价转让给他人，导致自身偿债能力下降，其责任财产可能被不当减少，并最终损害债权人权益，故债权人撤销权制度应运而生。债权人撤销权制度的目的在于维持债务人的责任财产以备全体债权的清偿，体现了现代民法强化契约信赖以保护债权人利益的价值取向。

1. 债权人撤销权制度的缘由

债权人撤销权是指"当因债务人放弃其到期债权、无偿转让财产或以明显不合理的低价转让财产使其财产减少的行为，危害债权人债权实现时，债权人为保全债权请求法院予以撤销该行为的权利"。[2]

债权人撤销权源于古罗马法，后为许多大陆法系国家所沿用。我国1999年施行的《合同法》第74条、第75条首次确立了债权人撤销权制度；2021年施行的《民法典》吸纳了《合同法》司法解释规定，进一步健全了我国债权人的保全制度，第538条、第539条对债权人撤销情形作出了明确规定，为债权人提起撤销权之诉提供了法律依据。

债权人撤销权制度在于纠正债务人不当减损财产的行为，恢复债务人的责任财产，保障债权的实现，稳定交易秩序。但从价值判断和法益衡量的层面，债权

---

[1] 参见陈韵希：《我国债权人撤销权制度的目标定位和法律效果》，载《求索》2020年第6期。
[2] 韩世远：《合同法总论》（第3版），法律出版社2011年版，第345页。

人撤销权突破了合同的相对性，对债务人与相对人已成立的法律关系会产生影响，秉持审慎适用的态度，对债权人合法权益、财产处分自由以及相对方合法利益等法益予以综合衡量。

2. 债权人行使撤销权的要件

债权人能否主张撤销权需要结合以下因素考量：

（1）存在真实、合法有效的债权

债权人对债务人享有真实、合法有效债权，是债权人提起撤销权之诉的前提条件，即债权人债权在债务人处分行为发生之前真实合法存在，不具备无效或可撤销的情形，不以生效司法文书确定债权为前提。即便债权人的债权尚未到期，各国法律也大多允许债权人请求撤销，而无须以债权清偿期届满为要件。本案中，债权人对债务人享有的债权经法院审理确认。

（2）债务人实施了诈害行为

"所谓有害债权，是指债务人减少其清偿资产，不能使债权人依债权本旨得到满足。债务人减少清偿资产包括两种情况：一为减损积极财产；二为增加消极财产。"[1] 此即包括债务人无偿处分和不合理价格交易的行为。随着经济的发展，债务人不当减损积极财产或增加消极财产的行为日趋纷繁复杂，列举式法条已不足以囊括变相诈害行为，故《民法典》采用了列举式加兜底式的表述。这包括债务人以放弃其债权、放弃债权担保、无偿转让财产等方式无偿处分财产权益，或者恶意延长其到期债权的履行期限；债务人以明显不合理的低价转让财产、以明显不合理的高价受让他人财产或为他人的债务提供担保等情形。这些行为的实施直接导致了责任财产的减少，甚至成为一种转移财产、逃避债务的方式，因此被认为是一种诈害债权的行为。[2]

本案中，经调查发现，债务人 B 公司将其持有的股权无偿转让给第三人 D 公司，显然实施了诈害行为。

（3）债务人不当处分财产权益行为与债权人债权的实现存在直接的因果关系

撤销权对交易秩序的破坏性不仅体现在对债务人交易自由的限制，还突破了合同的相对性。债权人的撤销权有利于债权人，但也不能过于影响债务人的自

---

[1] 王利明：《民商法研究》（第3辑），法律出版社2013年版，第644页。
[2] 参见［日］我妻荣：《新订债权总论》，王燚译，中国法制出版社2008年版，第159页。

由，如债务人自身偿债能力充足，即使实施了减少其财产的处分行为，债权人也不得对其进行干涉，妨害其财产管理和经营行为。只有在债权实现受影响时，才能进行撤销；对于债权人而言，债权到期未获清偿这一事实属于"影响债权人的债权实现"。在债务人行为是否影响债权人债权实现的判断时点上，应适用双重标准，即债务人在不当处分财产的行为发生时和债权人行使撤销权时均处于无力偿还债权的状态。

本案中，在债权人不知情且未提供其他资产保障债权实现的情况下，债务人动态地主动减少自己责任资产的行为，使其责任财产因其处分行为而减少，导致偿还能力降低。现债务人无可供执行财产，债权人债权难以实现，故债务人转让股权的行为已经影响了债权人的债权实现。此行为导致履行偿还债务的能力降低，违背了诚信原则的核心要义。

（4）债务人及债务人的相对人具有主观恶意

目前，立法层面对主观恶意的认定尚无明确标准，司法实践中仅对有偿和无偿处分做了区分。在无偿处分时，债权人撤销权的成立对债务人的相对人知情未作要求，即相对人即便不知晓债务人放弃债权、放弃债权担保、无偿转让财产或恶意延长到期债权的履行期限，也不影响债权人债权实现的情形。而在有偿处分时，以债务人的相对人知情为行使要件，即债务人以不合理价格进行交易时影响债权人债权实现的情形，只有相对人知晓或应当知晓时，方可行使债权人撤销权。在审判实践中，不同的处分行为对原告方的举证义务有差异。

3. 债权人撤销权行使的法律后果

《民法典》第542条规定："债务人影响债权人的债权实现的行为被撤销的，自始没有法律约束力。"此条是新增规定。那么，如何理解自始没有法律约束力呢？债权人撤销权具有形成权性质，债权人撤销权一旦成立，债务人影响债权人债权实现的法律行为被撤销，导致债务人与第三人之间的诈害行为自始没有法律约束力，债务人诈害处分的财产得以恢复，相对人因被撤销的法律行为取得的财产应予返还或恢复原状；不能返还或没有必要返还的，应当折价补偿。

4. 债权人撤销权的除斥期间

《民法典》第541条规定："撤销权自债权人知道或者应当知道撤销事由之日起一年内行使。自债务人的行为发生之日起五年内没有行使撤销权的，该撤销权消灭。"债权人行使撤销权可能会改变既存秩序，也会给交易安全制度带来挑战。

故为了保持社会秩序的相对稳定，对撤销权的行使做了期限限制。

撤销权的行使期间为除斥期间，分为一般除斥期间和最长除斥期间。撤销权原则上应在债权人知道或应当知道撤销事由之日起 1 年内行使，此为一般除斥期间，起算时间为债权人知道或应当知道之日，目的在于促使债权人及时行使权利。同时，自债务人的行为发生之日起 5 年内没有行使的撤销权消灭，5 年除斥期间自债务人处分其财产之日起算，有助于稳定民事法律秩序。

综上所述，债权人行使撤销权是对债之相对性的突破，应严格限制，以免对债务人及第三人造成不测之损害，破坏交易安全。① 债权人行使撤销权的目的在于恢复债务人的责任财产而保全债权，突破了合同相对性原则，一定程度上限制了债务人处分财产的权利。因此，债权人行使撤销权的范围应以自己的债权为限。

四、裁判结果

法院总结本案的争议焦点为：（1）债务人 B 公司与第三人 D 公司之间无偿转让股权的行为是否存在？（2）基于债权人 A 公司主张撤销股权转让变更股权登记恢复至债务人 B 公司名下的诉讼请求是否能得到支持？

经过债权人数次申请调证用于还原 900 万元资金转款的来龙去脉，查明第三人 D 公司向债务人 B 公司办理转款的人员与债务人 B 公司转出部分款项的人员均为同一人，且经过司法鉴定机构对案涉款项的存汇款凭条上的字迹比对，证明第三人 D 公司的 900 万元资金流转至少有 500 万元的交易，明显不符合两个独立民事主体之间支付股权转让对价的正常情况。债务人 B 公司与第三人 D 公司未就其股权转让行为的等价、合理、真实、有偿予以充分证明，应承担举证不能的责任。综上，存在低于评估价值 900 万元进行股权转让的行为，属于明显不合理的低价。现有证据无法证明第三人 D 公司对债务人 B 公司享有真实的 900 万元债权，在此基础上债务人 B 公司以其持有的 C 公司股权抵债丧失合理依据，且该抵债行为损害了债权人的利益，故两者之间的股权转让行为应当予以撤销。

鉴于转让股权有明显不合理的低价行为，故债权人 A 公司作为对债务人 B 公司享有到期债权的债权人，在债务人 B 公司无力清偿的情况下，有权对债务人

---

① 参见申卫星：《合同保全制度三论》，载《中国法学》2000 年第 2 期。

与第三人之间的股权转让行为行使撤销权,股权转让撤销后即应恢复至原股东名下,系撤销股权转让行为的应有之义。该案一审法院判决后,债务人 B 公司不服,向上级法院上诉;最终二审法院维持一审判决,驳回上诉。

五、案例提示

1. 股权转让合理价格的衡量标准

(1) 法律依据

根据最高人民法院《关于适用〈中华人民共和国民法典〉合同编通则若干问题的解释》第 42 条的规定,对于《民法典》第 539 条规定的"明显不合理"的低价或者高价,人民法院应当按照交易地一般经营者的判断,并参考交易时交易地的市场交易价或者物价部门指导价予以认定。转让价格未达到交易时交易地的市场交易价或者指导价 70% 的,一般可以认定为"明显不合理的低价"。

(2) 影响股权转让价格合理与否的因素

股权是一种特殊财产权,其有别于一般的商品。认定"以明显不合理的低价转让财产"对债权人撤销权能否成立格外重要。实务中判断股权价值主要围绕以下三个维度:

①股权市场价值:通常以净资产价值或者以财务审计报告确定的价值为依据,包括流动资产、非流动资产、负债等。

②交易环境与市场情况:股权并非诸如房产等有形资产在价值上易于判断,股权转让价格受到多种因素的影响,如公司债权债务情况、股权溢价、公司未分配盈利,以及公司商业声誉、运营情况、行业前景等。

③公平交易原则:在判断股权转让价格是否合理时,还应考虑交易是否遵循了公平、等价有偿的原则。这包括考察交易主体是否处于信息不对称的地位,以及交易价格是否显著偏离了市场价值或一般经营者的判断。

(3) 裁判案例

①法院支持债权人撤销股权请求的情形

法院认定:"案涉股权价值在原审中经专业评估机构鉴定的最低评估值为 181 961 122.38 元,案涉股权转让价仅为股权评估价最低值的 63% 左右。据此原审法院根据合同法解释二第十九条第二款规定,认定 11 600 万元股权转让款为明显不合理低价、显失公平,符合法律规定……案涉《股权转让协议》显失公平,

原审判决撤销该《股权转让协议》，并无不当。"（参见最高人民法院〔2020〕最高法民申1231号）

②法院未支持债权人撤销股权请求的情形

法院认定："公司的资产负债情况、资产质量、债务性质、利润等定量分析因某丁公司声誉、经营管理情形等定性分析因素，以及行业前景、公司经营潜力乃至宏观经济、社会环境等因素，均可能对公司估值和股权价格产生影响，且公司股权交易价格亦因公司经营状况的变化而呈动态变化状态。股权价格的确定不是简单的加减法，需要运用经验综合判断，主要取决于双方当事人的协商一致……因此，不能简单以股权评估价值的多少衡量双方当时股权转让价格的高低。"（参见河南省商丘市中级人民法院〔2024〕豫14民终28号）

2. 撤销权的哪些费用能向债务人主张

（1）法律依据

《民法典》第540条规定："撤销权的行使范围以债权人的债权为限。债权人行使撤销权的必要费用，由债务人负担。"最高人民法院《关于适用〈中华人民共和国民法典〉合同编通则若干问题的解释》第45条第2款规定："债权人行使撤销权所支付的合理的律师代理费、差旅费等费用，可以认定为民法典第五百四十条规定的'必要费用'。"法律规定债权人行使撤销权的必要费用由债务人负担，目的是减轻债权人提起撤销权诉讼的费用负担，鼓励债权人积极行使撤销权。对此，如债权人撤销权成立，债务人作为败诉方应承担的费用包括但不限于诉讼费用、律师代理费、差旅费、评估费用、财产保全费用等必要费用。

（2）裁判案例

在撤销股权诉讼中，债权人行使撤销权所支付的诉讼费、律师代理费、差旅费等必要费用，由债务人负担。但债权人必须提供相应的委托代理合同、发票、支付凭证证明确已支出，证明支出的真实性。（参见〔2023〕苏0303民初917号、〔2023〕苏05民终14169号）

3. 形式为等价交易，实质为虚假交易，如何甄别

在判断交易是否真实、合理时，首先需要审视交易的形式。正常的交易通常遵循市场规则，价格合理，且双方有明确的交易意图和目的，支付等价。其次，如果交易形式看似正常，但底层逻辑存在疑问，如价格明显不合理或交易条件过于宽松，那么就有必要进一步深入调查。本案中，债务人拖欠债务且除案涉股权

外没有其他财产可供执行,虽然其与第三人有签订购销合同及以股抵债协议,形式上支付对价,但通过调查交易双方的账户往来、资金流向、交易凭证等证据,对可疑证据进行笔迹鉴定,经过层层抽丝剥茧,揭示虚假交易的本质,故名为有偿实为无偿。基于两者之间的各种有违正常交易规则的交易行为,应认定双方存在恶意串通转移财产,损害债权人合法权益的行为。

六、结语

"契约精神的三大核心要素是契约自由、契约正义和契约严守。"[①] 债务人公司作为市场主体理应严格信守契约精神,摒弃恶意逃废债的行为。如债务人在对外有不能清偿的债务的情况下,仍将其持有的公司股权以明显不合理的低价或无偿转让,损害债权人债权的实现,则债权人可突破合同相对性原则,撤销其行为达到回款减损,实现自身债权的目的,从而提高执行效率。通过事后救济强化公司的诚信意识和法律责任,维护公平有序的市场秩序,打通执行"最后一公里"。

---

① 刘俊海:《论新时代的契约精神》,载《扬州大学学报(人文社会科学版)》2018 年第 4 期。

提单背面管辖权条款的法律效力分析

田学义

一、案例介绍

比利时某汽车公司（以下简称比利时公司）向天津某汽车电子公司（以下简称天津公司）订购部分汽车启动机及发电机，约定贸易术语为 FOB。2023 年 8 月，双方对货物的数量、价格、型号等进行确认后，通过邮件方式签署确认了商业发票，比利时公司订购 2278 个汽车启动机和 60 个汽车发电机，货物总价款为 212 059 美元。

天津公司向上海某国际货运公司（以下简称上海公司）订舱，该公司以承运人代理人的身份签发了编号为 CTLT0921102×××× 的提单。该提单载明：发货人（托运人）为天津公司，收货人为比利时公司，承运人为奥地利某航线运输有限公司（以下简称奥地利公司），起运港为中国天津新港，卸货港为比利时安特卫普港。

货物装船发出后，奥地利公司迟迟未支付货款，故天津公司未向其交付正本提单，全套正本提单仍在天津公司自己手中。然而，根据上海公司官网的集装箱查询结果以及天津公司与上海公司之间的邮件沟通记录可知：2023 年 11 月 25 日，货物已经抵达比利时安特卫普港，此后集装箱内货物已经被提取。上海公司和比利时公司在邮件中均对货物被提走的事实予以认可。

凭单放货或依据托运人指示进行货物交付是承运人的法定义务。本案中，奥地利公司在收货人未持有正本提单的情况下，私自将货物交付给收货人比利时公司，导致比利时公司不再向天津公司支付货款，奥地利公司应当对由此给天津公司造成的损失承担赔偿责任。上海公司以承运人代理人名义签发本案提单，其与奥地利公司一起作为本案被告被天津公司诉至海事法院，请求判令二公司连带赔偿全部货款及利息损失。

二、案例难点

1. 在海事法院确定提单背面仲裁条款法律效力所适用的准据法为德国法的情况下，该"仲裁条款"在德国民法典项下是否属于格式条款？

本案立案后，上海公司提出了管辖权异议，上海公司认为提单是运输合同的证明，天津公司依据本案提单主张权利，并要求承运人承担无单放货法律责任，理应受提单条款的约束。而本案提单背面管辖权条款中约定的是该提单项下的纠纷应适用德国法，交由德国海事仲裁协会根据其仲裁规则进行仲裁。该仲裁条款排除了法院的管辖，海事法院对本案纠纷没有管辖权。

本案难点在于上海公司提出管辖权异议后，海事法院确定提单背面"仲裁条款"法律效力所适用的准据法为德国法，双方代理人与主审法官对德国法不熟悉，因此查证德国民法典关于"格式条款"的相关规定显得尤为重要，而从纷繁复杂的法律规定中抽丝剥茧地找到对己方有利的条款则最为关键。在笔者团队的努力下，终于找到德国民法典关于"格式条款"的具体规定并提交海事法院，海事法院最终认定案涉提单背面"仲裁条款"为格式条款，应属无效条款，并裁定驳回了上海公司的管辖权异议。

2. 上海公司与奥地利公司是否为关联公司，上海公司以承运人代理人身份签发提单时，是否持有奥地利公司合法有效的授权？奥地利公司是否在我国交通运输部门依法办理提单登记公示？

作为承运人的奥地利公司在中国境内没有分支机构和子公司，也无任何财产，本案即便胜诉也可能面临执行困难的局面。因此，如何让以承运人代理人身份签发提单的上海公司与奥地利公司一起对天津公司的货款及利息损失承担连带赔偿责任则显得尤为重要，而查证上海公司与奥地利公司的关联关系则最为关键。从上海公司的官网查询获知，上海公司是以奥地利公司国内办事处的名义对外宣传自己和奥地利公司的，法院审理的上海公司与奥地利公司相关类似案例中奥地利公司中国境内送达地址也均为上海公司办公地址，能否据此判定二者之间的关联关系？

此外，上海公司能否提供签发提单时奥地利公司合法有效的授权证明以及奥地利公司是否在我国交通运输部门依法办理提单登记公示也将对本案的走向和结果起到至关重要的作用。

三、法律分析

1. 本案涉及的法律术语解释和说明

（1）"海上货物运输合同"，是指承运人收取运费，负责将托运人托运的货物经海路由一港运至另一港的合同。（《海商法》第41条）

（2）"承运人"，是指本人或者委托他人以本人名义与托运人订立海上货物运输合同的人。（《海商法》第42条第1项）

（3）"托运人"，是指：①本人或者委托他人以本人名义或者委托他人为本人与承运人订立海上货物运输合同的人；②本人或者委托他人以本人名义或者委托他人为本人将货物交给与海上货物运输合同有关的承运人的人。（《海商法》第42条第3项）

（4）"收货人"，是指有权提取货物的人。（《海商法》第42条第4项）

（5）"提单"，是指用以证明海上货物运输合同和货物已经由承运人接收或者装船，以及承运人保证据以交付货物的单证。提单中载明的向记名人交付货物，或者按照指示人的指示交付货物，或者向提单持有人交付货物的条款，构成承运人据以交付货物的保证。（《海商法》第71条）

（6）"提单签发"：货物由承运人接收或者装船后，应托运人的要求，承运人应当签发提单。提单可以由承运人授权的人签发。提单由载货船舶的船长签发的，视为代表承运人签发。（《海商法》第72条）

2. 提单背面管辖权条款的法律效力

（1）本案提单背面"仲裁条款"属于格式条款，事先未对托运人天津公司进行告知和说明，也未经过天津公司的认可和同意。

①仲裁条款缺乏生效条件

《德国民法典》第305条第1款规定，从合同的外观来看，如某些格式条款极其反常，以至于超出合同相对方在签订合同时的期特，则该格式条款不能成为合同的一部分。

二
企业资产篇

《德国民法典》第 305 条第 2 款规定，只有当一般交易条件的使用方在缔结合同时满足以下条件，一般交易条件才能有效地纳入合同：

第一，使用方必须就一般交易条件明确地向相对方作出指示，或者如果根据合同的性质，对相对方作出指示确有困难，使用方可在合同缔结处以显而易见的布告方式作出明确的指示。

第二，使用方要为相对方提供知悉一般交易条件的可能性，并且要合理地考虑到某些相对人的明显的生理缺陷，使这些相对人也可以知悉一般交易条件的内容。相对方需对一般交易条件作出同意。

该法律中的"一般交易条件"即格式条款。根据上述规定可知，格式条款生效必须满足三个条件，即明确指示、相对方知悉可能性以及相对方同意。而本案上海公司签发的提单背面不但包含的条款繁多，且字体狭小、无任何明显标识，天津公司难以从中辨识出特定内容，而仲裁条款恰在其中。在此情况下，该仲裁条款显然缺乏上述法律规定的格式条款有效的条件，应当被认定为无效。

虽然《德国民法典》第 307 条、第 308 条和第 309 条分别为针对格式条款的"概括规范"、"弹性规范（灰名单）"和"硬性规范（黑名单）"，均属于对负面格式条款进行的部分列举，系德国法律为提高审判效率而对部分常见情形列出的"黑名单/灰名单"，但这并不意味着仅有该条款项下列明的情形才属于无效条款。格式条款是否有效，应当综合《德国民法典》第 305~310 条的全部内容，并结合本案的事实进行认定。

②仲裁条款缺乏双方合意

本案贸易术语为 FOB，承运人及货运代理人均由海外收货人比利时公司选择，天津公司虽然是托运人，但并不具有要求指定或者变更承运人的权利。故本案提单项下内容实际上是由收货人比利时公司与承运人奥地利公司达成合意，仲裁条款的效力也仅约束达成合意的收货人和承运人双方，而不应扩大至天津公司。

本案自货物订舱至货物装船，奥地利公司和上海公司始终未曾明确提示过关于仲裁条款的问题，甚至其最终出具的提单所载明的承运人也与订舱阶段告知内容（此前告知是马士基航运）完全不符。在此情形下，天津公司根本不可能提前知晓该提单背面条款的内容，其背面的管辖条款对天津公司不产生法律效力。

（2）提单背面"法院管辖权条款"的法律效力

本案提单背面管辖条款约定的为"仲裁条款"而非"法院管辖权条款"，那么，如果是"法院管辖权条款"其法律效力又将如何呢？笔者认为，提单背面"法院管辖权条款"是否有效，应结合具体案件情况并综合考虑以下因素：

①提单背面"法院管辖权条款"是否符合我国民事诉讼法关于"与争议有实际联系地点"的规定

《民事诉讼法》第35条规定："合同或者其他财产权益纠纷的当事人可以书面协议选择被告住所地、合同履行地、合同签订地、原告住所地、标的物所在地等与争议有实际联系的地点的人民法院管辖，但不得违反本法对级别管辖和专属管辖的规定。"

该条规定赋予了当事人通过书面协议选择与争议有实际联系地点的法院管辖的权利，主要有两层含义：其一，当事人可以用书面协议约定管辖法院，这是法院对当事人"意思自治"原则的承认与尊重；其二，协议约定的法院须与争议存在"实际联系"，否则即便当事人双方做了约定，法院也不承认其法律效力。

那么，在提单管辖权条款纠纷中，如何认定选择的法院与争议存在"实际联系"呢？依据《民事诉讼法》第28条、《海商法》第6条的规定，因海上运输合同纠纷提起的诉讼，除由运输始发地、目的地或者被告住所地法院管辖外，还可以由转运港所在地法院管辖。

笔者认为，提单作为当事人之间的书面协议，在因提单引发的海上货物运输合同纠纷中，起运港、目的港、被告住所地、转运港等与货物运输合同履行有实际联系地点的法院才有管辖权。

假设本案提单约定的是由德国法院管辖，提单载明的承运人是奥地利公司，货物装船港是中国天津新港，目的港是比利时安特卫普港，则天津公司可以向海事法院提出约定的管辖法院与本案争议没有实际联系，申请海事法院认定该管辖权条款无效。因德国既不是被告住所地，也不是起运港、目的港、转运港，均与货物运输合同履行没有实际联系。

②管辖权条款是否明示和显著

在航运实践中，承运人一般情况下提供的提单都是提前印制好的，在签发提单时，承运人并不与托运人或收货人协商。由此可见，提单属于典型的格式合同。

依据《民法典》第496条的规定，格式条款是当事人为了重复使用而预先拟定，并在订立合同时未与对方协商的条款。采用格式条款订立合同的，提供格式

二
企业资产篇

条款的一方应当遵循公平原则确定当事人之间的权利和义务，并采取合理的方式提示对方注意免除或者减轻其责任等与对方有重大利害关系的条款，按照对方的要求，对该条款予以说明。提供格式条款的一方未履行提示或者说明义务，致使对方没有注意或者理解与其有重大利害关系的条款的，对方可以主张该条款不成为合同的内容。

按照《民法典》上述规定及立法精神，如果提单中的管辖权条款以显著区别于其他条款的形式表现出来，比如以明显区别于其他条款的字体被印刷在提单的正面，就能够认定其具有法律效力。区别于本案提单背面密密麻麻的小字条款，笔者此前代理的其他类似案件中，提单正面用区别于其他蓝色字体的红色字体写明"因本提单引起或与本提单有关的所有索赔和纠纷，应由英国法院管辖，排除其他国家法院管辖"，在这种情况下海事法院最终以"管辖条款是以显著的红色字体印刷在提单正面"的事实认定承运人已经尽到了"以合理的方式提示对方注意"的义务，而判定该管辖权条款有法律效力。

3. 在奥地利公司无正本提单放货的情况下，上海公司在何种情况下需与奥地利公司一起承担连带赔偿责任或直接承担承运人的责任

最高人民法院《关于审理无正本提单交付货物案件适用法律若干问题的规定》（法释〔2020〕18号）第2条规定："承运人违反法律规定，无正本提单交付货物，损害正本提单持有人提单权利的，正本提单持有人可以要求承运人承担由此造成损失的民事责任。"第6条规定："承运人因无正本提单交付货物造成正本提单持有人损失的赔偿额，按照货物装船时的价值加运费和保险费计算。"

从上述规定可以看出，奥地利公司在收货人未持有无正本提单的情况下，私自将货物交付给收货人比利时公司，其行为已经构成违约。由此导致比利时公司不再向天津公司支付货款，奥地利公司应当对给正本提单持有人天津公司造成的损失承担赔偿责任。

那么，作为承运人代理人的上海公司是否也应承担赔偿责任呢？最高人民法院《关于审理海上货运代理纠纷案件若干问题的规定》（法释〔2020〕18号）第4条第2款规定："货运代理企业以承运人代理人名义签发提单、海运单或者其他运输单证，但不能证明取得承运人授权，委托人据此主张货运代理企业承担承运人责任的，人民法院应予支持。"第12条第1款规定："货运代理企业接受未在我国交通主管部门办理提单登记的无船承运业务经营者的委托签发提单，当

事人主张由货运代理企业和无船承运业务经营者对提单项下的损失承担连带责任的，人民法院应予支持。"

经查证，作为承运人的奥地利公司，虽然在交通运输部门办理了无船承运人业务登记，但在交通运输部辅助网站中华航运网上始终无法查询到该公司的备案提单。换言之，上海公司签发的提单未经依法备案登记及公示，对此上海公司存在过错，应对天津公司在本案提单项下的损失承担连带赔偿责任。

四、裁判结果

上海公司提出的管辖权异议被海事法院依法裁定驳回；上海公司提出上诉后二审法院维持原判，裁定驳回上诉。

本案在实体审理过程中，在法官的多次调解和双方律师的努力下，最终达成和解，由法院出具调解书，由上海公司与奥地利公司对天津公司的货款损失的70%承担连带赔偿责任，天津公司放弃利息损失的诉讼请求。出现这一情况的主要原因在于：（1）虽然上海公司一直不能提供其已在我国交通运输部门依法办理提单登记公示的证明材料，但上海公司已向海事法院提供了奥地利公司出具的签发提单授权证明；（2）天津公司也考虑到奥地利公司在中国境内没有分支机构和子公司，也无任何财产，本案即便判决奥地利公司承担赔偿责任也可能面临执行困难的局面。因此，达成和解对双方都有好处，是较为理想的局面。

五、案例提示

在采用FOB贸易术语的情况下，无单放货的法律风险将呈倍数增加；因此，外贸企业签订出口合同时，应尽量采用CIF或CFR条款，力争拒绝使用FOB条款，避免国外买方指定境外货代安排运输。国外买方坚持FOB条款并指定承运人的，出口企业应及时在交通运输部网站查询承运人资质，拒绝接受未在我国合法登记的外国无船承运人，要求重新选择有资质的班轮公司；拒绝接受外国无船承运人委托未在我国交通运输部门办理合法登记提单的货代作为承运代理，应当指示国外买方委托在我国具有合法经营资格的承运人作为装货港承运代理。

在我国的司法实践中，提单背面条款常被认定为格式条款。争议最大的通常是管辖权条款和法律适用条款。在具体案例中，海事法院会审查管辖权条款是否

二
企业资产篇

符合公平、合理要求，法律适用条款是否符合密切联系原则，以及是否在知情和自愿的情况下签署的。如果格式条款未履行提示或说明义务，导致托运人未注意到这些条款，托运人可以主张这些条款不构成合同内容。反之，承运人需要确保这些条款符合法律规定，避免因格式条款未履行提示和说明义务而导致的法律风险。

天津城市更新法律实践
——国有土地上房屋征收与补偿

陈正昕

一、背景介绍

城市更新是提升城市生活品质和竞争力的复杂社会工程。2021年3月,"城市更新"首次写入2021年国务院政府工作报告和"十四五"规划,这意味着我国已进入存量提质改造和增量结构调整并重时期,实施城市更新行动是当前贯彻新发展理念、全面提升城市发展质量的必由之路。自"十四五"时期以来,国内城市更新研究热度持续升温,并且在多学科交叉融合发展背景下,城市更新的研究范畴正在不断延伸,现已涵盖政策工具视角下的城市更新制度研究[1]、社会学维度的城市更新发展思考[2]、城市更新的具体实施策略[3]、评价体系构建[4]等诸多研究内容。

党的二十大报告中指出,坚持人民城市人民建、人民城市为人民,提高城市

---

[1] 参见张佳丽等:《城市更新政策工具挖掘与量化评价研究:以京津冀为例》,载《城市发展研究》2022年第29期;岳隽:《基于公共利益和个体利益相平衡的城市更新政策工具研究——以深圳市为例》,载《城乡规划》2021年第5期;高祥等:《从理论到实践:城市更新的政策工具解析》,载《城乡建设》2021年第14期。

[2] 参见阳建强:《新发展阶段城市更新的基本特征与规划建议》,载《国家治理》2021年第47期。

[3] 参见董晓、刘加平:《城市更新面临的"顽疾"与对策》,载《城市规划》2021年第5期;汪广丰:《南京实施城市更新行动对策思考》,载《城乡建设》2021年第7期。

[4] 参见常悦:《基于ERG理论的城市更新规划方案评价体系构建研究》,载《规划师》2022年第11期。

规划、建设、治理水平，加快转变超大特大城市发展方式。实施城市更新行动，加强城市基础设施建设，打造宜居、韧性、智慧城市。加快推进城市更新是提高人民生活质量的重要举措，是推动城市发展的重要路径，是践行人民城市理念的必然要求。这是党中央在全面建设社会主义现代化国家开局起步的关键时期作出的重大战略部署，为做好新时代超大城市工作指明了前进方向、提供了根本遵循。

2024年4月，为贯彻党的二十大关于"实施城市更新行动"的要求，落实中央经济工作会议具体部署，财政部办公厅、住房和城乡建设部办公厅发布《关于开展城市更新示范工作的通知》。通知传达，自2024年起，中央财政创新方式方法，支持部分城市开展城市更新示范工作，重点支持城市基础设施更新改造，进一步完善城市功能、提升城市品质、改善人居环境，推动建立"好社区、好城区"，促进城市基础设施建设由"有没有"向"好不好"转变，着力解决好人民群众急难愁盼问题，助力城市高质量发展。

二、实务要点

我国城市化历经四十余载发展，当前已进入以提升城市品质为主的存量更新阶段。根据《2023年城市建设统计年鉴》数据，内地城区人口突破千万的超大城市有10个[①]，分别是上海、北京、深圳、重庆、广州、成都、天津、东莞、武汉、杭州，其中已有部分城市对"城市更新""城市体检"工作发布了相关法规或工作指引。但"城市更新"并非典型的法律概念，实务中切勿生搬硬套地寻求上位法依据和方法论。

就目前而言，天津市城市更新尚处于探索起步阶段，相关制度体系建设仍存在一定程度的提升空间。因此，应在既有研究基础上深化完善城市更新制度体系框架，结合天津市高级人民法院《天津法院国有土地上房屋征收案件审判指引》、天津市第三中级人民法院《国有土地上房屋征收案件一审应诉指南》等相关文件，进一步探讨提出适当的优化策略，进一步确保城市更新行动的规范化、精细化实施，旨在最终实现建设高质量发展高水平改革开放、高效能治理、高品质生

[①] 参见国家统计局城市社会经济调查司：《2023年城市建设统计年鉴》。

活的社会主义现代化大都市的目标。[1]

从市政管理学角度讲，城市更新主要分为再开发（redevelopment）、整治改建（rehabilitation）及保留维护（conservation）三种方式。其映射到国有土地使用权及房屋所有权变动的，可通过协议搬迁、房屋征收、房屋买卖、资产划转、股份合作等方式实施。结合相关法律实务经验，笔者认为房屋征收是项目最终能成功落地的兜底支撑。

三、实务分析

1. 天津市城市更新政策简述及更新全生命周期管理

（1）天津市城市更新政策简述

天津市城市更新的探索起步较晚，大致开始于20世纪80年代，相关政策历史沿革梳理详见表1。

表1 天津市城市更新相关政策文件出台情况

年份	文件名称	主要内容
2006	《天津市城市房屋拆迁管理规定》（津政发〔2006〕107号）	规定了拆迁管理、拆迁许可和决定、拆迁实施单位、被拆迁人的权利和义务等内容
2007	《天津市城市房屋拆迁单位管理办法》（津建房管拆〔2007〕344号）	规范了拆迁单位的资质、行为等，加强了对拆迁单位的管理
2007	《关于贯彻落实〈天津市城市房屋拆迁管理规定〉有关问题的通知》（市国土房管局市规划委员会文件，市国土房资拆〔2007〕153号）	对拆迁中的一些具体问题如拆迁补偿标准、拆迁程序等进行了明确和细化
2007	《关于加强我市城市房屋拆迁裁决工作的通知》（市国土房管局文件，市国土房资拆〔2007〕154号）	强调了拆迁裁决工作的重要性，规范了裁决程序和相关要求

---

[1] 参见畅志通等：《城市更新制度体系建设及优化策略研究——以天津市为例》，载《城市建筑》2025年第4期。

续表

年份	文件名称	主要内容
2007	《关于印发〈天津市城市房屋拆迁评估技术规范〉的通知》（市国土房管局文件，市国土房资拆〔2007〕155号）	制定了拆迁评估的技术规范，保障了评估的科学性和公正性
2007	《关于加强我市城市房屋拆迁补偿安置资金监督管理的通知》（市国土房管局文件，市国土房资拆〔2007〕156号）	加强了对拆迁补偿安置资金的监管，确保资金安全和合理使用
2007	《关于加强我市经营性房地产开发项目房屋拆迁补偿资金监督管理的通知》（市国土房管局文件，市国土房资拆〔2007〕157号）	针对经营性房地产开发项目的拆迁补偿资金进行了专门监管
2007	《关于印发〈天津市城市房屋拆迁档案管理规定〉的通知》（市国土房管局文件，市国土房资拆〔2007〕158号）	规范了拆迁档案的管理，保障了拆迁工作的可追溯性
2007	《关于印发〈天津市城市房屋拆迁代办单位管理办法〉的通知》（市国土房管局文件，市国土房资拆〔2007〕159号）	对拆迁代办单位进行了规范和管理
2007	《关于印发〈天津市城市房屋拆迁纠纷调解处理办法〉的通知》（市国土房管局文件，市国土房资拆〔2007〕160号）	建立了拆迁纠纷的调解处理机制
2009	《关于进一步加强建设用地规划管理促进节约集约用地的意见》（津政发〔2009〕54号）	提出要依据城乡总体规划，从严控制建设用地供应总量，优先保障民生工程、基础设施、生态环境和重大产业项目用地等，在一定程度上影响了城市更新中的土地利用和房屋拆迁等工作

续表

年份	文件名称	主要内容
2013	《中共天津市委天津市人民政府美丽天津建设纲要》（津党发〔2013〕19号）	对天津市绿化工程、净化工程、路网建设、公用设施、交通环境等作出全面部署，并提出一系列任务目标
2014	《2014年中心城区旧楼区居住功能综合提升改造实施方案》（津政办发〔2014〕20号）	对天津市中心城区旧房改造工作进行全面部署，集中解决居住功能不佳问题
2015	《2015—2017年棚户区改造配套基础设施工程建设三年计划》	明确2015—2017年天津市棚户区改造工作内容和政策，计划完成40片棚户区改造
2015	《天津市人民政府关于推进"一助两促"工作领导小组召开第一次全体会议纪要》（津政纪〔2015〕3号）	提出了棚户区改造三年"清零"计划，并成立棚户区改造指挥部，统筹推动全市棚改工作
2016	《天津市人民政府关于进一步做好城镇棚户区和城乡危房改造及配套基础设施建设有关工作的实施意见》（津政发〔2016〕15号）	明确了棚户区改造的目标任务、政策措施等，以加快推进棚户区改造工作
2017	《天津市人民政府办公厅印发关于明确棚户区改造工作有关事项的通知》（津政办函字〔2017〕66号）	对棚户区改造的相关事项进行了进一步明确和细化
2017	《天津市人民政府关于印发天津市老旧小区改造提升工作实施方案的通知》（津政发〔2017〕45号）	明确了老旧小区改造提升的指导思想、工作目标、实施步骤等，推动老旧小区的更新改造
2018	《天津市人民政府关于印发天津市棚户区改造工作三年实施方案（2018—2020年）的通知》（津政发〔2018〕16号）	对棚户区改造三年的工作进行了全面部署和安排

二
企业资产篇

续表

年份	文件名称	主要内容
2019	《天津市人民政府办公厅关于印发天津市城镇老旧小区更新提升行动计划（2019—2020年）的通知》（津政办规〔2019〕14号）	制定了老旧小区更新提升的具体行动计划，包括改造内容、实施步骤等
2019	《天津市土地资源整理项目城市基础设施配套建设管理暂行办法》（津规自利用发〔2019〕318号）	规范天津市土地资源整理项目管理、实施办法，解决基础设施配套项目建设、接收管养等问题
2020	《天津市人民政府办公厅关于进一步加强本市旧楼区提升改造后长效管理的意见》（津政办规〔2020〕15号）	建立天津市旧房改造后长效管理机制，巩固旧房提升改造成果
2020	《天津市人民政府办公厅关于做好禁止类产业调迁治理的指导意见》（津政办发〔2020〕47号）	涉及部分房屋拆迁及相关工作，推动产业结构调整和城市空间优化
2021	《天津市人民政府办公厅关于印发天津市城市更新行动计划（2021—2023年）的通知》（津政办规〔2021〕13号）	明确了城市更新的总体要求、目标任务、重点项目等，推动城市高质量发展
2021	《天津市老旧房屋老旧小区改造提升和城市更新实施方案》（津政办规〔2021〕10号）	正式明确天津市城市更新工作原则、重点任务、实施机制、组织保障等一系列内容
2021	《天津市老旧房屋老旧小区改造提升和城市更新规划、土地、调查登记管理实施细则（试行）》（津规资设计发〔2021〕258号）	规范天津市各类城市更新改造规划项目管理工作，制定详细实施细则
2022	《天津市城市更新行动计划（2022—2025年）》	对2022—2025年天津市城市更新总体要求、更新策略、项目类型、工作安排进行全面部署

续表

年份	文件名称	主要内容
2022	《天津津城城市更新规划指引（2021—2035年)》	具体阐述天津市城市更新六大类型，并对各区城市更新工作给予方向性指引
2023	《天津市既有住宅加装电梯工作指导意见》（津住建发〔2023〕1号）	明确天津市既有住宅加装电梯基本原则与工作机制，并制定相应的保障措施
2023	《中心城区更新提升行动方案》	对天津市中心城区更新工作方案和2023年重点任务进行谋划，共明确四个方面及十一项工作任务
2023	《天津市城市更新行动计划（2023—2027年)》	对2023—2027年天津市城市更新主要任务、更新范围、工作原则、更新策略进行详细指导
2023	《天津市人民政府关于印发天津市持续推进城市更新建设共同缔造试点工作方案的通知》（津政发〔2023〕13号）	开展城市更新建设共同缔造试点工作，探索创新城市更新模式和方法
2024	《天津市人民政府办公厅关于同意东丽区华新街道成林道以北棚户区改造项目房屋征收范围的复函》（津政办函字〔2024〕46号）	同意了东丽区华新街道成林道以北棚户区改造项目的房屋征收范围
2024	《天津市人民政府办公厅关于公布天津市城市更新重点建设项目清单（第一批）的通知》（津政办发〔2024〕1号）	公布了第一批城市更新重点建设项目清单，推动城市更新项目的落地实施

2023年7月，《天津市城市更新行动计划（2023—2027年)》发布，提出了中心城区提升计划，规范了项目谋划工作。根据政策指引，现阶段天津市城市更新仍以优化城市空间结构、提升城市载体功能作为主要目标，争取到2035年建成满足天津市高质量发展需求的城市更新体系框架。该计划入选了全国"深化城市体检工作制度机制试点"，建立了"城市体检发现问题、城市更新解决问题"

二 企业资产篇

的闭环工作机制。

2024年3月，天津市规划和自然资源局发布了《天津"津城"城市更新规划指引（2023—2027年）》（以下简称《指引》）。《指引》依据国土空间总体规划、城市体检结果和城市更新需求，以津城为研究范围，以津城核心区为重点更新范围，明确了城市更新指导思想、原则目标、更新类型、更新内容等。

（2）天津市城市更新全生命周期管理

城市发展始终具有鲜明的周期性规律，城市更新体系也会伴随城市发展形势的变化而更新迭代。2021年12月，《天津市老旧房屋老旧小区改造提升和城市更新规划、土地、调查登记管理实施细则（试行）》（津规资设计发〔2021〕258号）出台，第2条明确提出对各类更新改造项目实行全生命周期管理，并在《天津市城市更新行动计划（2022—2025年）》征求意见稿中对相关实施细则作出进一步阐述。具体而言，天津市城市更新全生命周期管理主要体现在：制定城市更新计划，统筹安排路网体系、排水防涝、公服配套等建设时序，实现地上地下、平面立面、新建改造整合衔接；建立计划实施机制，编制项目实施方案，包括底线指标、建设内容以及运营管理、资金平衡和进度安排等，并由各区人民政府组织实施，各职能部门加强全程监督指导和政策项目支持；建立更新项目"体检评估—规划计划—方案设计—项目实施—效果评价"全过程管理，加强动态评价；探索更新管理绩效评价制度；实施城市体检五年评估；建立体检信息平台和城市更新信息平台，细化全流程动态分析，为科学评价城市更新项目综合绩效创造条件等方面。

2. 国有土地上房屋征收条件

根据结论倒推，法律上实施国有土地上房屋征收应当具备以下条件：

（1）征收范围：国有土地上的房屋

房屋征收是对国有土地上单位、个人的房屋进行征收，并进行公平补偿。无论证载业态如何，国有土地是基础条件。如涉及农民集体土地，需先对集体的土地实施征收并进行补偿安置，集体土地征收的对象是土地，房随地走，一并收回，进而将土地所有权转变为国有性质。

(2) 征收目的：满足公共利益需要

第一，国有土地条件[①]：

①国防和外交的需要；

②由政府组织实施的能源、交通、水利等基础设施建设的需要；

③由政府组织实施的科技、教育、文化、卫生、体育、环境和资源保护、防灾减灾、文物保护、社会福利、市政公用等公共事业的需要；

④由政府组织实施的保障性安居工程建设的需要；

⑤由政府依照城乡规划法有关规定组织实施的对危房集中、基础设施落后等地段进行旧城区改建的需要；

⑥法律、行政法规规定的其他公共利益的需要。

第二，集体土地条件[②]：

①军事和外交需要用地的；

②由政府组织实施的能源、交通、水利、通信、邮政等基础设施建设需要用地的；

③由政府组织实施的科技、教育、文化、卫生、体育、生态环境和资源保护、防灾减灾、文物保护、社区综合服务、社会福利、市政公用、优抚安置、英烈保护等公共事业需要用地的；

[①] 《国有土地上房屋征收与补偿条例》第8条规定："为了保障国家安全、促进国民经济和社会发展等公共利益的需要，有下列情形之一，确需征收房屋的，由市、县级人民政府作出房屋征收决定：（一）国防和外交的需要；（二）由政府组织实施的能源、交通、水利等基础设施建设的需要；（三）由政府组织实施的科技、教育、文化、卫生、体育、环境和资源保护、文物保护、社会福利、市政公用等公共事业的需要；（四）由政府组织实施的保障性安居工程建设的需要；（五）由政府依照城乡规划法有关规定组织实施的对危房集中、基础设施落后等地段进行旧城区改建的需要；（六）法律、行政法规规定的其他公共利益的需要。"

[②] 《土地管理法》（2019年修正）第45条规定："为了公共利益的需要，有下列情形之一，确需征收农民集体所有的土地的，可以依法实施征收：（一）军事和外交需要用地的；（二）由政府组织实施的能源、交通、水利、通信、邮政等基础设施建设需要用地的；（三）由政府组织实施的科技、教育、文化、卫生、体育、生态环境和资源保护、防灾减灾、文物保护、社区综合服务、社会福利、市政公用、优抚安置、英烈保护等公共事业需要用地的；（四）由政府组织实施的扶贫搬迁、保障性安居工程建设需要用地的；（五）在土地利用总体规划确定的城镇建设用地范围内，经省级以上人民政府批准由县级以上地方人民政府组织实施的成片开发建设需要用地的；（六）法律规定为公共利益需要可以征收农民集体所有的土地的其他情形。前款规定的建设活动，应当符合国民经济和社会发展规划、土地利用总体规划、城乡规划和专项规划；第（四）项、第（五）项规定的建设活动，还应当纳入国民经济和社会发展年度计划；第（五）项规定的成片开发并应当符合国务院自然资源主管部门规定的标准。"

④由政府组织实施的扶贫搬迁、保障性安居工程建设需要用地的；

⑤在土地利用总体规划确定的城镇建设用地范围内，经省级以上人民政府批准由县级以上地方人民政府组织实施的成片开发建设需要用地的；

⑥法律规定为公共利益需要可以征收农民集体所有的土地的其他情形。

截至 2023 年年底，我国城镇人均住房建筑面积超过 40 平方米，累计建设各类保障性住房和棚改安置住房 6400 多万套，低保、低收入住房困难家庭基本实现应保尽保。现阶段城市更新则更多集中于对危房集中、基础设施落后等地段进行旧城区改建或成片开发建设。我国部分省市尚无危房集中、基础设施落后的认定操作指引，实施单位可聘请房屋安全鉴定检测类专业机构进行鉴定；如"鉴定为危房且无修缮保留价值"，拆除征收符合被征收人利益的同时，亦满足公共利益之需求。

（3）征收原则：符合相关规划和计划

无论项目片区原有土地规划用途，房屋征收均应与国民经济和社会发展规划、土地利用总体规划、城乡规划及专项规划相对应。其中土地利用总体规划和城乡规划已逐步被"国土空间规划"所取代。①

3. 征收主体及诉讼主体

（1）征收主体及职责

就国有土地上房屋征收主体及职责，笔者梳理如表 2 所示：

表 2　房屋征收主体及职责

	主体	职责
征收主体	市、县级人民政府	负责行政区域的房屋征收与补偿工作
征收部门	由市、县级人民政府确定，一般是政府行政部门	负责组织实施房屋征收与补偿工作

---

① 《土地管理法》（2019 年修正）第 18 条　国家建立国土空间规划体系。编制国土空间规划应当坚持生态优先，绿色、可持续发展，科学有序统筹安排生态、农业、城镇等功能空间，优化国土空间结构和布局，提升国土空间开发、保护的质量和效率。

经依法批准的国土空间规划是各类开发、保护、建设活动的基本依据。已经编制国土空间规划的，不再编制土地利用总体规划和城乡规划。

续表

主体	职责
实施单位	征收部门可以委托征收实施单位，一般为乡、镇人民政府、街道办事处及负责拆迁工作的企事业单位或国企平台公司	承担房屋征收与补偿工作具体工作。受托范围内的行为后果，由征收部门承担法律责任

（2）诉讼主体

根据天津市高级人民法院《天津法院国有土地上房屋征收案件审判指引》，征收、补偿案件的诉讼主体及对应受理范围情况如图1所示：

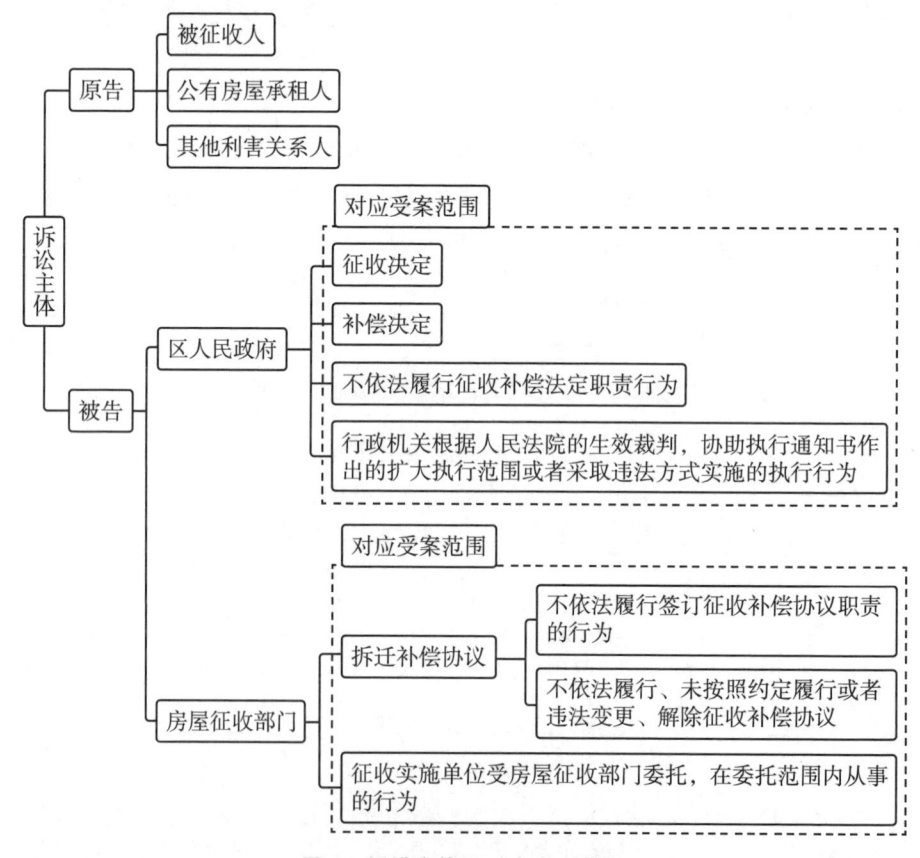

```
                        ┌─ 被征收人
              ┌─ 原告 ──┼─ 公有房屋承租人
              │         └─ 其他利害关系人
              │
              │                   ┌─ 对应受案范围
              │                   ├─ 征收决定
              │         ┌─ 区人民政府 ─┼─ 补偿决定
  诉讼主体 ──┤         │         ├─ 不依法履行征收补偿法定职责行为
              │         │         └─ 行政机关根据人民法院的生效裁判，协助执行通知书作出的扩大执行范围或者采取违法方式实施的执行行为
              └─ 被告 ──┤
                        │                   ┌─ 对应受案范围
                        │                   │         ┌─ 不依法履行签订征收补偿协议职责的行为
                        └─ 房屋征收部门 ──┼─ 拆迁补偿协议 ──┤
                                            │         └─ 不依法履行、未按照约定履行或者违法变更、解除征收补偿协议
                                            └─ 征收实施单位受房屋征收部门委托，在委托范围内从事的行为
```

图1 诉讼主体及对应受理范围

另外，就收案比例较高的征收补偿协议纠纷，其适格被告应该是能够独立承

二
企业资产篇

担法律责任的组织并且不应该局限于协议的相对方,应该通过分析实际的名与实关系,确定诉讼中的适格被告。一方面,房屋征收诉讼的被告应当是依法独立登记的组织。例如,县政府临时成立的拆迁办、拆迁指挥部,因未有依法登记,尽管得到授权,也不应认定为房屋征收纠纷中的被告。另一方面,应将委托方与被委托方在被诉行为中的影响性与显名性作为判断指标,不应片面切断名义主体与实际主体之间的联系;如委托主体参与了征收补偿协议的订立过程,并且其作出的意思表示直接影响受托主体的行为,则应当允许将委托主体列为共同被告。①

4. 房屋征收全流程

根据相关规定,国有土地上房屋征收及补偿程序具体包括如下内容:

(1) 征收决定阶段

确定征收范围:区人民政府作出房屋征收决定前,房屋征收部门需征求规划部门意见后,提出拟征收房屋范围,说明符合公共利益的具体情形,报区人民政府审查确定。

暂停相关手续办理:房屋征收范围确定后,不得在范围内实施新建、扩建、改建房屋和改变房屋用途等行为,房屋征收部门应书面通知相关部门暂停办理相关手续。

选定评估机构:在房屋征收项目和范围确定后,区县(自治县)房屋征收部门应当向社会发布征集房地产价格评估机构的公告,报名期限自发布公告之日起应当不少于5个工作日。

调查登记:房屋征收部门组织对征收范围内房屋的权属、区位、用途、建筑面积等情况进行调查登记,并将结果公示,被征收人、公有房屋承租人可核实。被征收人不予配合的,按照不动产登记簿进行登记。调查结果应当在房屋征收范围内向被征收人公布。

处理未登记建筑:区人民政府组织有关部门对未经登记的建筑进行调查、认定和处理;合法建筑给予补偿,违法建筑不予补偿。

拟定并公布征收补偿方案:房屋征收部门拟定征收补偿方案,报区人民政府,方案包括房屋征收目的、范围、补偿方式、补助奖励标准等内容;区人民政

---

① 参考薛新栋:《论房屋征收案件中的被告认定标准》,载《上海房地》2024年11月。

府组织论证并公布征求意见，征求意见期限不少于30日。

社会稳定风险评估：区人民政府作出房屋征收决定前，按照有关规定组织进行社会稳定风险评估，结论作为是否作出决定的依据。社会稳定风险评估报告应当对房屋征收的合法性、合理性、可行性、可控性以及可能出现的风险进行评估，并根据评估结论制定相应的风险防范、化解、处置措施和应急预案。

落实征收补偿费用及产权调换房屋：作出房屋征收决定前，征收补偿费用应当足额到位、专户存储、专款专用。产权调换房屋应当产权明晰、符合房屋质量安全标准。

作出征收决定并公告：区人民政府作出房屋征收决定，涉及被征收人、公有房屋承租人数量较多的，经政府常务会议讨论决定，并在房屋征收范围内予以公告，公告应载明征收补偿方案和行政复议、行政诉讼权利等事项。

（2）补偿协商与签约阶段

补偿方式选择：被征收人可以选择货币补偿，也可以选择房屋产权调换。

评估与补偿：被征收人选择房屋产权调换的，市、县级人民政府应提供用于产权调换的房屋，并与被征收人计算、结清被征收房屋价值与用于产权调换房屋价值的差价。

签订补偿协议：房屋征收部门与被征收人就补偿方式、补偿金额和支付期限、用于产权调换房屋的地点和面积、搬迁费、临时安置费或者周转用房、停产停业损失等事项，订立补偿协议。

补偿决定：若在征收补偿方案确定的签约期限内达不成补偿协议，或者被征收房屋所有权人不明确，由房屋征收部门报请作出房屋征收决定的市、县级人民政府依照规定，按照征收补偿方案作出补偿决定，并在房屋征收范围内予以公告。

（3）搬迁与安置阶段

自行搬迁：被征收人在规定的搬迁期限内完成搬迁，将房屋腾空移交给征收部门。征收部门可以对被征收人的搬迁情况进行监督和检查。如果选择房屋产权调换，征收部门按照补偿协议的约定，为被征收人提供安置用房。安置用房交付使用时，需办理相关产权手续。如果选择货币补偿，征收部门按照补偿协议的约定，将货币补偿款支付给被征收人。

强制搬迁：如果被征收人在法定期限内不申请行政复议或者不提起行政诉

讼，在补偿决定规定的期限内又不搬迁，由作出房屋征收决定的市、县级人民政府依法申请人民法院强制执行。

后续处理：征收部门对已搬迁的房屋进行拆除，并对征收地块进行整理和开发建设；对被征收人的过渡安置（如提供临时安置费或周转用房）进行后续管理和服务，确保被征收人在搬迁后的生活中得到妥善安置。

三

企业股权篇

如何赢得公司控制权争夺战

——股权纠纷解读

王腾燕

一、案例介绍

控制权历来是公司创始人最为关心的内容之一，笔者近期通过代理系列股权纠纷梳理了控制权的核心，整理本文供创始人参考。为便于理解，列示目标公司和相关主体的主要法律关系如图 1 所示：

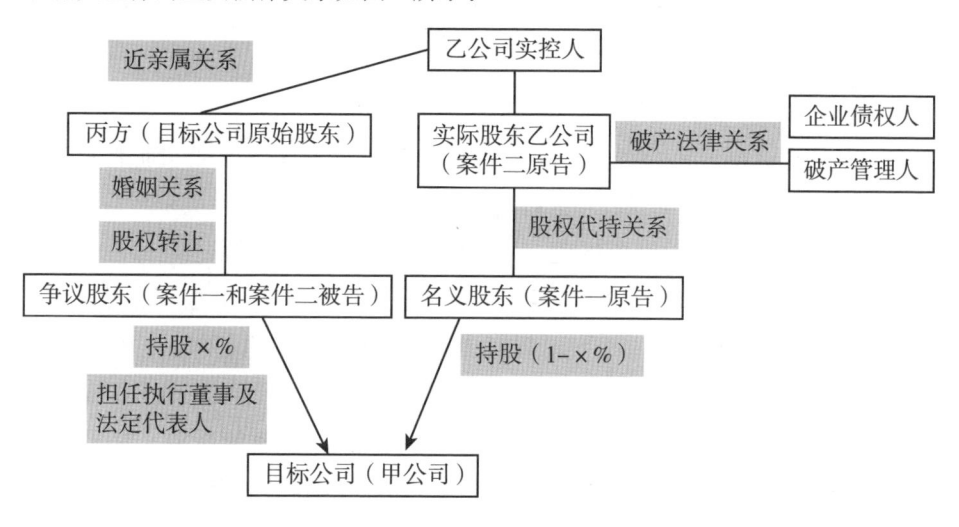

图 1 主要法律关系

关于法律关系图的说明：本所代理客户为争议股东，其配偶丙方系目标公司设立时的原始股东，后在婚姻存续期间将股权转让至争议股东；本案发生时，双方已协议离婚，离婚协议中对于目标公司的股权分割未做明确约定。

1. 诉讼背景

事件一：乙公司经人民法院裁定进入破产程序。在破产程序中，名义股东向破产管理人确认其系代乙公司持有目标公司股权，并签署了书面文件。乙公司实控人认为争议股东与乙公司亦是代持关系，争议股东不认可。

事件二：乙公司进入破产程序后，争议股东作为目标公司的执行董事和法定代表人，重新刻制公司印章，整顿公司人员，接管公司厂区。为此，名义股东和乙公司认为争议股东侵犯了其股东权益。

由于以上事件，发生了系列诉讼。

2. 诉讼纠纷

案件一：名义股东起诉争议股东，案由为损害股东利益责任纠纷，相关事实为事件二；诉请为确认相关决议无效，撤销相关工商登记。

案件二：乙公司起诉争议股东，案由为股东资格确认纠纷，相关事实为目标公司原始股东即争议股东的前配偶认可其系代持，且目标公司的全部注册资本资金均由乙公司同时支付，包括名义股东的代持部分，本案诉请为确认争议股东名下的×%股权属于乙公司所有。

二、案例难点

从被告应诉视角看，关于案件一，由于起诉的原告系名义股东而非实际股东，在审理争议股东在事件二中的行为是否恰当、是否损害其他股东利益的实质内容前，首先要解决的是程序问题。名义股东，即已确认代持的登记股东，能否主张股东损害赔偿责任？关于该问题，现实中较多的争议是实际股东有无权利直接提起股东资格类的诉讼，个案的裁判结果不尽相同，如在〔2022〕鲁11民终235号、〔2021〕鲁09民申12号等案件中，法院并不以工商登记为主体适格的充分必要条件；而在〔2019〕粤民申6871号案件中，人民法院则做出了相反认定。具体到案件一中，律师团队从程序和实体两方面进行答辩，最终人民法院以虽未办理工商登记，但名义股东不是目标公司股东，其在本案中缺乏诉的利益为由，驳回原告起诉。

相比于案件一，案件二的应诉较为困难。因丙方自认与乙公司存在代持股权关系，提供了乙公司向其进行转账后其立即向目标公司出资的银行流水，且争议

三
企业股权篇

股东的股权系从丙方通过股权受让取得,案件二的场景可简化为股权转让发生后,原股东认可其转让股权系代持,受让股东如何否定代持关系。因此,本案的应诉重点是:(1)寻找原告证据漏洞,否定丙方的自认内容;(2)寻找被告实际经营公司的证据,否定代持关系;(3)证明被告系善意取得受让股权,丙方的自认对其不产生法律效力。

三、法律分析

为系统地梳理涉第三人权益的股权代持纠纷和被告的应诉视角,法律分析从相关概念、原告诉讼指南和被告应诉指南三部分展开。

1. 股权代持纠纷中的权益主体

(1)隐名股东

隐名股东又称实际股东,是基于实际出资取得的身份。根据最高人民法院《关于适用〈中华人民共和国公司法〉若干问题的规定(三)》(以下简称《公司法司法解释三》)第24条的规定,代持协议是指有限责任公司的实际出资人与名义出资人订立的合同,约定由实际出资人出资并享有投资权益。在案件二中,乙公司主张其为实际出资人即隐名股东。

(2)显名股东

显名股东又称名义股东,是指虽然显示为公司的登记股东但并非实际投资人。在案件一中,案件二原告自认其为名义股东。在案件二中,乙公司主张争议股东是名义股东,主张理由是丙方确认了和乙公司之间的股权代持关系,争议股东受让丙方的股权成为现有登记股东,亦为名义股东。

(3)其他利益主体

目标公司、隐名股东和显名股东是股权代持纠纷必然存在的主体;若存在其他情形,该类纠纷还会涉及其他主体。例如,本案中诉争股权发生过转让,因此其他利益主体包括诉争股权的原始登记股东;本案中因目标公司已被裁定破产,其他利益主体还包括破产管理人和目标公司债权人,破产管理人根据《企业破产法》第25条的规定代表目标公司参加诉讼、仲裁或者其他法律程序,诉争股权涉及破产企业的财产范围,因此破产企业的债权人亦为案件潜在的利益相关主体。

2. 原告诉讼指南

原告诉讼指南从案由选择、诉讼主体确认、诉请列明和证据准备几个维度展开。

（1）可选择的案由

根据《民事案件案由规定》，股权代持纠纷的案由一般包括：

①股东资格确认纠纷

该类案由即要求法院确认隐名股东的股东资格，大部分股权代持案件的案由为股东资格确认纠纷。

②委托合同纠纷

股权代持协议符合委托合同的特征，因此如隐名股东与显名股东签署有《股权代持协议》，隐名股东可以委托合同纠纷为由起诉要求解除与显名股东的代持协议。

（2）诉讼主体列明方式和诉请确定

《公司法司法解释三》第21条规定，当事人向人民法院起诉请求确认其股东资格的，应当以公司为被告，与案件争议股权有利害关系的人作为第三人参加诉讼。根据前述规定，隐名股东起诉要求确认其股东资格的，应以目标公司为被告，显名股东为第三人。但实践中存在以下四种主要情况：以目标公司为被告，显名股东为第三人；以显名股东为被告，目标公司为第三人；以显名股东和目标公司为共同被告；仅起诉显名股东等。（见表1）

表1 相关案情

序号	诉讼主体列明方式	诉请	案例
1	以目标公司为被告，显名股东为第三人	1. 确认股权权属 2. 判决协助变更股权登记	山东省高级人民法院〔2020〕鲁民终588号案件中，隐名股东以公司为被告，以显明股东等利害关系人为第三人；一审法院认为，隐名股东提起该案诉讼包括隐名股东显名化的诉求，根据规定列目标公司为该案被告并无不当；二审予以维持
2	以显名股东为被告，目标公司为第三人	1. 确认股权权属 2. 解除代持协议 3. 判令协助办理股权变更登记手续	山东省淄博市中级人民法院〔2019〕鲁03民终3539号案件中，一审以显名股东为被告，以目标公司为第三人，案由为股东资格确认纠纷；二审法院认为，诉请核心内容为解除委托代持关系，故案由应为委托合同纠纷，该种诉讼主体列明方式并无不当

三
企业股权篇

续表

序号	诉讼主体列明方式	诉请	案例
3	以显名股东和目标公司为共同被告	1. 确认股权权属 2. 完成股权变更登记	北京市第二中级人民法院〔2022〕京02民终12285号案件中，原告主张其为隐名股东，将显名股东及目标公司作为共同被告；法院认为，原告的诉请实质是变更登记，而办理变更登记的主体应为目标公司，因此目标公司为适格被告；同时，法院指出，无论目标公司的诉讼地位是被告还是第三人，均不影响原告诉讼权利的行使
4	仅起诉显名股东（该类案件相对较少）	请求显名股东返还股权	最高人民法院〔2019〕最高法民终992号案件中，法院指出，该案系因原告提起的确认目标公司股权归其所有并请求被告返还该公司股权的案件，主要争议的是原告与被告之间是否存在代持股权法律关系以及被告是否应当向原告返还目标公司的股权，并非原告请求确认其股东资格案件，故不属于《公司法司法解释三》第21条所规定的应当以公司为被告的情形，因此目标公司并非该案必要共同诉讼人；由该案来看，法院认可仅起诉合同相对方并要求配合办理变更登记的可行性

（3）证据准备和应诉

①法律规定

《公司法司法解释三》第24条对代持协议效力、股东权利归属及隐名股东显名化作了具体的规定，有限责任公司的实际出资人与名义出资人订立合同，约定由实际出资人出资并享有投资权益，以名义出资人为名义股东，实际出资人与名义股东对该合同效力发生争议的，如无法律规定的无效情形，人民法院应当认定该合同有效。前述规定的实际出资人与名义股东因投资权益的归属发生争议，实际出资人以其实际履行了出资义务为由向名义股东主张权利的，人民法院应予支持。名义股东以公司股东名册记载、公司登记机关登记为由否认实际出资人权利的，人民法院不予支持。实际出资人未经公司其他股东半数以上同意，请求公司变更股东、签发出资证明书、记载于股东名册、记载于公司章程并办理公司登记机关登记的，人民法院不予支持。

《公司法司法解释三》第25条规定了显名股东处分股东权利参照善意取得进行处理："名义股东将登记于其名下的股权转让、质押或者以其他方式处分，实际出资人以其对于股权享有实际权利为由，请求认定处分股权行为无效的，人民法院可以参照民法典第三百一十一条的规定处理。名义股东处分股权造成实际出资人损失，实际出资人请求名义股东承担赔偿责任的，人民法院应予支持。"

《全国法院民商事审判工作会议纪要》（以下简称《九民纪要》）第28条【实际出资人显名的条件】规定了隐名股东显名的条件："实际出资人能够提供证据证明有限责任公司过半数的其他股东知道其实际出资的事实，且对其实际行使股东权利未曾提出异议的，对实际出资人提出的登记为公司股东的请求，人民法院依法予以支持。公司以实际出资人的请求不符合公司法司法解释（三）第24条的规定为由抗辩的，人民法院不予支持。"

②案例分析

在未签订书面代持协议的情况下，代持法律关系如何认定？笔者列举部分案例加以说明（见表2）：

表2 部分案例

序号	案号	代持相关证据	法院观点
1	〔2021〕最高法民申5726号	1. 缴纳注册资本的凭证 2. 显名股东出具的收据及承诺书，载明代持事宜（仅复印件） 3. 证人证言，证明公司由隐名股东实际经营管理	前两项证据足以证明由隐名股东实际出资，承诺书证明成立委托代持关系。证人证言及公司实际经营管理情况可证明公司由隐名股东实际经营管理，亦可证明存在委托代持关系
2	〔2015〕民二终字第96号	1. 转账凭证，证明实际缴纳注册资本	1. 双方之间有多笔往来款，该笔转账未备注用途，关于该笔资金的用途有多种可能，并不能必然、排他地认定为出资

三
企业股权篇

续表

序号	案号	代持相关证据	法院观点
2	〔2015〕民二终字第96号	2. 董事会决议，推选其为董事 3. 其他股东对其身份的证人证言等	2. 证人与隐名股东之间存在利害关系，证人证言的证明力较弱 3. 法院观点：代持股关系应当基于委托关系形成，委托关系为双方法律行为，需双方当事人有建立委托关系的共同意思表示，签订委托合同或者代持股协议；对未签订合同但双方当事人有事实行为的，也可以依法认定存在委托代持股关系，并以此法律关系确定双方当事人的民事权利和义务。单方法律行为不能建立委托代持股份关系。该案中隐名股东未提交其与显名股东之间关于建立委托关系或者代持股关系的协议，其提交的其他证据也不能证明其与显名股东之间对委托关系或者代持股关系形成了共同意思表示或者其间实际形成了事实上的代持股份关系。因隐名股东在该案中未能提供直接证据证明其主张，提交的间接证据未能形成完整的证据链，不具有排他性，举证不具有优势，其在该案中的诉讼主张，法院不予支持
3	〔2016〕京0111民初10915号	1. 户口簿、1999年身份证，另一位代持人的说明、显名股东与隐名股东之母证言、公司总经理证言。共同证明因出国无身份证和户口，无法设立公司，系代持的原因 2. 出资凭证 3. 对外签署的合同、开具的发票，实际经营管理公司	虽然隐名股东提交的每一项证据本身单独不足以证明其为显名股东此前所持股权的实际出资人及双方存在股权代持关系，但综合其所有的证据、相关人员的说明及有关情形所推出的结论，从双方形成股权代持关系的起因、公司成立、发展过程中的资金投入和注册资金来源、隐名股东在公司发展中起到的与股东身份匹配的重要作用等多个方面对主张进行了证明，形成了较为完整的证据链，使法院能够据此形成较为充分的心证，能够认定存在股权代持关系

③总结

在未签署股权代持协议的情况下，应综合考量代持原因是否合理、双方是否形成代持合意、是否实际出资、是否实际参与公司经营管理以及其他股东意见，以此判断双方是否构成代持关系。

3. 公司诉讼指南及现有登记股东诉讼指南

在公司为现有登记股东所实际控制的场景下，公司的答辩思路和现有登记股东的答辩思路容易出现完全一致的情形。完全一致的意见有其优势，可以显示现有登记股东对公司的控制权，进而佐证现有登记股东实际行使了股东权利系公司股东；但完全一致的意见亦有弊端，可能导致法院对公司在案中独立性的质疑以及采信其答辩意见的困难。那么，如何答辩既能体现公司的独立性又能体现股东的控制权？我们建议按照下列思路来区分两者的答辩意见：

（1）被告（目标公司）的答辩思路和证据准备

目标公司主要从公司股东名册显示现有登记股东情况、公司成立背景、股东会决议中现有登记股东实际参与经营管理角度进行抗辩。

（2）现有登记股东的答辩思路和证据准备

第一，不同于一般的股权代持纠纷，在控制权争夺场合，代持关系的否认要从被告系实际股东展开，而不是直接否定原告证据。笔者团队认为，认定股东身份的两个核心要素分别是出资与实际经营管理，现有登记股东可以重点从前述两方面展开，实际对股权出资或以其他方式合法受让股权；关于公司的经营管理，可从实际管理公司印章、签署业务合同、独立行使股东表决权利而无其他人授意角度进行答辩。在案件二中，笔者团队准备了目标公司执照、印章及股东会决议等证据，用以证明争议股东以股东身份实际控制目标公司的运营，系实际股东。

第二，从破解原告证据角度及法律规定展开。在案件二中，笔者团队提出代持关系的确认要以投资发生这个节点的各方意思表示为准，本案中乙公司提交的代持确认文件有丙方后补的文件，其与争议股东有利害关系，单方不利证明不具有说服力，不能作为单独认定案件事实的根据。同时，结合善意取得的法律规定，代持关系亦对争议股东不具有约束力。

四、裁判结果

争议股东作为被告，案件一和案件二均取得胜诉判决，实际运营管理目标公

三
企业股权篇

司至今。在案件一股东损害赔偿责任纠纷中，人民法院基于原告系名义股东不具有诉的利益，从程序上驳回其起诉。在案件二股东资格确认纠纷中，人民法院基于原告和被告的证据及法律规定驳回了乙公司的诉讼请求。

五、案例提示

创始团队对公司的控制权应当是多维度的。首先，创始团队在法律途径上依赖股东权利来实现对公司的控制权，主要方式包括通过表决权影响公司重大经营策略，直接任职以及任免公司管理人员；这些内容均应安排签署对应的书面文件，尤其发生股权变动时更应主动布局，否则法律途径的控制可能落空。其次，创始团队还可通过担任法定代表人、控制公司证照及印章、控制资金支付系统和文件资料等实践方式控制公司。限于篇幅，具体内容可参阅笔者与于娟娟合著的《创始人股权融资手册》第217~218页。

新三板公司股权代持案例分析

李 楠

一、案例介绍

A 为某国企高管，曾于 2020 年委托自然人 B 代为持有 C 公司的股份，C 公司为新三板挂牌公司，于 2020 年开始定向增发募集资金。A 基于对定向增发信息的了解拟购入相应股份，但因未开通交易账户而借用 B 的账户进行投资。B 因了解到 C 公司定向增发的情况，也希望购入股权。因此双方共同购入 C 公司 50 万股股份，其中自然人 A 购入 33 万股，由自然人 B 持有。自然人 B 购入 17 万股并自行持有。2024 年因自然人 A、B 二人关系破裂，A 作为原告起诉 B 和 C 公司，要求确认股东资格及配合办理股权变更登记手续。A 委托上海锦天城（天津）律师事务所并由本所指派李楠律师进行代理工作。依据法律规定，本案需要到 C 公司所在地法院提起诉讼，并将 C 公司列为被告，自然人 B 列为第三人。承办律师接到委托后经了解 A、B 之间没有书面协议，只有微信聊天记录，双方对于代持合意、代持期间、股权返还、股东权利行使等均无书面约定，仅有微信聊天中的只言片语。通过分析法律关系、检索相关法律规定及判例、组织相关证据，最终案件取得胜诉判决，判决确认自然人 A 享有 C 公司 33 万股股权。自然人 B 和 C 公司配合 A 办理股权变更登记手续。

二、案例难点

通过代理案件前期组织证据，我们发现由于自然人之间当时基于信任所形成的代持或委托关系，并没有固定的书面证据，关于股权代持的合意、股权认购款的支付、股东权利的行使等均没有相关证据，由此会增加打官司的难度。本案在代理过程中存在以下难点：

1. 自然人 A 和 B 之间没有书面的委托代持协议，代持合意并不固定。股权代持法律关系的本质是委托关系，对于委托合同双方之间的权利义务需要进行明确的约定。在无约定的情况下，如 B 否认代持行为或代持合意，则 A 有可能无法进一步举证证明双方存在股权代持的合意。

2. 股权认购款的支付路径并不直接，自然人 A 无法直接证明已经履行股权认购义务。经核查案件信息可知，自然人 A 并未直接将股权认购款向 B 进行支付，而是向自然人 B 的下属员工 D 进行了支付，而 A 与 D 之间并无任何联系方式，如 D 否认 A 支付的款项为股权认购款，那么 A 有可能面临无法证明已支付了股权认购款的风险。

3. 自然人 A 和 B 之间对于新三板挂牌公司的股权代持行为有可能被认定为无效。在自然人 A 和 B 进行股权代持行为之时，C 公司尚处于新三板挂牌期间，虽然在起诉之时 C 公司已经摘牌，但对于当时的代持行为是否合法有效，在诉讼之时存在争议。如代持行为被认定为无效，那么 A 将无法获得股东资格。

三、法律分析

对于本案可从案件管辖、案件主体列明、法律适用等角度进行法律分析。

1. 此类案件的诉讼管辖地、原告和被告主体身份的列明

《民事诉讼法》第 27 条规定，因公司设立、确认股东资格、分配利润、解散等纠纷提起的诉讼，由公司住所地人民法院管辖。最高人民法院《关于适用〈中华人民共和国公司法〉若干问题的规定（三）》第 21 条规定，当事人向人民法院起诉请求确认其股东资格的，应当以公司为被告，与案件争议股权有利害关系的人作为第三人参加诉讼。因此，此类案件与普通的被告所在地管辖不同，属于特殊管辖类型案件，应由公司住所地法院管辖。同时，将公司列为案件被告，与股权争议相关的利害关系人为案件第三人参加诉讼。

2. 新三板公司股权代持法律关系的合法有效性

值得注意的是，在本案诉讼期间尚无明确法律规定及相关解释认定新三板公司股权代持法律关系的法律效力。2024 年 8 月 29 日，最高人民法院发布了《法答网精选答问（第九批）》，其中明确：鉴于现行证券法及资本市场相关制度规则对于非上市公众公司的信息披露真实准确完整的原则、股权清晰及证券账户实

名制等方面与上市公司的要求总体是一致的，因此禁止违法代持新三板挂牌公司股权，并进一步将违反新三板相关监管规定的行为认定为属于违背公序良俗的范畴，认定代持合同无效。由此可知，目前的主流法律观点认为新三板公司股权代持法律关系应认定为无效。

3. 新三板公司股权代持无效的法规依据

通过对《法答网精选答问（第九批）》的解读，我们的理解是，鉴于目前对于新三板公司管理的主要依据为《非上市公众公司监督管理办法》及《全国中小企业股份转让系统业务规则（试行）》，其中前者属于部门规章，后者属于行业规范，均不属于法律行政法规范畴，因此不宜将违反上述文件的行为纳入"违反法律、行政法规"的范畴；但两份规定中均列明了新三板公司股权清晰、信息披露义务等原则性规定，并作为行政机关监管的重点，因此将违反股权清晰、信息披露义务等原则性规定认定为属于违背公序良俗的行为，并依据《民法典》第153条第2款的规定认定代持新三板公司股权行为无效。

4. 新三板公司股份代持认定无效后的处理方式

依据《民法典》第157条的规定，民事法律行为认定无效后，应恢复到民事法律行为发生之前的状态，先各自返还，无法返还的折价补偿，并由过错方承担赔偿责任。但由于股权并非仅有财产权属性，并考虑到公司股权结构的稳定性、公众投资者的利益等，如完全适用法律规定进行财产返还等会影响其他主体利益，因此《法答网精选答问（第九批）》中提到三项原则：

（1）被代持方具备持有股权资格的，法院可根据当事人申请判令被代持方拥有股权并办理过户手续。

（2）如被代持方不具备上市公司股权资格，将股权进行变价，变价款项归属被代持方，并依据公平原则处理代持双方的报酬争议。

（3）对于违法代持行为应由行政管理部门给予行政处罚并没收违法所得。

对于以上处理方式的解读可进一步理解为：在能够实现被代持方股东资格的情况下，应对其股东资格予以确认；同时对于上市公司及公众公司的违法代持行为要由监管部门给予严厉处罚。

5. 上市公司及非上市公众公司股份代持案件的司法裁判现状

通过专业法律检索软件输入关键词"股权代持""上市公司""非上市公众公司"，检索近一年此两类公司股权代持案件的案例显示，在北京、上海、广州

三 企业股权篇

地区基本认定上市公司、非上市公众公司代持股权行为无效，同时判令返还投资款。其中，在广州市中级人民法院的案例中，因最初投资款与股票现价值差异过大，考虑代持与被代持方均存在过错的情况下为平衡双方利益，在返还股权现价值的基础上，由双方对半承担贬值损失。具体案例情况简述如下（见表1）：

表 1　案情简述

法院	案号	案由	裁判结果
北京市第二中级人民法院	〔2023〕京02民终13553号	合同纠纷	新三板公司股权代持协议无效，代持方返还投资款并支付利息
上海市浦东新区人民法院	〔2023〕沪0115民初51838号	请求公司收购股份纠纷	非上市公众公司的股权代持协议无效，判令代持方返还投资款并按照一年期贷款市场报价利率支付利息
广东省广州市中级人民法院	〔2023〕粤01民终13540号	合同纠纷	非上市公众公司股权代持协议无效。依据代持股权现价值退还给投资方款项，并由双方承担股票贬值产生的损失

上述案例中认定非上市公众公司代持行为无效的主要法律依据为：

《非上市公众公司监督管理办法》第3条规定，公众公司应当按照法律、行政法规、该办法和公司章程的规定，做到股权明晰，合法规范经营，公司治理机制健全，履行信息披露义务。第21条规定，公司及其他信息披露义务人应当按照法律、行政法规和中国证监会的规定履行信息披露义务，所披露的信息应当真实、准确、完整，不得有虚假记载、误导性陈述或者重大遗漏。公司及其他信息披露义务人应当及时、公平地向所有投资者披露信息。

《全国中小企业股份转让系统业务规则（试行）》第2.1条规定："股份有限公司申请股票在全国股份转让系统挂牌……应当符合下列条件：……（四）股权清晰，股票发行和转让行为合法合规……"

综上所述，上市公司与非上市公众公司的股权代持行为在司法裁判实践中基本已被确定为无效。

6. 有限责任公司及股份有限公司的股权代持类案件的司法审查重点

股权代持行为在各种类型公司中普遍存在。上市公司及非上市公众公司的认购主体涉及社会不特定公众主体，因此监管较为严格，进而认定此两类公司的股权代持行为无效。但在其他类型公司案件中，在不违反其他规定如《商业银行股权管理暂行办法》明确提出商业银行股东不得委托他人代持等监管要求的情况下，股权代持行为一般认定为有效。对于此类案件发生的争议，区分不同公司类型，法院主要审查以下重点：

（1）有限责任公司的股权代持审核要点

依据最高人民法院《关于适用〈中华人民共和国公司法〉若干问题的规定（三）》第24条的规定，被代持股东如希望达到显名股东的目的，法律规定的要件主要如下：

①双方具有股权代持合意。实践中代持方与被代持方之间可能会存在较为规范的代持协议也可能只是基于约定，约定的表现形式可能是微信聊天记录。但无论双方约定是否严谨，主要在于审核双方之间是否存在真实的股权代持合意。

②被代持方履行了出资义务。出资义务的履行往往是被代持方将资金支付给代持方，并通过代持方的账户向目标公司进行出资，因此保留好资金支付记录是证明被代持方履行出资义务的重要证据之一。

③实际出资人请求变更股东登记，需取得其他股东半数以上同意。因有限责任公司为封闭型公司，股东之间的人合性要求较为高，因此如被代持方希望进入公司成为股东，需获得其他过半数以上的股东同意；否则，无法取得股东资格。

（2）股份有限公司的股权代持审核要点

现行法律并未对股份有限公司股权代持行为的构成要件作出明确规定。人民法院案例库中的参考案例，入库编号为2023－08－2－262－009号，曾提出裁判要旨："股份有限公司的实际出资人要求显名具备代持协议合法有效和实际出资或认缴出资两个条件即可"。结合参考案例的裁判要旨可归纳为以下三点：①股份代持协议合法有效；②实际出资人履行实缴或认缴出资义务；③被代持股东要求进行股东变更登记无须过半数以上股东同意。

实践中除审核以上法定要件外，还会基于公司章程对被代持方的股东资格进行审核，以及将被代持方是否参与公司管理等作为辅助要件进行审查。需提示注意的是，在股东资格确认类纠纷案件中被告为目标公司而并非代持股东。我们理解其背后的法律逻辑是，对于股东资格的确认是公司与股东之间的纠纷，虽然司法实践中经常发生争议的是代持方和被代持方，但在被代持方诉请显名的案件中，代持协议的履行情况并非此类案件的审核重点，代持双方之间的争议可通过合同类案由予以解决。

四、裁判结果

本案通过我们对聊天记录的客观还原，并追加收款主体为案件第三人，同时基于C公司已经从新三板摘牌的事实，在庭审中确定了双方之间的委托代持关系，并还原了自然人A已经实际支付了股权认购款的事实。最终法院判决自然人A持有C公司33万股股权，自然人B和C公司配合办理股权变更登记手续。

五、案例提示

股权代持行为在公司治理中屡见不鲜，代持方与被代持方之间的争议、被代持方与公司之间的争议成为此类行为的主要争议主体。通过现行法律规定和司法裁判结论的汇总，可明确的是上市公司和非上市公众类公司的代持行为会被认定为无效，无效的前提下被代持方希望获得公司股权的诉求会落空。对于普通非上市类型公司，代持行为在不违反监管要求的情况下一般会被认定为有效，在代持行为有效的前提下解决代持方、被代持方及公司三方之间的争议。如进行股权代持，先要辨别公司的类型。如果是上市公司，那么股权代持行为是法律所禁止的，被代持主体无法获得股东资格。如果是新三板公司，那么法律原则上是禁止代持行为的，因此新三板公司的代持行为也存在法律风险。如果是有限责任公司，被代持主体如要显名还需征得过半数以上股东的同意。因此，在进行股权代持之前，先辨别公司类型，再做好协议安排。

一人公司股东人格否认应诉策略应用

王丽婷

一、案例介绍

a公司为A公司的全资子公司，因a公司无力清偿其对外负债，债权人向法院起诉，法院判决a公司履行还款责任。后因a公司未能履行生效判决，债权人申请强制执行，因a公司没有可供执行财产，法院作出终结本次执行程序裁定。

债权人以a公司系一人公司为由，申请追加该一人公司股东——A公司为案件被执行人，与a公司连带承担清偿责任。此外，因a公司负债累累，债权人众多，类似追加案件在全国范围内有数十起。A公司作为被申请人，在其财产及人格与a公司不存在混同前提下，应如何举证从而达到既要避免被追加为被执行人，同时在一定程度上也有效保护A公司的内部经营及财务信息的目的。

二、案例难点

司法实践中，各辖区法院甚至同一辖区内的不同法院对一人公司股东财产与公司不存在混同认定的标准不一致，导致各法院依据相同法律规定对举证责任的分配以及举证程度的认定理解不一致，从而作出不同的裁判结果。最高人民法院审理的此类案件中，因案件背景不同，认定标准也不完全统一，这导致最高人民法院相关判例对各地法院同类案件不具有普遍指导意义，股东在应诉举证时存在一定困难。

笔者通过大量债权人以一人公司股东与公司财产混同为由主张股东承担连带责任的实务案件，结合最高人民法院及地方高级人民法院的生效裁判文书审判思路以及《公司法》的修订，旨在为一人公司股东提供借鉴思路，既为一人公司股东对公司的日常管理经营提供经验，防止因管理不当日后承担连带责任，同时也为已涉诉的此类股东举证提供参考。

三、法律分析

1. 相关法律规定

（1）《公司法》

《公司法》第 23 条规定，公司股东滥用公司法人独立地位和股东有限责任，逃避债务，严重损害公司债权人利益的，应当对公司债务承担连带责任。股东利用其控制的两个以上公司实施前述规定行为的，各公司应当对任一公司的债务承担连带责任。只有一个股东的公司，股东不能证明公司财产独立于股东自己的财产的，应当对公司债务承担连带责任。

（2）最高人民法院《关于民事执行中变更、追加当事人若干问题的规定》

最高人民法院《关于民事执行中变更、追加当事人若干问题的规定》第 20 条规定，作为被执行人的一人有限责任公司，财产不足以清偿生效法律文书确定的债务，股东不能证明公司财产独立于自己的财产，申请执行人申请变更、追加该股东为被执行人，对公司债务承担连带责任的，人民法院应予支持。

（3）《全国法院民商事审判工作会议纪要》

根据《全国法院民商事审判工作会议纪要》第 10 条的规定，认定公司人格与股东人格是否存在混同，最根本的判断标准是公司是否具有独立意思和独立财产，最主要的表现是公司的财产与股东的财产是否混同且无法区分。在认定是否构成人格混同时，应当综合考虑以下因素：

①股东无偿使用公司资金或者财产，不作财务记载的；

②股东用公司的资金偿还股东的债务，或者将公司的资金供关联公司无偿使用，不作财务记载的；

③公司账簿与股东账簿不分，致使公司财产与股东财产无法区分的；

④股东自身收益与公司盈利不加区分，致使双方利益不清的；

⑤公司的财产记载于股东名下，由股东占有、使用的；

⑥人格混同的其他情形。

在出现人格混同的情况下，往往同时出现以下混同：公司业务和股东业务混同；公司员工与股东员工混同，特别是财务人员混同；公司住所与股东住所混同。人民法院在审理案件时，关键要审查是否构成人格混同，而不要求同时具备其他方面的混同，其他方面的混同往往只是人格混同的补强。

2. 裁判案例检索

（1）股东未提交审计报告情形

在以一人公司股东财产与公司财产混同为由的案件中，如股东未能提交按年度编制的财务报告且经审计，或提交在诉讼期间形成的审计报告，均将面临举证不能承担连带责任的风险。虽然《公司法》删除了2018年《公司法》第62条关于一人有限责任公司应在年终编制财务会计报告的特别规定，但第208条延用了2018年《公司法》第164条的规定，即公司不再区分企业形式，均应在每一会计年度终了时编制财务会计报告，并依法经会计师事务所审计。这意味着一人公司仍应按要求编制财务会计报告并进行审计，否则将直接可能导致被认定为财产混同。

最高人民法院〔2020〕最高法民申3767号民事裁定书认定，张某正、原某华提交的《破产审计报告》《审计报告》系张某正、原某华方单方委托作出，且上述审计报告并非依据2018年《公司法》第62条规定的一人有限责任公司应当于每一会计年度终了时依法进行的专门审计，一审、二审判决认定《破产审计报告》《审计报告》不能客观反映大润公司财务状况，张某正、原某华未能提交有效证据证明其二人的个人财产与大润公司财产相互独立，故对张某正、原某华的诉讼请求不予支持，并无不当。最高人民法院〔2021〕最高法民申1539号民事裁定书认定，万合置业公司原审提交的年报审计报告系在该案诉讼期间形成，并非万合置业公司在运营过程中依据2018年《公司法》第62条关于"一人有限责任公司应当在每一会计年度终了时编制财务会计报告，并经会计师事务所审计"之规定进行的正常年度审计，不能客观真实地反映公司财务状况，无法证明万合置业公司与中州桂冠公司的财产相互独立。

因此，在以一人有限责任公司股东财产与公司财产混同为由追加的案件中，如股东未能提交按年度编制的审计报告，或提交在诉讼期间形成的审计报告，均将直接面临因举证不能被认定为混同从而最终成为被执行人的风险。

三
企业股权篇

（2）股东提交审计报告但未委托第三方审计情形

如一人公司依法审计，按照法律规定在每一会计年度终了时编制财务会计报告，且双方均未委托进行财产是否混同专项审计，实践中有不同的裁判结果。

最高人民法院〔2020〕最高法民申 4272 号民事裁定书载明，力帆乘用车公司的股东力帆集团公司已经提交《力帆乘用车公司审计报告》（2019）、《力帆集团公司审计报告》（2019）、力帆乘用车公司《出资（股东）情况》、房地产权利证书、房地产权利登记信息等证据，能够证明力帆集团公司与力帆乘用车公司之间的财务账目规范清晰，财产相互独立。铁城信科公司不予认可，但并未提供证据予以反驳。故二审法院据此认定力帆集团公司对力帆乘用车公司在该案中的债务不应承担连带清偿责任并无不当。由此可见，在最高人民法院的生效裁判中，认同股东提交审计报告及其他财产独立证明文件可以实现充分举证的效果。

然而，最高人民法院也有相反的裁判结果。最高人民法院〔2019〕最高法民终 203 号民事判决书载明，该案二审期间，冀东公司提交了瑞丰公司年度审计报告、会计报表、人员结构和经营合同，审计报告系瑞丰公司单方委托进行审计，审计报告显示瑞丰公司财务报表按照企业会计准则的规定编制，公允反映了公司 2015 年度和 2017 年度的经营成果和现金流量等企业基本情况，但不能证明冀东公司财产独立于瑞丰公司财产。据此，法院判决冀东公司对瑞丰公司债务承担连带责任。

因此，未委托第三方审计情形下，一人公司股东是否应承担连带责任有待深入探讨。也正因如此，下文关于举证策略研究才更具有现实意义。

（3）股东委托第三方审计

股东能否通过提交年度审计报告以尽到充分举证义务，在司法实践中认定标准不一，仅提交审计报告存在败诉风险；如股东欲充分举证，可通过委托第三方专项审计的方式。对此，最高人民法院的裁判观点相对一致：如股东与一人公司就财产是否相互独立委托第三方专业机构专项审计结论为财产不存在混同，且债权人也未有其他证据证明财产存在混同，法院通常认定为股东不对一人公司债务承担连带责任。最高人民法院〔2020〕最高法民申 356 号民事裁定书载明，作为一人有限责任公司股东的恒丰行公司已提交《公司董事决议证明》、《独立核数师报告》及人民法院委托会计师事务所作出的专项审计报告等证据证明其财产与峰达公司财产相互独立。在恒丰行公司已证明峰达公司财产独立于其自己财产的情况下，原判决驳回高德公司追加恒丰行公司为被执行人的诉讼请求并无不当。最高人民法院〔2020〕最高法民申5116号民事裁定书认定，一审法院向国发节能公司、国发后勤公司、郭某成释明启动司法审计的必要性，告知国发华企公司及其三股东作为持有人有义务配合提供财务账册，对举证责任的分配并无不当。在法院释明法律后果的情况下，国发华企公司及其股东仍不同意财务审计且不配合提供财务账册，故根据最高人民法院《关于民事诉讼证据的若干规定》第48条的规定，原审法院认定案涉财务账册记载了财物混同内容，并无不当。

此外，有些案件中虽提交了专项审计报告，但如股东与公司账目存在密切关联，或存在《全国法院民商事审判工作会议纪要》中认定股东与公司人格混同情形之一的，或存在通过利用其控制的两个以上公司实施滥用公司法人独立地位和股东有限责任损害债权人利益行为的，一人公司股东仍有可能被认定为财产混同。最高人民法院〔2017〕最高法民申4905号民事裁定书载明，虽然原审中黄某明提供了澳雷朗公司2007年至2014年的审计报告以及《专项审计报告》，但是账目显示澳雷朗公司与黄某明及其妻吕某红之间资金往来密切，因此原审认为上述证据不能证明股东与公司财产独立，并判令黄某明对澳雷朗公司的债务承担连带责任，并无不当。

3. 举证策略

根据上述裁判观点的分析整理，以及笔者在代理此类案件过程中的经验，一人股东在此类案件中进行应诉举证时，可视债权人不同情况及举证能力区分处理：

（1）公司在年终进行财务审计是《公司法》对公司的法定要求。如一人公司不能提供年度审计报告，易被法院认为未尽到充分举证义务，不能证明股东财产与公司财产相互独立，则股东需承担连带责任的可能性较大。因此，如债权人仅以工商记载的一人公司股东作为证据，则股东可通过提交股东与一人公司的工商登记信息、公司章程、无保留意见的年度审计报告作为其证明两主体财产相互独立的证据。

（2）如债权人进一步提交有可能被法院认定为财产混同的证据，则一人公司股东还应结合财务账簿、资金往来做进一步说明，避免被认定为财产混同或滥用股东权利从而承担连带责任，必要时可以考虑委托专项审计。

（3）如除财务混同外，债权人具有初步证据证明一人公司股东存在滥用股东

三 企业股权篇

有限责任和独立地位逃避债务的可能,则一人公司股东应从管理、业务、人员、场地等方面全面举证。

(4)《公司法》第54条规定,公司不能清偿到期债务的,公司或者已到期债权的债权人有权要求已认缴出资但未届出资期限的股东提前缴纳出资。这就意味着一人公司未能清偿到期债务,即便一人公司股东不存在财产混同,也将有可能被要求提前缴纳出资。因此,为避免债权人以股东未足额出资、虚假出资为由向股东主张连带责任,一人公司股东在应对此类案件时需事先自查出资情况,尽量提供能够证明股东足额出资事实的证据。从举证策略上,在提交上述证据的同时,一人公司股东可向法院申请对相关信息予以保密、不公开质证等,从而有效保护企业的经营信息及财务数据。

实务中,可考虑从如下方面进行举证(见表1):

表1 举证要点

类别	证据
财务	案涉债务发生至庭审日的历年财务审计报告;财务管理制度;出资证明;财务凭证
主体	营业执照;公司章程;公司工商登记信息
人员	公司董监高成员名单;社保明细;人员任免文件
场地	不动产权证书;租赁合同;租金及物业费缴费明细
管理/业务	管理制度;业务审批制度;相关业务签批文件

注:如一人有限责任公司与股东均为当事人,则两主体可根据情况分别提交上述证据;如当事人为股东,则可将一人有限责任公司与股东的证据一并提交。以上证据为此类案件中共性证据,具体可结合案件情况进一步补充完善。

虽然第三方出具的专项审计报告为证明力最强的一类证据,但笔者认为委托第三方审计并非审理此类案件的必要证据,还需结合具体情形区别处理。其理由如下:

(1)未有法律规定必须委托第三方审计。《公司法》及其他法律法规均未规定证明财产混同需以专项审计为必要前提。如采用"一刀切"的方式将所有财产混同案件都推向专项审计,将弱化现有法律规定及法院审判职权,有悖于立法原则和精神。

(2) 强制委托第三方审计会发生诉累，降低债权人的举证责任，不利于一人公司及股东开展经营活动。《公司法》对一人股东财产混同实行举证责任倒置，但并不意味着完全豁免了债权人的举证责任。商事主体尤其是集团体系中公司与关联企业发生财务往来不可避免，如果每一个案件均需两主体提供全部财务往来和数据信息以供审计需要，则会纵容无任何证据的债权人恣意提出申请，同时使一人公司及股东被动举证，并将经营信息、财务数据公之于众，这显然不利于商事经营活动。

(3) 审计费用负担问题。第三方审计的启动通常由当事人自行向法院提出申请，或经法院释明由任何一方进行委托。这将导致债权人前期垫付高额审计费用，或即便一人公司股东启动审计程序，一旦审计结果对债权人不利，审计费用最终由债权人承担。如审计工作量较大，则债权人将面临主张一人股东连带责任的诉请不能被支持情况下还需承担高额审计费的情形，进一步激化各方矛盾，容易引发其他社会隐患。

四、裁判结果

通过上述分析研究及举证应诉，最终在全国不同省市数十余件类案中，无任何一件案件追加 A 公司为案件被执行人，化解 A 公司数亿元债务纠纷。

五、案例提示

相较于 2018 年《公司法》第二章第三节以 7 个法律条文对一人有限责任公司进行特殊规定，现行《公司法》除了删除一人有限责任公司的专节规定，还就一人公司的企业形式、股东类型、股东责任等问题作出实质性修改。现行《公司法》第 23 条将 2018 年《公司法》第 20 条关于股东滥用权利和公司法人独立地位的法律责任及第 63 条一人有限责任公司股东举证责任倒置的规定进行系统修订合并成一个条款，另在该条增加一款明确规定股东利用其控制的两个以上公司实施滥用公司法人独立地位和股东有限责任，逃避债务，严重损害公司债权人利益行为的情形下应承担连带责任，实质上严格限制股东权利，在一定程度上化解债权人风险。

需要提示的是，公司有限责任和法人独立地位不是股东滥用权利的"尚方宝剑"。通过上述分析可知，虽然案件申请人均以一人有限责任公司财务混同为由

三
企业股权篇

申请追加一人有限责任公司股东为被执行人,但对于不同案件情况及不同举证能力的申请人,一人有限责任公司股东可视情况提交证据以起到充分举证的效果。本文能够对一人公司股东予以启发,参考上述分析建议完善企业内部管理,强化内部运营及监管体系,建立健全风险应对机制,将企业发展壮大。

审计报告在一人公司股东连带责任案件中的证据认定规则分析

光利岗　李冀君

新《公司法》第23条第3款规定,只有一个股东的公司,股东不能证明公司财产独立于股东自己的财产的,应当对公司债务承担连带责任。"该规定延续了原《公司法》第20条、第63条[①]的立法精神,即对一人公司财产是否独立于股东的判断采取举证责任倒置。同时,最高人民法院《关于民事执行中变更、追加当事人若干问题的规定》第20条[②]也规定特定情形下可以追加一人公司股东为被执行人。因此,债权人可以将作为债务人的一人公司的股东列为被告或申请追加为被执行人。此时,股东为免除自己的连带责任,一般会提供年度财务审计报告或专项审计报告(以下统称审计报告)以证明自己的财产与一人公司财产相互独立。但是,是否只要提供了审计报告就能当然免除股东的责任?法院对审计报告的审查范围、深度如何界定?笔者根据近年来代理的7起针对一人公司股东承担连带责任的案件(被告相同的案件视为一起案件),结合部分同类案件的司法观点,对审计报告在此类案件中的证据认定规则进行分析和研究。

---

① 原《公司法》第63条规定:"一人有限责任公司的股东不能证明公司财产独立于股东自己的财产的,应当对公司债务承担连带责任。"

② 最高人民法院《关于民事执行中变更、追加当事人若干问题的规定》第20条规定:"作为被执行人的一人有限责任公司,财产不足以清偿生效法律文书确定的债务,股东不能证明公司财产独立于自己的财产,申请执行人申请变更、追加该股东为被执行人,对公司债务承担连带责任的,人民法院应予支持。"

三
企业股权篇

一、案例介绍

笔者代理的上述 7 起案件，可以分为三类：

第一类为被告一人公司及股东无法提供审计报告及其他证明公司财产独立的证据，因其违反了新《公司法》第 208 条①（原《公司法》第 62 条）的法定义务，导致一人公司与股东之间财产是否独立的事实无法查明，一人公司及股东应承担举证不能的法律后果，由其股东对一人公司债务承担连带责任。

第二类为被告一人公司及其股东公司均提供了连续 2~3 个自然年度的无保留意见审计报告，法院均采信其证据效力。其中：

建设工程施工合同纠纷一案中，原告为施工总包单位，被告为建设单位及其股东，该建设单位为一人公司，其股东为上市公司，原告依据原《公司法》第 63 条将建设单位、股东公司一并起诉。诉讼中，一人公司、股东公司均提交了连续 3 个自然年度的审计报告，以证明一人公司与股东公司之间财产相互独立，股东公司无须对一人公司债务承担连带责任。原告指出审计报告中记载了一人公司与股东公司之间存在 3400 万余元大额交易往来的事实，但审计报告仅披露了交易数额，未披露有关交易过程、交易内容等信息，因此被告应进一步举证证明该交易的真实性和独立性，但被告未举证。此外，原告要求被告提供一人公司与股东公司管理相互独立的证据，股东公司为此提供了财务管理制度、部分人员劳动合同，一人公司未提供任何证据。原告综合上述信息认为，被告一人公司与其股东公司之间存在财务、人员、管理上的混同。

委托合同纠纷一案中，被告一人公司欠付原告货款，一人公司、股东公司在诉讼中提供了各自连续 2 个自然年度的审计报告，审计报告显示双方存在账龄超过 1 年的 1100 万余元的资金往来，列明款项性质为"往来款"，未偿还或结转的原因为"未到结算期"，此外还有 452 万余元的应收账款。但审计报告中对上述 1100 万余元资金涉及的交易内容、交易原因、交易过程等未作进一步详细描述或披露，对应收账款也未作任何说明。原告认为，被告股东公司、一人公司作为负债经营的企业，其中一人公司注册资本 100 万元的情况下，负债额已经超过

---

① 新《公司法》第 208 条规定："公司应当在每一会计年度终了时编制财务会计报告，并依法经会计师事务所审计。财务会计报告应当按照法律、行政法规和国务院财政部门的规定制作。"

1000万元，其有义务提供相应的会计凭证等资料佐证。原告还提供了一人公司与其股东存在办公场所位于同一地点、管理人员交叉任职和参与管理、法人是同一人等管理混同的初步证据。

第三类为一人公司因为各种原因没有按照《公司法》的要求编制年度财务会计报告，但股东公司在诉讼或者执行程序中对一人公司进行了专项审计，法院最终均采纳了该专项审计报告，认定双方财产独立。其中：

股东损害公司债权人利益责任纠纷一案中，一人公司的某债权人以一人公司不能清偿债务系因股东滥用股东权利，将股东财产与公司财产混同所致为由，要求股东承担连带责任。因一人公司已经停止经营，股东公司在诉讼过程中提交了单方委托第三方制作的专项审计报告，其中载明股东公司作为一人公司股东期间，股东公司与一人公司均独立建账，股东财产与一人公司财产相互独立等内容。

追加、变更被执行人异议之诉一案中，债务人一人公司的股东公司提起执行异议之诉，以一人公司注册资本实缴完毕、案涉债务发生在该股东入股前、专项审计报告亦证明双方财务独立为由，请求法院不得追加其为被执行人。股东公司在执行异议之诉中委托第三方制作专项审计报告，审计结果认为股东公司与一人公司之间的交易真实发生。

二、案例难点

上述三类案件，第一类因认定比较简单，基本不存在争议，本文不再赘述。

关于第二类案件，笔者根据被告提交的审计报告发现，其中存在一人公司与股东之间大额资金往来或应收账款的记载，但审计报告未披露具体信息，笔者认为这有可能系一人公司与股东之间财产混同的初步证据，但该两个案件中法院均未予审查。在这两个案件中，法官的裁判思路与笔者查询到的一些案例明显相悖。

1. 此两案的一人公司审计报告中均记录了一人公司与股东之间的大额往来资金，但对往来资金涉及的交易背景、履行情况等均未给予任何披露。其中，建设工程施工合同纠纷案涉及金额3400万余元，只列明金额，并归入"按坏账计提方法分类披露"的应收账款，未做其他说明；委托合同纠纷案涉及金额1100万余元，审计报告将其列入"应付项目"中的"其他应付款""往来款"等项目

三 企业股权篇

中,只列明总额,未做进一步说明和披露。

2. 委托合同纠纷一案,一人公司2022年度的审计报告"应收账款"一栏的"按坏账计提方法分类列示"中,记载了"按组合计提坏账准备的营收账款"452万余元,而2023年度的审计报告将该应收账款列入"金融工具的分类"项下的"资产负债表日的各类金融资产的账面价值"。两份审计报告只列明应收账款452万余元,未列出交易对象及相关内容。

根据这两个案例的庭审情况判断,法官倾向于只要一人公司和股东公司都提供了年度审计报告,即可认定一人公司与股东公司之间财产相互独立。但是,根据最高人民法院部分案例的认定规则,如(2019)最高法民终203号、(2019)最高法民终1093号、(2020)最高法民终727号等,最高人民法院法官认为,审计报告只能证明财务报表制作符合规范,反映了公司的负债、利润、经营成果和现金流量等企业基本情况,不能反映一人公司与股东的财产走向情况,更不能证明二者财产相互独立,需要结合其他证据一并考虑二者财产是否独立。山东省高级人民法院编制的《案例与指导》(2021年第1期总第48期)中"深圳市比克动力电池有限公司与荣成华泰汽车有限公司等买卖合同纠纷案"更明确指出,"一人有限公司的股东证明公司财产独立于股东自己的财产,应当就股东与公司之间的款项往来情况进行专项审计,以证明双方财产相互独立"。鉴于以上意见相左的裁判观点,实践中依然存在疑难问题,如对年度审计报告的效力应该如何认定,股东在提交年度审计报告后是否有进一步补充其他证据的举证责任?

关于第三类案件,本文引用的两个案例中,一人公司的股东均通过提交专项审计报告的方式,免除了股东公司的连带清偿责任。一般观点认为,专项审计报告相对于年度审计报告,对一人公司的财务状况具有更强的针对性和穿透性。但实践中也有案例显示,当事人虽然提交了专项审计报告,但法院最终仍判定股东对一人公司承担连带责任。例如,最高人民法院在"深圳怡化电脑股份有限公司(以下简称怡化股份公司)、深圳怡化金融设备制造有限公司与冲电气金融设备(深圳)有限公司股东损害公司债权人利益责任纠纷二审案"[①]中认为,怡化股份公司提交的年度审计报告未对关联交易进行披露;关于关联交易的专项审计报告以及关于财务是否独立的专项审计报告虽然披露了相关关联交易,但也仅是依

---

① 最高人民法院(2022)最高法民终69号民事判决书。

据财务资料对相关账目记载进行审计,没有对两家公司之间的关联交易是否公平作出评价,在怡化电脑公司的主要收入来源是向其全资母公司怡化股份公司销售设备的货款的情况下,此种关联交易是否公平对认定两家公司之间财产是否独立至关重要。综合判定后判决怡化股份公司对怡化电脑公司的债务承担连带清偿责任。由此可见,专项审计报告并不一定具有非常优越的证据效力,那么,实践中股东或一人公司是否有必要提供专项审计报告以免除股东的连带责任?

综上所述,结合从中国裁判文书网查询到的依据原《公司法》第63条确认股东是否对一人公司债务承担连带责任的案例可以发现,在此类案件中,法院对审计报告证据效力的认定规则存在比较大的差异,法官自由裁量的空间比较大,且司法实践中没有权威的标准。那么,审计报告作为股东自证清白的主要证据,应符合哪些要件?对于债权人提出的年度审计报告的疑点,法院是否应当进一步审查,审查的深度需要达到哪一步?法官行使自由裁量权的边界该如何划分?专项审计报告从什么角度审计更能实现股东的诉讼目标?

三、法律分析

新《公司法》对公司人格否认的规定主要体现在第23条[①],融合了原《公司法》第20条[②]和第63条,以及《全国法院民商事审判工作会议纪要》"关于公司人格否认"的内容,涵盖了"纵向人格否认"和"横向人格否认"。其中,《公司法》第23条第1款、第2款适用于所有形式的公司,第3款单独适用于一人公司。本文仅仅探讨"纵向人格否认",故忽略《公司法》第23条第2款的规定。依据《公司法》第23条第1款,适用公司人格否认刺穿一人公司面纱的条件应包括:第一,客观上存在股东滥用公司法人独立地位和股东有限责任的事

[①] 新《公司法》第23条第1款规定:"公司股东滥用公司法人独立地位和股东有限责任,逃避债务,严重损害公司债权人利益的,应当对公司债务承担连带责任。"第2款规定:"股东利用其控制的两个以上公司实施前款规定行为的,各公司应当对任一公司的债务承担连带责任。"第3款规定:"只有一个股东的公司,股东不能证明公司财产独立于股东自己的财产的,应当对公司债务承担连带责任。"

[②] 原《公司法》第20条第1款规定:"公司股东应当遵守法律、行政法规和公司章程,依法行使股东权利,不得滥用股东权利损害公司或者其他股东的利益;不得滥用公司法人独立地位和股东有限责任损害公司债权人的利益。"第2款规定:"公司股东滥用股东权利给公司或者其他股东造成损失的,应当依法承担赔偿责任。"第3款规定:"公司股东滥用公司法人独立地位和股东有限责任,逃避债务,严重损害公司债权人利益的,应当对公司债务承担连带责任。"

实，表现形式多种多样，常见的包括俗称的"一套人马，多块牌子"、办公场所混同、股东公司与一人公司没有独立账目、频繁借用个人银行卡走账等，并且这种情形应当是广泛而持续的；第二，股东主观上存在逃避债务的故意；第三，产生了严重损害债权人利益的后果，主要表现为原告的债权明确有效，但一人公司拒不履行义务，甚至通过强制执行仍无法实现债权；第四，诉讼程序上，原告需提供初步证据证明股东存在滥用权利的行为，并证明与损害结果之间的因果关系。依据《公司法》第23条第3款，如果否定公司人格的对象是一人公司，则不考量该条第1款所述各个条件，只要一人公司的股东不能证明公司财产独立于股东自己的财产，直接适用公司人格滥用推定，由股东对一人公司债务承担连带责任。这一制度充分体现了法律对相互冲突的利益进行分配的功能，即基于一人公司缺乏股东制衡、监督机制的客观现实，推定一人公司股东存在滥用公司独立人格的较大可能，从而对一人公司股东提出额外的注意义务，在一定程度上以牺牲投资人利益的方式换取对债权人利益的保护。

但也有学者认为，原《公司法》第63条是关于一人公司"法人人格滥用推定"的规定，与"公司人格否认"制度的逻辑基础和推理机制相悖。"公司人格否认"的逻辑基础是公司具有独立的法人人格，股东承担有限责任是原则，承担连带责任是例外；而一人公司"法人人格滥用推定"的适用，把股东能否"证明自己没有滥用公司人格"，异化为股东能否"证明公司财产独立于股东自己的财产"，使得一人公司股东承担有限责任变成了例外，承担连带责任成为常态[1]，即便不考虑举证责任倒置，也将基于"公司人格否认"制度的证明标准大幅度限缩为"财产混同"，实际上与原《公司法》第20条的适用标准相冲突。司法实践将导致"法官过度倚重符合会计准则的审计报表：未提供审计报告即可径直认定人格否认；即便提供了审计报告，亦可能因报告存在瑕疵被判定为财务混同"，"削弱甚至排斥了其他人格证据，实质剥夺股东证明其财产独立的权利"，最终导致一人公司有限责任制度名存实亡。[2]

根据笔者代理的本文所引用案件的庭审笔录，在查明一人公司与股东财产是

---

[1] 参见毛卫民：《一人公司"法人格滥用推定"制度的法理评析——兼论公司立法的价值抉择》，载《现代法学》2008年第3期。
[2] 参见李欢：《一人公司的立法演进与司法驱动》，载《经贸法律评论》2023年第4期。

否混同时，不同的法官庭审中向被告方提问的内容基本是一致的：第一种，被告认为双方不存在财产混同情况，是否有证据提交？第二种，二被告有证据提交用以证明不存在人格或财产混同情况吗？第三种，被告是否有证据证明你作为唯一股东期间，财产独立于公司财产？由此可见，对于债权人起诉股东对一人公司债务承担连带责任的案件，法官对股东证明自己财产独立于一人公司的证据要求，一般不会限制于审计报告，但有可能会着重提示被告是否提交年度审计报告，并且法庭从未拒绝股东提交任何能证明其财产独立主张的相关证据，当然，至于能否采纳其证据效力，则需要根据证据规则进行判定。故理论界对法官过度倚重审计报告可能损害股东权利的担心在司法实践中基本是不存在的，审计报告反而可能恰恰是对债权人不利的证据。

在笔者代理的第二类案件中，鉴于股东公司及一人公司均提交了2~3个自然年度的审计报告，针对其中有记载但未披露详细交易信息的大额往来资金事项，笔者庭审中提出质疑。按照证据规则，此时应视为债权人提出了初步证据，一人公司及其股东应对上述资金往来的具体交易情况进行说明，并进一步补充提交会计账簿、会计凭证等证据以自证清白。

笔者认为，作为审计对象的财务报表，应当是完整的财务会计报表。依据《企业财务会计报告条例》第7条①的规定，用于审计的财务会计报告应当包括会计报表、会计报表附注和财务情况说明书三大项。其中，会计报表包括资产负债表、利润表、现金流量表、所有者权益（或股东权益）变动表以及附注，即"四表一注"。根据《企业财务会计报告条例》第14条②的规定，会计报表附注应当包括关联方关系及其交易的说明。人民法院也应当着重审查一人有限责任公

---

① 《企业财务会计报告条例》第7条规定："年度、半年度财务会计报告应当包括：（一）会计报表；（二）会计报表附注；（三）财务情况说明书。会计报表应当包括资产负债表、利润表、现金流量表及相关附表。"

② 《企业财务会计报告条例》第14条规定："会计报表附注是为便于会计报表使用者理解会计报表的内容而对会计报表的编制基础、编制依据、编制原则和方法及主要项目等所作的解释。会计报表附注至少应当包括下列内容：（一）不符合基本会计假设的说明；（二）重要会计政策和会计估计及其变更情况，变更原因及其对财务状况和经营成果的影响；（三）或有事项和资产负债表日后事项的说明；（四）关联方关系及其交易的说明；（五）重要资产转让及其出售情况；（六）企业合并、分立；（七）重大投资、融资活动；（八）会计报表中重要项目的明细资料；（九）有助于理解和分析会计报表需要说明的其他事项。"

三
企业股权篇

司的股东与公司的往来是否合理且正当。① 因此，鉴于审计报告未披露股东与一人公司大额往来资金的详细信息，且无论股东公司还是一人公司，其审计报告中均无财务情况说明书，考虑到一人公司内部的账目、财务信息等具有极强的私密性，债权人难以知晓相关交易的真实信息，一人公司有义务提供财务情况说明书、关联交易说明甚至会计凭证等证据，以证明其与股东之间不存在人格混同的情形。必要时，法庭应根据案情启动司法审计。但非常遗憾的是，这两个地处不同地域的案件，两家法院均未支持笔者的观点，不仅未要求一人公司及其股东进一步提供相关证据，并且在判决书中对此根本未予论述和说理，即简单地认定一人公司与其股东之间财产相互独立。

承办法官认为，这两个案件的案由分别是建设工程施工合同纠纷、委托合同纠纷，法官审理的主要方向应为案件的基本事实。对于原告提出的股东对一人公司债务承担连带责任的诉请，法院对双方提供的基础证据进行审查和判定，同时行使自由裁量权判定股东与一人公司是否有较大可能存在人格或财产混同。此时，股东的主体情况，包括股东为自然人还是公司、是国有企业还是民营企业、是否上市企业、是否有独立的财务和人事制度、企业内部管理是否规范等信息，均可能成为法官判断股东财产独立性的考量因素。如法官内心确认股东财产独立存在较大的可能性，则一般会以原告没有提供能证明股东和一人公司财产混同的初步证据为由，拒绝对股东、一人公司的财务进一步审查，更不会轻易启动司法审计，以免在个案中过度浪费有限的司法资源。

在笔者代理的第三类案件中，法院之所以支持股东提交的专项审计报告意见，不仅是因为专项审计报告的针对性，还因为专项审计报告达到了使法官相信股东财产与一人公司财产相互独立的证明目的，这一点可以着重从审计报告的内容和法官论述展开分析。

在股东损害公司债权人利益责任纠纷案中，笔者根据案情对一人公司审计报告的名称、审计目的、审计结果等提出了切合本案审理需要的要求。最终，审计机构出具的报告名称是《某公司与股东之间独立性专项审计报告》。审计目的是"对某一人公司自 2020 年 7 月 27 日至 2023 年 6 月 30 日与现股东公司之间是否保

---

① 参见王昊：《一人公司股东与公司财产混同举证责任之若干问题探析》，载《经济与法》2021 年第 13 期。

持经济独立、财产独立、财务核算独立进行专项审计"。审计过程中"实施了包括检查会计记录、分析性复核等"必要的审计程序。审计结果显示：（1）经济独立情况：双方是独立的法人主体，拥有独立的公司章程和独立的管理架构，审计期间因一人公司未开展经营活动，无营业收入，双方无业务往来和资金往来。（2）财务核算独立情况：双方根据企业会计准则的要求分别建立了财务账套，业务独立核算并分别留档，不存在混同记账情况。（3）财产独立情况：双方开立了独立银行账户，审计期间无资金往来；应收应付账款与账簿、银行对账单双向校验，存货独立管理，审计期间无关联交易，固定资产产权清晰。审计结论为"双方公司经济独立、财产独立、按照企业会计准则的要求独立建账、独立核算"。笔者认为，上述内容完整的审计报告应能经得起法院的审查，也应当符合法院审查的重点。后法院经审查认为，该一人公司虽未按照法律规定提供财务会计报告，但根据专项审计报告，一人公司"已不再开展经营活动，账载存货金额无变动"，结合二者营业执照的经营范围不重合、该案前序诉讼已经执行未发现一人公司有可供执行财产的事实，认定该审计报告能够证明股东公司与一人公司财产相互独立，股东公司不应对一人公司债务承担连带责任。

追加、变更被执行人异议之诉案中，笔者代理债权人一方，股东公司及一人公司也显然对专项审计报告的内在要求、法院审查重点进行了特别关注。其审计报告中重点对股东公司、一人公司之间的关联交易的真实性进行了审计，结果显示关联交易"均已进行实物交割、开具发票、支付货款、依法缴纳税费，此期间交易真实发生"。在此基础上，虽然债权人以审计内容不全面为由不认可该报告，但是无法提供证据证明所怀疑事项的合理性，法院采纳了专项审计报告的证据效力。

经检索同类案例发现，法院在依据审计报告对股东与一人公司是否财产混同进行判定时，采取较为严格、审慎的态度。

上海市第一中级人民法院在"应某峰诉嘉美德（上海）商贸有限公司、陈某美其他合同纠纷案"[①] 中认为，股东陈某美提供了上诉人嘉美德公司的相关审计报告，可以反映嘉美德公司有独立完整的财务制度，相关财务报表亦符合会计准则及国家外汇管理的规定，且未见有公司财产与股东个人财产混同的迹象，可

---

① 上海市第一中级人民法院（2014）沪一中民四（商）终字第S1267号民事判决书。

三
企业股权篇

以基本反映嘉美德公司财产与陈某美个人财产相分离的事实。该案收录于《最高人民法院公报》（2016年第10期），确认了"一人公司的财产与股东个人财产是否混同，应当审查公司是否建立了独立规范的财务制度、财务支付是否明晰、是否具有独立的经营场所等进行综合考量"的审判规则。

上海市虹口区人民法院在"上海第一屋百货礼品有限公司与董某某股东损害公司债权人利益责任纠纷案"[1]中认为，"公司法人作为独立主体，具有独立人格，享有独立于其出资者的权利能力和行为能力，一人有限责任公司股东只有与公司在财产、业务、人事或场所上存在广泛、持续意义上混同的情况，方能认定股东与公司人格高度混同，由股东对公司债务承担连带责任"，"至于第一屋公司提出的品生活公司财务账目不健全不完整的问题，虽然品生活公司财务账簿记载存有瑕疵，但不能据此即推断出股东个人财产和公司财产存在混同"。上海市第二中级人民法院支持了上述观点，反映出法院审查过程中区分实质性的混同与管理上的瑕疵。

最高人民法院在"江苏南通二建集团有限公司、天津国储置业有限公司建设工程施工合同纠纷二审案"[2]中认为，虽然置业公司提交了2013年度、2014年度审计报告及所附部分财务报表，但从审计意见的结论看，仅能证明置业公司的财务报表制作符合规范，反映了公司的真实财务状况，无法证明二者财产是否相互独立；庭审中能源公司对置业公司的业务范围作出了与事实相悖的陈述；根据《股权转让合同》判定能源公司、睿拓公司与置业公司财务不独立，股权转让过程中双方对置业公司的资产进行了处置。本案中，法院除审查审计报告外，还结合当事人的庭审陈述、两任股东之间《股权转让协议》内容及其履行情况来判断股东是否应对一人公司债务承担连带责任。

最高人民法院在"北京某公司、某科技有限公司与广州市某公司计算机软件著作权许可使用合同纠纷二审案"[3]中认为，从一人公司提交的审计报告看，自2015年开始其股东公司开始拖欠一人公司款项，历年审计报告中均被标记为"往来款"，且数额呈逐年上升趋势；对于长期拖欠一人公司往来款且数额持续上

---

[1] 上海市虹口区人民法院（2011）虹民二（商）初字第669号民事判决书，上海市第二中级人民法院（2012）沪二中民四（商）终字第910号民事判决书。
[2] 最高人民法院（2019）最高法民终1093号民事判决书。
[3] 最高人民法院（2022）最高法知民终105号民事判决书。

升的现象，股东公司未给出合理解释，也未举证证明"往来款"的具体用途为何；可以合理推定股东公司存在无偿使用一人公司资金或财产的情形。本案与笔者代理的前述第二类两个案件具有相通之处。但最高人民法院认为有必要对"往来款"进行进一步审查，并在此基础上认定股东与一人公司的连带责任。

最高人民法院在"上海某甲公司、上海某乙公司等计算机软件开发合同纠纷二审案"① 中认为，丙公司和乙公司的年度审计报告可以证明二者各有其独立财产及财务账目，双方虽有款项往来，但其财产能够清楚区分，不构成财产混同；二者各有经营范围，不存在丙公司与乙公司业务无法区分的情形，不能认定构成业务混同；二者虽存在部分管理人员重合的情形，但该情形不能单独作为认定人格混同的依据，在无充分证据显示该部分管理人员的重合使乙公司丧失独立意志和财产及无力履行债务的情况下，不能认定为构成人格混同。该案确认了从财产、业务和人格三个方面全方位认定混同的裁判规则。

最高人民法院在"瓮福国际贸易股份有限公司、北海新力进出口贸易有限公司委托合同纠纷二审案"② 中认为，北部湾港股份公司已提交《专项审计报告》证明其与新力公司财产相互独立，不存在混同，且该证据与新力公司年度审计报告等在案证据相互吻合，北部湾港股份公司已完成相应举证责任。该案确认了专项审计报告与年度审计报告相吻合情况下，可以作为否定股东与一人公司财产混同的证据。

最高人民法院在"张某正、原某华因与济南市历下区国有资产运营有限公司、山东大润国际黄金珠宝交易有限公司案外人执行异议之诉案"③ 中认为，张某正个人账户与大润公司账户之间进行频繁转账；另案仲裁期间，张某正将其持有的大润公司全部股权转让给其母原某华；张某正、原某华提交的《破产审计报告》《审计报告》系单方委托作出，不是会计年度终了时的专门审计，不能客观反映大润公司财务状况；张某正、原某华申请调查原某华个人银行账户以及对大润公司经营期限内的财务状况进行审计，不属于当事人因客观原因不能自行收集的证据，结合全案事实亦无调查收集必要。该案依据诉前或诉中发生的客观事

---

① 最高人民法院（2021）最高法知民终2476号民事判决书。
② 最高人民法院（2017）最高法民终569号民事判决书。
③ 最高人民法院（2020）最高法民申3767号民事裁定书。

三
企业股权篇

实，综合认定张某正、原某华未能证明其个人财产与大润公司财产相互独立。

综上所述，司法实践在对审计报告的证据效力认定上，倾向于认为其只能证明公司的财务报表制作符合规范，只反映了公司在会计年度截止日的财务状况以及年度经营成果和现金流量等企业基本情况，"在无公司决议、财务会计制度、财务审批流程、大额交易合同等其他辅证资料的情况下，无法证明一人公司与股东财产相互独立"①。

四、裁判结果

建设工程施工合同纠纷案，对于笔者提出的被告应就3400万余元大额交易往来的事实进一步举证的观点，法院在庭审中并未作出正面回应，但实际上未做进一步审查，也未再要求一人公司及其股东进一步举证，判决书说理部分对此也只字未提，仅仅以被告"提交了2017年至2019年三年经过会计师事务所审计的审计报告，能够证明二者之间财产独立，不存在混同情形"为由，判决股东公司不承担连带责任。

委托合同纠纷案，被告方股东公司、一人公司均已负债经营，其中一人公司注册资金100万元但是负债已经超过1000万元。但法院未对二者之间1100万余元的往来款进一步审查，也未要求一人公司对审计报告所载452万元的应收账款给予合理说明，而径行以二被告"提交了2022年度、2023年度的审计报告"、"并未发现存在财产混同的情形"、原告"未提交二被告可能存在财产混同的初步证据"为由，认定二者相互独立。

股东损害公司债权人利益责任纠纷案，法院采纳了股东公司提交的专项审计报告意见，结合股东公司与一人公司经营范围不重合、一人公司停止经营活动后存货金额长期无变动等情形，驳回了债权人的诉讼请求。

追加、变更被执行人异议之诉案，法院根据专项审计报告认定股东公司与一人公司之间的关联交易真实合法，判决不得追加股东公司为被执行人。

五、案例提示

根据笔者代理的前述7起案例以及查询的同类案例，结合学者论述，可以基

---

① 上海市普陀区人民法院（2023）沪0107民初2213号民事判决书。

本明确，股东对一人公司债务是否承担连带责任，不应仅考虑新《公司法》第23条第3款，而应以第1款为基础，在此基础上，第3款作为判断一人公司股东责任的特别条款。笔者认为，对审计报告的认定应遵循如下规则：

1. 首先考量一人公司是否依法编制年度财务会计报告并经审计。

（1）严格依据新《公司法》第208条，按照每个自然年度终末的时间编制财务会计报告，并经会计师事务所审计，并且要形成连续年度的审计报告。如审计报告不连续或诉讼期间补做，则应认定为不能客观真实反映公司财务状况，也就不能成为证明股东和一人公司财产相互独立的主要证据。

（2）形成审计报告时，应注意财政部《关于注册会计师在审计报告上签名盖章有关问题的通知》等规章制度对审计报告签署人员资格的要求。

（3）年度审计报告的内容应当全面，避免被法院认定为审计失败。

（4）年度审计报告的提供，只能代表股东完成了初步的举证证明责任。

2. 以年度审计报告作为免除股东连带责任的主要证据，则年度审计报告应具备必要的内容。

（1）形式上符合《会计法》、《企业财务会计报告条例》和企业会计准则等的要求。

（2）内容上应涵盖股东和一人公司的财产走向、财务往来等内容，载明资金往来的金额和明细，做到账目明晰、独立核算，对涉及的关联交易更应载明详细信息。

（3）应当无保留意见、标准无保留意见的年度审计报告应注明"后附的财务报表在所有重大方面按照企业会计准则的规定编制，公允反映了××公司××年12月31日的财务状况以及××年度的经营成果和现金流量"的表述。

（4）应当保存作出报告所依据的原始凭证，且所依据的资料完整无疑点。

3. 年度审计报告记载内容有瑕疵的情况下，法官可以依据新《公司法》第23条第1款、第2款的规定，对一人公司的人格独立要求股东进一步举证，充分发挥自由裁量权以判定股东是否承担连带责任。

（1）如年度审计报告中体现了股东和一人公司之间的关联交易，则应进一步核实关联交易的真实性和独立性。

（2）审查一人公司及股东在财产、业务、人员等方面的独立性，如二者的营业范围是否重合、关联交易是否频繁、经常场所是否独立、资产产权是否清晰、

三

企业股权篇

管理人员是否重合、是否有独立的章程、有无独立的财务和人事等重要管理制度等。

（3）审查年度审计报告所反映的内容，与股东、一人公司在庭审中的陈述是否存在自相矛盾之处。

（4）作出年度审计报告所依据的基础财务资料是否缺失。

（5）此外，股东和一人公司的性质也可能是法官自由裁量的关注点，比如对于上市公司、国有企业，法官有较大可能相信其财务制度是健全的，更容易相信二者之间相互独立。

（6）建议法官对年度审计报告证据效力的认定过程，以及行使自由裁量权的推理过程，在判决书主文中加以论述，避免简简单单地以"没有提供初步证据"等大而无形的词语一笔带过。

4. 必要时启动专项审计。

（1）专项审计报告的证据效力类似于鉴定意见书，是第三方专业机构出具的专业意见，不具有当然的证据效力，因此法院不会直接采信，必然要通过质证程序对其内容的真实性、合法性、准确性、全面性、关联性等进行全方位的审查，以判定其审计意见是否客观公允。因此，专项审计报告内容应符合会计准则，委托程序需合法，必须满足民事诉讼法对证据的基本要求。

（2）如股东或一人公司因为各种原因无法提供连续年度的审计报告，应申请法院启动专项司法审计，或在诉前或诉讼中及时委托第三方有资质的审计机构作出专项审计报告，避免法院直接拒绝专项司法审计的申请而导致举证不能。

（3）如债权人认为股东或一人公司的年度审计报告存在重大瑕疵，应及时申请法院启动专项司法审计。

（4）专项审计应针对案件情况确定具体的审计内容，一般而言，应就股东和一人公司之间的独立性，包括经营独立、财产独立、财务核算独立，以及关联交易的真实性等进行专项审计。

（5）必要时，将专项审计报告与年度审计报告进行对比，如记载内容相互吻合，则证据认定的可能性比较大，否则反而成为否定年度审计报告的证据。

（6）法官经内心确认，有较大可能认定股东与一人公司之间人格独立的情况下，为避免司法资源的浪费，有权拒绝当事人的司法审计要求。

公司决议不成立之诉讼拆解
——伪造股东签名情形下的公司决议

白　雪

公司决议作为社团组织意思，需要经过一系列的正当程序才能形成有效的公司决议，因此是否履行合法的召集、议事和表决程序即构成了公司决议有效性的程序审查要件。若决议程序存在瑕疵，则该决议即可能被认定为不成立或可撤销。两者之间的区分就在于程序瑕疵的程度不同，决议可撤销的瑕疵严重程度弱于决议不成立。股东会决议是公司治理的重要法律文件，它记录了股东会会议的召开、表决过程以及最终的决议内容，若股东会决议存在伪造股东签名的情况，那么，伪造股东签名属于何种瑕疵，该决议又该如何被认定？对此，笔者根据自身代理的案件并结合相关司法案例裁判规则，通过伪造股东签名形成的股东会决议这一角度，对公司决议不成立之诉进行思考并行文如下。

一、案情概要

1. 案涉公司基本情况

H公司于2004年2月17日注册成立，公司注册资本200万元，已实缴完毕，公司经营期限为2004年2月17日至2024年2月16日。股东为A、B、C三个自然人，三人持股情况如下：A占股35%、B占股32.5%、C占股32.5%。A担任公司的法定代表人和经理，C担任公司的监事。2019年5月，H公司因"被列入经营异常名录届满3年仍未履行相关义务"被列入严重违法失信名单。H公司经营过程中，就公司成立、变更经营范围、增加注册资本、延长经营期限等事项形成了多份股东会决议。2020年11月11日，工商部门核准了H公司注销申请并下发了《私营公司注销登记核准通知书》。

2. 案涉股东会决议的内容

2020年11月9日，公司召开股东会并做出如下决议内容："H公司已按照《公司法》及相关法律的规定办理完结清算事项，通过清算报告，同意公司注销。"该股东会决议显示由A、B、C三个股东签名。2020年11月11日，H公司完成工商注销。

3. 案涉纠纷形成过程

2024年6月，股东C作为原告将股东A和B起诉至人民法院，认为H公司2020年11月9日股东会决议上C的签名不是其本人签字，另外两个股东在其不知情的情况下制作了虚假的股东会决议和有关清算文件，伪造C的签名将H公司解散，损害了C的合法权益。故依据最高人民法院《关于适用〈中华人民共和国公司法〉若干问题的规定（四）》（以下简称《公司法司法解释四》）第5条第1项之规定，提起本次诉讼。

4. 原告诉讼请求

（1）请求法院依法确认H公司2020年11月9日的股东会决议不成立。

（2）请求法院判令被告A和B赔偿原告C损失65万元。

（3）请求法院判令被告A和B负担案件受理费。

二、法院审理与裁判

1. 法庭总结案件争议焦点

（1）案涉2020年11月9日H公司股东会决议是否成立。

（2）被告股东A和B是否应当赔偿原告股东C损失60万余元。

2. 裁判结果

（1）确认2020年11月9日H公司股东会决议不成立。

（2）驳回原告的其他诉讼请求。

三、案件法律依据解析

1. 公司决议不成立之诉的诉讼主体

（1）适格原告

《公司法司法解释四》第1条规定："公司股东、董事、监事等请求确认股东会或者股东大会、董事会决议无效或者不成立的,人民法院应当依法予以受理。"

根据以上规定,有权提起公司决议不成立之诉的适格原告包括公司股东、董事和监事等。但有权提起公司决议不成立之诉的原告是否仅限于这三类主体?《公司法司法解释四》第1条规定的"公司股东、董事、监事等"中的"等"又该如何限定?依照文义解释,该条规定的公司决议不成立之诉的原告范围并不限于上述三类人员,还包括与公司决议内容有直接利害关系的人员。当然,对公司股东、董事、监事以外的人能否作为公司决议不成立之诉的原告,必须满足《民事诉讼法》第122条第1项所规定的条件,即"原告是与本案有直接利害关系的公民、法人和其他组织",提起此类诉讼的原告必须与本案有"直接利害关系",而非间接利害关系。

此外,原告提起公司决议不成立之诉,又是否以"其起诉时具备公司股东、董事、监事的身份资格"为前提呢?根据《公司法司法解释四》第1条的规定可以得知,一般情况下,在起诉时具有公司股东、董事、监事资格的人,才是公司决议不成立之诉的适格原告。起诉时已不具有股东资格的,因其对解决公司内部治理的该公司决议应认定为无诉的利益,不是适格的诉讼主体。但是,若公司系通过决议剥夺了股东资格或解除了董事、监事职务,由于决议内容与他们之间存在直接的利害关系,基于诉的利益原则,此种情况下也应该享有对公司决议提起诉讼的权利。

本案中,原告C曾系H公司的股东,2020年11月11日H公司注销,2024年6月C提起本案诉讼时,其已经不再是H公司的股东。故原告主体是否适格将是本案第一个攻防焦点。

(2) 适格被告

《公司法司法解释四》第3条规定:"原告请求确认股东会或者股东大会、董事会决议不成立、无效或者撤销决议的案件,应当列公司为被告。对决议涉及的其他利害关系人,可以依法列为第三人。一审法庭辩论终结前,其他有原告资格的人以相同的诉讼请求申请参加前款规定诉讼的,可以列为共同原告。"

根据以上规定,公司决议不成立之诉,应当列公司为被告。但C提起公司决议不成立之诉,是以股东A和B作为被告。原告引用的法律依据为最高人民法院《关于适用〈中华人民共和国民事诉讼法〉的解释》(以下简称《民诉法解

三
企业股权篇

释》）第 64 条"企业法人解散的，依法清算并注销前，以该企业法人为当事人；未依法清算即被注销的，以该企业法人的股东、发起人或者出资人为当事人"和最高人民法院《关于适用〈中华人民共和国公司法〉若干问题的规定（二）》（以下简称《公司法司法解释二》）第 11 条第 2 款"清算组未按照前款规定履行通知和公告义务，导致债权人未及时申报债权而未获清偿，债权人主张清算组成员对因此造成的损失承担赔偿责任的，人民法院应依法予以支持"。

但如上述案情概要，C 并非 H 公司债权人，不能依据《公司法司法解释二》第 11 条第 2 款向股东 A 和 B 主张权利。H 公司于 2020 年 11 月 11 日注销。所以，A 和 B 是否是本案适格被告是双方攻防的第二个焦点。

2. 公司决议不成立之法定情形

（1）法律规定

《公司法司法解释四》第 5 条规定："股东会或者股东大会、董事会决议存在下列情形之一，当事人主张决议不成立的，人民法院应当予以支持：（一）公司未召开会议的，但依据公司法第三十七条第二款或者公司章程规定可以不召开股东会或者股东大会而直接作出决定，并由全体股东在决定文件上签名、盖章的除外；（二）会议未对决议事项进行表决的；（三）出席会议的人数或者股东所持表决权不符合公司法或者公司章程规定的；（四）会议的表决结果未达到公司法或者公司章程规定的通过比例的；（五）导致决议不成立的其他情形。"

《公司法》第 27 条规定："有下列情形之一的，公司股东会、董事会的决议不成立：（一）未召开股东会、董事会会议作出决议；（二）股东会、董事会会议未对决议事项进行表决；（三）出席会议的人数或者所持表决权数未达到本法或者公司章程规定的人数或者所持表决权数；（四）同意决议事项的人数或者所持表决权数未达到本法或者公司章程规定的人数或者所持表决权数。"

通过对比《公司法》第 27 条和《公司法司法解释四》第 5 条，两者的区别在于：第一，《公司法》删除了《公司法司法解释四》第 5 条第 1 项规定的"但书"部分，即删除了"但依据公司法第三十七条第二款或者公司章程规定可以不召开股东会或者股东大会而直接作出决定，并由全体股东在决定文件上签名、盖章的除外"的内容；第二，《公司法》第 27 条删除了《公司法司法解释四》第 5 条第 5 项规定的内容，即没有保留"导致决议不成立的其他情形"这一兜底性规定。这意味着立法旨在限缩公司决议不成立的范围，防止因自由裁量尺度不一而导致的"同案不同判"情形。

（2）公司决议不成立的具体情形

《公司法司法解释四》第5条第1项至第4项明确规定了导致决议不成立的情形，即"不开会、未表决、人数或者表决权不符规定、决议未达通过比例"四类程序瑕疵，《公司法》删除了第5项兜底条款。具体情形如下：

①未召开会议，顾名思义，就是没有召开会议就形成了有关决议。但是此种情况存在两种例外情形：一是依据《公司法》第59条第3款规定的有限责任公司股东以书面形式一致表示同意的，可以不召开股东会会议，直接作出决定，并由全体股东在决定文件上签名或者盖章所形成的决议。在实践中通常表现为公司股东或者董事"传签决议"。二是依据《公司法》第60条、第112条第2款规定的一人公司股东作出的决议，即一人公司的股东作出决定时，只需采用书面形式并由股东签名或者盖章后置备于公司即可。

②未进行表决。此种情形是指决议未经表决程序，也就是决议的形成，没有经过出席会议人员的议事讨论，没有经出席会议人员做出赞同、反对或弃权的意思表示，会议也没有依据多数决比例判断能否形成公司的意志。

③出席人数或所持表决权数未达到法律和章程的要求。《公司法》第73条、第124条分别规定了有限责任公司和股份有限公司董事会会议的出席人数要求，第139条、第162条分别规定了上市公司董事会涉及关联交易的决议、股份有限公司在特殊情形下授权董事会作出收购本公司股份的最低出席人数。若出席人数不符合法律或章程规定，则不可能满足通过决议所需要的多数决要求。

④决议未达到法律和章程的通过要求。《公司法》第66条、第73条、第116条、第124条、第139条、第153条及第163条等对股东会会议、董事会会议相应设置了普通决议和特别决议的不同通过比例要求。无论是股东会决议还是董事会决议，决议在表决时没有达到法定或者章程规定的多数决比例，则表明决议的意思表示没有形成，未形成团体意思，此种情形下决议不成立。

实践中，伪造股东签名表面上是一种行为，实际上是其他程序瑕疵的结果，如召集程序或表决程序瑕疵等，需要结合是否存在其他瑕疵情形来判决决议是否成立。本案中，原告诉称的"其本人未签字，股东会决议上签名系伪造"是否可以导致公司决议不成立，亦是双方主要争议的焦点之一。

3. 伪造股东签名的瑕疵认定

（1）伪造股东签名属于决议无效范畴

部分案例裁判观点认为，根据《民法典》第134条第2款"法人、非法人组织依照法律或者章程规定的议事方式和表决程序作出决议的，该决议行为成立"之规定，公司决议行为属于民事法律行为。同时，再根据《民法典》第143条"具备下列条件的民事法律行为有效：（一）行为人具有相应的民事行为能力；（二）意思表示真实；（三）不违反法律、行政法规的强制性规定，不违背公序良俗"之规定，可以判断意思表示真实系民事法律行为生效的条件之一。据此，存在伪造签名的情况下，被伪造签名的股东的意思表示必然不真实，故得出了伪造股东签名的决议无效的裁判结论。

（2）伪造股东签名属于决议可撤销范畴

有案例裁判观点认为，依据《公司法》第26条"公司股东会、董事会的会议召集程序、表决方式违反法律、行政法规或者公司章程，或者决议内容违反公司章程的，股东自决议作出之日起六十日内，可以请求人民法院撤销。但是，股东会、董事会的会议召集程序或者表决方式仅有轻微瑕疵，对决议未产生实质影响的除外"之规定，股东会决议瑕疵分为内容瑕疵和程序瑕疵两种情形。其中，程序瑕疵是指会议召集程序瑕疵、表决事项瑕疵、表决瑕疵、决议方法瑕疵等。其法律后果指向的是可撤销。伪造股东签名可归属于召集程序瑕疵，等同于未通知股东参加股东会的情形，应在60日内提起撤销，若当事人未在除斥期间内提起撤销之诉，撤销权消灭。

（3）伪造股东签名属于决议不成立范畴

也有案例裁判观点认为，公司决议上的签名确认是伪造的，应当根据具体情况予以分析，如果去掉被伪造签名股东后，出席会议或表决的人数、票数符合法律、章程规定，而且仍符合法律和章程规定的通过要求的，则决议成立；但若股东会决议事项关系到被伪造签名股东个人权利的处分，比如排除该部分股东分红权、优先购买权等权利，那么该决议不成立。

总结以上裁判观点，伪造股东签名的瑕疵判断可分为三类：第一，伪造股东签名属于意思表示不真实，进而认定决议无效。第二，伪造股东签名属于召集程序瑕疵，等同于未通知股东，进而认定决议属于可撤销范畴。第三，伪造股东签名应当兼顾程序瑕疵和内容瑕疵综合判断，若扣除被伪造签名的股东的决议份额，公司决议仍能够通过时，因股东本身的意思表示不影响决议有效，即使存在伪造签名这一意思表示瑕疵，则应当认为公司成立；反之则不成立。

4. 原告股东 C 60 万元损失的认定及赔偿主体

《公司法》（2018 年修订）第 20 条第 1 款和第 2 款规定，公司应当遵守法律、行政法规和公司章程，依法行使股东权利，不得滥用股东权利损害公司或者其他股东的利益；公司股东滥用股东权利给公司或者其他股东造成损失的，应当依法承担赔偿责任。

对于原告股东 C 的损失以及损失与注销公司行为之间是否存在因果关系，应当依据双方举证情况做出评价。本案中，被告股东 A 和 B 已经举证证明，H 公司注销时提交给税务部门的报表显示 H 公司注销前已经资不抵债，无剩余财产可供股东分配，且原告股东 C 主张的损失为其全部出资款，无法证明其损失与二被告注销公司之间存在因果关系，故法院驳回了原告股东 C 的该项诉请。

5. 公司决议瑕疵的补救

若因公司决议存在瑕疵而导致决议不成立，事后是否可以通过股东的事后追认、实际履行决议内容等方式进行补救？不成立的公司决议属于程序瑕疵范畴，司法实践中，法院通常参照民事法律行为的追认制度进行裁判。例如，法院结合当事人对会议的召开及决议内容是否知情、决议形成时间以及当事人是否表示过异议、当事人是否实际参与公司经营管理、当事人是否实际履行过决议内容等多方面情况进行综合认定。在实践中，还应通过审查当事人的其他相关行为推定其是否作出了追认的意思表示。而且，允许公司决议瑕疵的补救，对尊重公司自治和维护交易安全具有重要作用。当事人的追认，可以采用明示或默示的方式，既可以通过口头、书面等方式明确作出追认的意思表示，也可以通过执行决议或接受公司向其执行决议的方式作出追认。

四、案件启示及律师建议

实践中公司决议的形成过程是一个环环相扣的程序性行为，虽然《公司法》第 27 条进行了列举式规定，但公司决议瑕疵情形多种多样，法律也无法涵盖广泛的争议情形。个案代理过程中，离不开对公司法理论上的阐释，也离不开对司法裁判观点的精准提炼。公司决议不成立之诉中，大多数原告均以诉争决议上签名系伪造、决议内容并非其真实意思表示为由要求确认决议无效或者不成

三
企业股权篇

立,同时会申请对决议中的签字进行笔迹鉴定。作为原告,需要对决议瑕疵的严重程度进行定性和甄别,以便制定行之有效的诉讼策略。作为被告,则需要从诉讼主体、公司章程、决议内容、瑕疵程度、瑕疵修复、事后追认等多个维度组织应诉思路,积极抗辩,综合考虑法律适用、证据收集、诉辩攻防等多个方面。

四

企业退出篇

风险处置服务信托

——某大型国有地产开发企业市场化重组服务信托案例分析

冯俊武　范云洁

一、项目介绍

天津市国有资产监督管理委员会监管的某市属一级集团企业（以下简称 S 集团），主营业务为区域综合开发与土地整理、市政投资建设与房地产开发。经过多年发展，S 集团形成了一级土地整理、二级房地产开发、市政基础设施建设和城市功能配套服务等核心业务板块。

然而近几年 S 集团的土地整理业务因土地出让进度缓慢等多方面原因几乎全面停滞，现金流趋近枯竭，持续亏损；房地产业务方面因房地产开发项目再融资困难，也陷入发展受限状态；养老、园林等非主营业务板块也普遍亏损。在此局面下，S 集团债务负担沉重，且绝大多数的核心资产已被抵质押或采取保全措施，面临被执行的风险。若不及时解决其面临的经营困境，则可能会产生以下后果：首先，现有的金融机构债权人可能采取进一步的措施，处置担保物或被保全资产，企业价值将逐步丧失，且将严重阻碍 S 集团的债务化解和引入外部投资者的工作；其次，S 集团可能因资金链断裂而导致项目烂尾，涉及职工、农民工等利益，易引发稳定问题；最后，S 集团体系的主要债权人多为当地法人金融机构，若不及时处理，将对本地金融环境造成不良影响。

针对 S 集团的现实情况，为助力 S 集团的下属子公司 A 公司以及 A 公司的全资子公司 B 公司的债务化解，X 信托公司委托笔者所在的律师团队（以下称项目组）提供全程专项法律服务，拟共同借助信托公司自身的经营特点，充分发挥信托制度优势，在 S 集团的整体债务协议重组过程中引入市场化重组服务信托，助力 A 公司及 B 公司的债务化解。

二、项目难点

1. 信托财产的选择和确定问题

A 公司及 B 公司作为 S 集团的重要子公司，其从事的业务即 S 集团的核心业务，主要包括土地整理、房地产开发、市政基础设施建设和城市功能配套服务，故其相关资产主要包括公司股权、土地使用权、在建房产项目，以及基于与相关政府部门签订的土地整理协议/委托书等相关文件而对政府方面享有的资金收益/返还的权利。

就上述资产情况，选择何种资产作为信托财产设立信托产品系本项目面临的第一个难点问题。第一，对于债务人及金融机构债权人，由于 S 集团的主要资产价值在 A 公司及 B 公司名下，债务人及金融机构债权人均无法接受直接将 A 公司及 B 公司的股权交付给受托人设立服务信托。第二，对于政府部门，由于 A 公司及 B 公司在相关地块项目中实际所开展的业务系土地整理业务，然而按照现行法律法规和有效的政府文件的规定，历史上相关政府部门就该地块项目出具的文件和签署的协议均存在一定的合规性瑕疵。例如，A 公司及 B 公司将上述文件、协议项下的权利义务直接交付给受托人设立服务信托的，一方面，相关政府部门可能难以配合签署和出具相关文件，亦难以继续认可此前出具的文件和签署的协议的效力；另一方面，信托可能将由于信托财产存在不确定性及合法合规性问题而被认为无效或被撤销。第三，鉴于事实上 A 公司及 B 公司并不享有相关地块项目完整的土地使用权，故亦无法将该等地块项目的土地使用权交付给受托人设立信托。第四，对于重整投资人，由于 A 公司及 B 公司自身债务负担较重，面临诉讼风险和财产被保全的风险，因此重整投资人在参与项目前，需要考量其资金安全性能否充分得到保障。第五，对于债权人来说，其既希望 A 公司及 B 公司能够走上经营正轨，使得其债权能够尽可能地得到足额清偿，又担心其他债权人抢先采取司法强制手段，陷入"囚徒困境"的博弈。

四
企业退出篇

2. 拟选定的信托底层资产的合法性及确定性问题

根据《信托法》的规定，设立信托，必须有确定的信托财产，并且该信托财产必须是委托人合法所有的财产。《信托法》第11条规定："有下列情形之一的，信托无效：……（二）信托财产不能确定；……"一般认为，信托财产的确定包括权利义务主体确定、权利义务内容确定、财产利益可计算等要素。具体到A公司及B公司，其在相关地块项目下所享有的权利并不能完全符合信托财产的确定性要求。

基于各方的前期合意，信托财产在排除公司股权及已被设置多轮抵押的房产和在建工程外，可预期作为信托财产的资产系A公司及B公司基于其分别与相关政府部门签订的相关地块的土地整理协议/委托书等一系列相关文件而对政府方面享有的资金收益/返还的权利。然而该等权利资产存在如下问题：首先，A公司及B公司在相关地块项目下所享有的权利是依据相关人民政府、政府部门此前出具的以及相关人民政府、政府部门与A公司及B公司签署的文件之规定和约定所享有的权利，但该等地块项目基础文件在现行法律法规和有效的政府文件关于土地一级整理及土地出让金返还限制等的规定之下存在一定的合规性瑕疵，其有效性和可执行性均存在一定的不确定性。如未来相关人民政府、政府部门不认可该等特定地块项目基础文件的效力，或拒绝继续履行该等特定地块项目基础文件的，A公司及B公司在相关地块项目下所享有的权利将缺乏对应的义务履行主体，权利义务主体并不确定。其次，如未来相关人民政府、政府部门不认可该等特定地块项目基础文件的效力，或拒绝继续履行该等特定地块项目基础文件的，该等权利的内容亦相应地存在不确定性。最后，相关地块项目基础文件中对于地块项目的成本计算、具体范围等方面均存在约定不明之处，相关地块的未来具体收益金额缺乏确定的计算标准。

因此，如A公司及B公司直接将其在相关地块项目下所享有的权利交付给受托人设立信托，可能存在因信托财产不能确定而被认定为无效的风险。

3. 信托所面临的各类风险较多，风险控制措施的设计及实现存在一定难度

A公司及B公司面临其在相关地块项目下与有关政府部门签署的相关合同、协议等文件均存在一定程度被认定为无效或不能继续履行的风险，相关项目可能被认定为非土地储备机构名录中的土储机构事实上开展土地整理业务的风险，相关项目项下所约定的地块出让价款向A公司及B公司返还的约定不符合国务院

办公厅《关于规范国有土地使用权出让收支管理的通知》中关于土地出让"收支两条线"的规定，相关项目项下地块的控制规划条件发生变化、可转让面积不确定的风险，项目土地使用权的招拍挂价格受市场因素、行业因素、社会经济环境等多方面因素的影响存在不确定性的风险，项目土地使用权的挂牌进度不确定的风险，项目土地整理成本及管理费纳入标准不明确的风险，相关项目项下代建协议等协议未进行招投标程序而导致的无效或无法继续履行的风险等一系列关于基础资产的固有风险。

此外，信托产品还将面临以下风险：委托人（A公司及B公司）的债权人主张其作为委托人设立服务信托损害债权人利益，并向人民法院申请主张撤销该信托的风险；委托人的债权人以诉讼、申请保全等方式主张债权实现导致委托人的相关财产和银行账户等被查封，继而影响服务信托的安全、稳定性及重整投资人的资金安全性的风险；如委托人的债权人申请委托人破产清算或破产重整，或者委托人自行申请破产清算或破产重整导致委托人进入破产程序，委托人的破产管理人申请撤销服务信托，或即便本信托未被撤销，本信托亦只能根据届时对委托人享有的债权和担保权利的实际情况进行相应的债权申报，并在破产程序中获得偿付，最终所能获得偿付的金额具有一定的不确定性的风险；相关债权人不配合解除委托人资产上已设置的查封、冻结等权利负担的，将对于项目方案的后续推进存在严重影响的风险。

针对上述各类风险均需相应给出应对化解或控制措施，而部分风险因系固有风险而难以完全消除，相关风险仍需在信托文件中予以充分披露。

三、法律分析

1. 特定资产收益权的创设及应用理论基础

基于本项目底层资产存在的合规性瑕疵及众多相关不确定性，项目组引入了特定资产收益权概念并最终以该特定资产收益权作为信托财产。

特定资产收益权是我国特色金融实践的重要创新。经查询市场交易案例，特定资产收益权至少包括信贷资产收益权、股票收益权、股权收益权、应收账款收益权、债权收益权、固定资产收益权、票据收益权等类型。在各类交易中，特定资产收益权既可以是金融机构资金投资的标的，也可以直接构成金融机构管理运用的财产。在特定资产收益权的法律与实践中，首要任务就是如何定义特定资产

四
企业退出篇

收益权并理解其法律效力。

在我国当前的金融实践中,特定资产收益权已多次成为信托公司管理运用的对象,比如中信信托发行"海峡银行股份收益权投资集合资金信托计划",信托资金运用为向福建森博达贸易有限公司购买其所持有的海峡银行9075万股股份之收益权;中粮信托发行"中粮信托—扬中新城应收账款收益权集合资金信托计划",中粮信托接受扬中绿洲新城的委托,以其持有的应收账款收益权作为信托财产设立财产权信托,并行使信托财产管理和运用的职责。

在交易场景中,特定资产收益权一般应指权利人根据交易合同约定而享有的并由原始权利人向其交付的基于特定资产获得的收益之权利。由此可见,这里的特定资产收益权系基于交易合同而创设出的权利,并非根据所有权法律关系获得。

特定资产收益权具有不负担原始所有权人的义务和责任,不受限于特定资产特有的交易规则的优势。特定资产收益权系权利人(信托受托人 X 信托公司)与原始所有权人(信托委托人 A 公司及 B 公司)基于信托合同而重新创设的权利,不再附属于特定资产的所有权。例如,股权收益权转让后,受让方无须履行公司法或公司章程所要求的法定或约定的包括对公司出资的股东义务;房地产开发项目特定资产收益权转让后,受让方无须履行房地产开发建设的责任和义务。特定资产收益权的权利人只通过原始所有权人间接享有特定资产的收益,并不享有特定资产所有权的任何部分。故法律法规对特定资产所有权有关运用和处分的交易规则并不适用于特定资产收益权。例如,股权收益权转让的,受让方不再受制于其他股东对股权转让的优先购买权;股票收益权转让的,受让方也不应受限于法律法规有关股票限售期的安排。

不过,基于特定资产收益权只能通过原始所有权人的履行来实现,并且其权利的价值与特定资产产生的收益挂钩,若特定资产发生风险事项的,势必会影响特定资产收益权的实现情况。比如,因原始所有权人发生诉讼而导致特定资产被查封、发生破产清算等情形使得特定资产运用受限的,将对特定资产收益权权利人的权利价值的实现产生不利影响。

2. 特定资产收益权的交付是否涉及国有资产的转让,是否需要遵守国有资产进场交易的相关程序

鉴于本项目中委托人 A 公司及 B 公司均系国有全资企业,其向信托交付特

定资产收益权可能涉及被认定为属于国有资产交易而需要履行国有资产交易程序问题。针对该等问题，项目组认为可从以下几个方面进行论证：第一，信托财产移转不属于用于设立信托的财产自身的转让交易。委托人的固有财产用于设立信托，需要移至受托人名下。这种移转是否构成实质的资产转让交易，需要根据信托方案具体条件综合判断。以信贷资产证券化为例，根据相关会计规定，首先要判断是否满足企业会计准则规定的金融资产转移形式要件；满足形式要件的，要进一步评估其保留被转移金融资产所有权上的风险和报酬的程度。对于转移了几乎所有风险和报酬的，应当终止确认该金融资产；如果保留了几乎所有风险和报酬的，应当继续确认该金融资产。本项目中，如果A公司及B公司以特定项目基础资产设立信托，也需要结合法律、会计等要素进行综合判断，单纯以是否移转到受托人名下无法做出正确判断。第二，本项目方案中的特定资产收益权，系A公司及B公司与X信托公司通过服务信托合同的约定创设出的一种权利，实质是为了锁定A公司及B公司对服务信托的支付义务，具有一定的债权属性。服务信托并没有改变特定项目基础资产的权属，没有构成实质的转移交易，只是A公司及B公司根据信托合同约定，负有向X信托公司交付基于特定项目基础资产产生的收益的义务。第三，本项目中，设立服务信托的目的是为A公司及B公司纾困提供一种保障措施，取代原有在特定项目基础资产上的抵押、质押、查封、冻结等权利限制，盘活资产，恢复经营，而不是以真实的资产转让为目的。第四，A公司及B公司向X信托公司交付特定资产收益权后，母信托的受益人系A公司及B公司，即便未来母信托以特定资产收益权设立子信托，穿透来看，A公司及B公司仍然属于子信托的最终受益人，在重整投资人和特定债权人最终得到偿付并退出子信托后，特定资产收益权所产生的收益最终仍然归属于A公司及B公司所有。故特定资产收益权的最终受益人并未实际发生变化。

综上所述，A公司及B公司向X信托公司交付特定资产收益权的行为属于依据《信托法》的规定向X信托公司交付信托财产的行为，A公司及B公司与X信托公司之间构成的关系应当属于信托法律关系而非买卖合同法律关系，与《企业国有资产交易监督管理办法》中规定的"企业国有资产交易行为"的表现形式和构成的法律关系并不完全一致。

四
企业退出篇

四、项目结果

服务信托产品在项目组的努力及众多当事方的精诚合作及支持下最终得以成功设立，该项目为天津首单企业市场化重组受托服务信托，是服务信托在企业市场化重组领域进行应用的积极尝试。服务信托采用母子信托的结构设计，由 A 公司及 B 公司以其名下持有的相关项目特定资产收益权作为信托财产共同设立母信托，由 X 信托公司作为受托人对母信托进行管理，母信托设立之后，X 信托公司作为母信托的受托人，根据母信托的内部有权决策机构的决议，将母信托的信托财产中的具体单一项目的特定资产收益权分别独立设立各个特定子信托。母子信托的相关基本要素如下：

1. 母信托的信托要素：委托人为 A 公司及 B 公司，委托人向母信托交付信托财产；受托人为 X 信托公司，负责母信托的设立、运营、信托费用的支付、信托利益的分配以及信托的终止等相关事项。受托人根据规范性文件的规定和母信托的信托文件的约定履行受托人职责；基于母信托的自益信托性质，A 公司及 B 公司作为母信托的委托人向母信托交付信托财产，并成为母信托的受益人；信托规模以第三方评估机构对信托财产的评估值确定；母信托项下的信托利益源于子信托向母信托分配的信托利益。母信托持有的特定资产收益权实现收益或回款的，该等收益或回款亦属于母信托项下的信托利益。

2. 子信托的信托要素：委托人系母信托、重整投资人及特定债权人，如某个特定债权人在单个具体项目下享有担保权利，则在母信托以该具体项目的特定资产收益权设立某个特定子信托时，其亦作为该特定子信托的委托人，将其对 A 公司或 B 公司所享有的债权及其在该项目下享有的担保权利作为信托财产交付给该特定子信托。重整投资人系通过向特定子信托交付信托资金的方式，成为特定子信托的委托人；子信托的受托人为天津信托，负责就滨海投资及滨海团泊提供的书面材料对信托财产进行尽职调查以及后续子信托的设立、运营、信托费用的支付、信托利益的分配以及信托的终止等相关事项。子信托受益人为母信托、特定债权人及重整投资人；信托规模由各个委托人装入子信托的信托财产的评估值确定。

服务信托设立以后，对于 A 公司及 B 公司而言，母信托将具备盘活条件的特定地块项目的收益权作为信托财产单独设立子信托，将重整投资人以及对于该等特定地块项目享有优先权的特定债权人都设定为子信托的受益人，可以引入重整投资人增量资金用于特定地块项目的建设，并最终使得该部分资产产生收益，实现盘活资产的目的，引导委托人脱离当期的经营困局，实现良性循环，并最终达成为委托人纾困的目的，也避免了社会不稳定风险及问题，维护了天津当地的金融秩序；对于重整投资人而言，将重整投资人以及对于该等特定地块项目享有优先权的特定债权人都设定为子信托的受益人，充分利用特定地块项目既有的债权、担保权利，并通过行使首先查封权来保障重整投资人的资金安全，解决重整投资人参与重整的顾虑；对于金融机构债权人而言，委托人通过盘活资产的方式走出经营困境，避免了通过诉讼乃至破产等司法程序处置周期长、处置成本高等问题，也降低了资产处置过程中债务人的资产价值贬损严重导致无法足额偿付的风险。

五、项目提示

企业市场化重组服务信托在风险隔离、资产盘活与信用重构、保护债权人利益等方面拥有一定的优势，可以发挥其风险隔离的制度优势，剥离或隔离非主业或低效资产，有效搁置争议，加速推进重整方案的落地，为企业重构信用、盘活资产、恢复经营创造更好的条件，同时可对债权人利益起到一定的保护功能，有助于拯救企业，使其脱离困境，甚至实现社会稳定。信托公司作为专业资产管理机构，在客户信息采集、受益账户管理、信息披露、信托利益分配等基础运营服务方面经验丰富、平台完备，有能力为债权人提供全方位的服务，在困境企业风险处置中可充分利用其非标项目投资管理及风险把控能力。

与此同时，信托参与市场化重组项目，需要充分考虑企业自身是否具有市场化重组的价值。对于确实不具备挽救条件的企业，应当发挥破产清算程序的市场出清功能，避免社会经济资源的浪费。在市场化重组服务信托项目开展过程中合法合理地运用信托工具还需要特别注意以下问题：

1. 由于企业市场化重组缺乏统一的债权人组织，也不具备对债务人和各债权人均具有约束力的文件，其可能影响服务信托的安全、稳定性，并最终影响信托参与企业市场化重组的整体效果。

2. 需要充分重视信托财产的确定性要求，与企业一并选择拟装入信托的财产类型并对企业拟定交付的信托财产进行充分的尽职调查，以尽可能发现底层资

四
企业退出篇

产的相关风险因素并有针对性地提出风险应对或控制措施。尽可能提前规避信托无效、被撤销等相关风险，排除风险因素。对于信托财产及信托产品自身存在的固有风险，信托公司作为受托人，也需要在相关信托文件中充分揭示相关风险。

3. 在信托计划进展不顺利时，信托公司可能无法完全退出信托计划，亦可能会面临来自企业债权人、信托受益人或其他第三方的诉讼风险。因此，需要提前在信托合同等信托文件内容的设计中明确信托治理结构的相关安排，以及可能出现僵局时的处理规则及必要时的信托提前终止条件等内容，以充分规避前述风险。

综上所述，企业市场化重组服务信托在帮助企业盘活不良资产、提升债权清偿比例等方面具有明显优势，但在实际操作中需要注意业务定位、债权人协同、信托计划被撤销风险等关键问题，以确保信托计划的顺利执行和效果。

强制清算案件实务要点

贾丽丽

一、项目介绍

摩某科技有限责任公司（以下简称摩某公司或债务人）成立于2003年，2017年因未报送年报被吊销营业执照。广州智诚实业有限公司申请对摩某公司进行强制清算，天津市静海区人民法院（以下简称静海法院）于2021年6月受理并指定上海锦天城（天津）律师事务所为清算组。清算组接受指定后，依法接管债务人，并开展财产接管和调查、通知申报债权、审查债权等相关清算工作，并委托审计机构依法对债务人实施清算审计。

经调查，债务人主要资产为摩托车存货，同时发现了诸多问题，如股东未实缴出资（包含货币及土地）、瑕疵减资、存货待处置等。为了解决上述问题，实现债务人财产价值的最大化，切实保障债权人合法权益，充分保障股东参与公司强制清算程序的权利，清算组根据本案实际情况制订了《财产管理与变价方案》《分配方案》《补充分配方案》，并在充分征求债权人意见的基础上，召开债权人会议，提请债权人会议表决上述方案及议案。同时，清算组在强制清算过程中引入临时股东会表决制度，参照2018年《公司法》第39条和第40条之规定，清算组召集全体股东以书面形式召开临时股东会，对清算组拟定的《财产管理与变价方案》《分配方案》《补充分配方案》进行表决，股东会审议通过。

清算组根据表决通过的《财产管理与变价方案》《分配方案》《补充分配方案》，向债权人清偿债务、完成资产处置、向股东分配剩余财产等。清算组根据执行情况制作《清算报告》，并经临时股东会表决通过。2023年5月26日，静海法院裁定确认《清算报告》，并终结强制清算程序。2023年10月13日，清算组顺利完成摩某公司的工商注销。

本案灵活地将理论与实务相结合，凭借精准的策略制定和极强的专业能力处理紧急危机事项，变现资产近4000万元，实现了清算财产的最大变价，使债权人利益全额得到清偿，同时还向股东分配剩余财产。

二、项目难点

1. 强制清算程序下，债权审核、资产处置、财产分配等议案的有权表决主体问题。根据《企业破产法》及相关司法解释，债权人会议对债权的审核认定具有决定性作用。然而，在实际操作中，如何确保债权人的利益得到充分保护，同时兼顾债务人的实际情况，是一个复杂的问题。债权审核需要遵循形式审查和实质审查相结合的原则，管理人需对债权人申报的材料进行严格审核，包括债权的真实性、合法性以及性质、数额等。在资产处置和财产分配过程中，还需考虑到股东的权益，尤其是当股东未实缴出资时，其在财产分配中的权益如何确定，需要依据《公司法》及相关司法解释进行细致分析。

2. 高效追收出资之债的方案。在本案中，摩某公司股东未实缴的出资包括货币及土地，这直接影响摩某公司资产的完整性和债权人的清偿率。高效追收出资之债需要清算组具备高度的专业能力和法律知识，通过法律程序追缴出资，必要时通过诉讼方式解决。同时，清算组需要与股东进行沟通协商，寻求解决方案，以实现资源的重新配置和优化，高效推动强制清算程序进程。

3. 在注册资本认缴制下，分配公司剩余财产的依据，系按认缴额抑或实缴额进行分配。根据2018年《公司法》第186条的规定，有限责任公司在清偿债务后的剩余财产按照股东的出资比例分配。然而，在实践中，是按照认缴比例还是实缴比例进行分配，存在较大争议。

三、法律分析

1. 并行股东会及债权人会议的双轨核查及表决机制

为平衡债权人利益与公司股东利益，清算组在对强制清算程序中债权人及股东的权利构建中，引入公司法临时股东会的表决制度。通过该种方式打通清算企业退出市场的快车道，为高效退出市场提供借鉴样本。

本案系清偿债务后仍存在剩余财产的强制清算案件，剩余财产的分配与公司股东的权益密不可分，同时出现了与债权人权益的博弈。清算组为平衡债权人与股东的权益，创造性地并行了股东会及债权人会议的双轨核查及表决机制。以下就强制清算过程中引入临时股东会表决机制的合法性、合理性及必要性进行说明：

第一，从清算组及股东会的职权内容角度：2018 年《公司法》第 184 条规定："清算组在清算期间行使下列职权：（一）清理公司财产，分别编制资产负债表和财产清单；（二）通知、公告债权人；（三）处理与清算有关的公司未了结的业务；（四）清缴所欠税款以及清算过程中产生的税款；（五）清理债权、债务；（六）处理公司清偿债务后的剩余财产；（七）代表公司参与民事诉讼活动。"2018 年《公司法》第 186 条第 3 款规定："清算期间，公司存续，但不得开展与清算无关的经营活动。公司财产在未依照前款规定清偿前，不得分配给股东。"2018 年《公司法》第 37 条第 1 款规定："股东会行使下列职权：（一）决定公司的经营方针和投资计划；（二）选举和更换非由职工代表担任的董事、监事，决定有关董事、监事的报酬事项；（三）审议批准董事会的报告；（四）审议批准监事会或者监事的报告；（五）审议批准公司的年度财务预算方案、决算方案；（六）审议批准公司的利润分配方案和弥补亏损方案；（七）对公司增加或者减少注册资本作出决议；（八）对发行公司债券作出决议；（九）对公司合并、分立、解散、清算或者变更公司形式作出决议；（十）修改公司章程；（十一）公司章程规定的其他职权。"通过对比可知，清算组在清算期间较多地侧重清算程序事项的职权方面，而股东会的职权内容却并不局限于此，两者的关系不是替代性关系。

第二，从清算组组成成员以及股东会成员的角度：最高人民法院《关于适用〈中华人民共和国公司法〉若干问题的规定（二）》第 8 条规定："人民法院受理公司清算案件，应当及时指定有关人员组成清算组。清算组成员可以从下列人员或者机构中产生：（一）公司股东、董事、监事、高级管理人员；（二）依法设立的律师事务所、会计师事务所、破产清算事务所等社会中介机构；（三）依法设立的律师事务所、会计师事务所、破产清算事务所等社会中介机构中具备相关专业知识并取得执业资格的人员。"清算组成员可以从公司股东、董事、监事、高级管理人员产生，即清算组成员并非全部由股东组成，也并非所有股东均为清算组成员。

四
企业退出篇

在清算组组成成员与股东会成员不完全一致的情况下,清算利益归属于全体股东,股东自然享有对公司清算之后所有者权益分配的表决权利。在强制清算程序中,清算组不能替代股东会径直作出决议而直接分配,股东对支付费用和清偿债务后的剩余财产享有最终所有权。股东权益与清算行为和清算方案的内容息息相关。因此,相较于债权人,股东应当在强制清算程序中享有更多权利。

同时,在公司存在剩余财产的情况下,股东同时享有核查清算组债权审核结果的权利。具体分析如下:

鉴于股东对于清算组作出的债权核定结果具有请求人民法院不予确认的诉讼主体资格,为避免诉累,将债权核定结果通过股东会决议,并经股东会同意,可最大限度地节省司法资源、避免诉累。

由于强制清算程序应以维护公司各方主体利益平衡为原则,实现公司退出环节中的公平公正,人民法院在审理公司强制清算案件时,既要充分保护债权人利益,也要兼顾公司股东等其他各方的利益。而在清算程序分配公司剩余财产的顺序中,公司股东处于末位,清算组对公司债权人申报债权的确认结果直接影响公司股东尚能分配的剩余财产余额,故可以认定公司股东对于清算组作出的有关公司债权、债务核定结果具有直接利害关系。

最高人民法院《关于适用〈中华人民共和国公司法〉若干问题的规定(二)》第12条规定,公司清算时,债权人对清算组核定的债权有异议的,可以要求清算组重新核定。清算组不予重新核定,或者债权人对重新核定的债权仍有异议,债权人以公司为被告向人民法院提起诉讼请求确认的,人民法院应予受理。虽然该规定只赋予债权人对清算组核定的债权提出异议并以公司为被告向人民法院提起诉讼请求确认债权的权利,但并未否定公司股东、债务人对清算组作出的债权、债务核定结果提出异议并提起诉讼的权利。由于债权人、债务人和公司股东与清算组作出的债权、债务核定结果均存在直接的利益关联,法律上应平等赋予利益关联方相同的救济权利,才能公平地保护各方的合法权益。

结合最高人民法院(2018)最高法民再364号案件的裁判案例,最高人民法院认为:千叶酒店的清算程序系佛山市中级人民法院受理宏通公司的强制清算申请而启动,并由佛山市中级人民法院指定清算组。宏通公司作为千叶酒店的中小股东,其合法利益在清算程序中应得到充分保障。宏通公司对清算组确认的债权人申报的债权有异议,并以申报债权的主体千叶房地产公司和被清算的千叶酒店为被告提起诉讼,符合《民事诉讼法》规定的起诉条件,应认定其具有一审原告的诉讼主体资格。

综上所述,清算组的债权审核结果应经过股东会核查,股东有权利提起债权确认之诉。

2. 假马竞标、结算方式处理出资之债,实现资源重新配置

在本案中,清算组灵活运用"假马竞标规则",通过结算方式解决出资之债,最终处理的资产总额达4000万元。

(1) 创新采用"假马竞标规则"

在破产法语境下,"假马"指与债务人达成投资协议的潜在投标人,旨在引出出价更高的竞标人,为债权人带来更大的回报。假马竞价人在独立尽职调查后,会与债务人磋商交易价格,并提交初始报价作为竞标基准价,该基准价将向市场披露,从而推动资产的拍卖。

在本案中,债权人兼大股东先行提供意向收购价格(评估价格612.89万元),并以该评估价格作为起拍价进行竞拍。

(2) 加强信息对称性

在意向投资人的招募过程中,潜在的意向投资人往往无法掌握标的资产的完整信息。假马竞价制度下,多个竞标人之间可能互通有无,共享信息,减少信息的不对称,从而提高竞标的透明度。这使得"假马竞标规则"的方式在信息对称性方面具有明显优势。

(3) 提高程序效率

假马竞价人的出现为其他潜在的意向投资人提供了"搭便车"的机会,大幅缩短了竞标过程中不必要的拉扯时间,使得潜在的意向投资人可以根据实际情况尽快作出行为决策,提高破产程序的效率。

(4) 最大化财产处置效益

在普通投资人招募程序下,意向投资人需承担额外的尽职调查费用,增加投资成本,可能导致债务人财产被低价出售。而假马竞价制度下,假马竞价人的出现为其他潜在投资人释放信息信号,使其能够在公允的价格区间内报价,避免债务人的资产被贱卖。

(5) 出资之债的结算式处理

清算组追缴的出资22 962 585.96元系出自大股东,而其本身还享有对债务

人 27 752 190.96 元的债权,最终分配到大股东的分配额可与追回的出资额进行对冲。同时,本案仅存在一名债权人,在债权人会议无异议的情况下,通过结算的方式处理出资之债达到了高效推动资产的清收及程序的推动。

(6) 实现良好的资源重新配置效果

本案清算组挂牌后,实现了资产高溢价转让,特别是出资之债的处置,平均出价均在 400 次左右,最高 492 次出价,挂牌总额 2.2 万元,成交额 140 万元,溢价率高达 63 倍。

3. 剩余财产分配以实缴出资为依托,大股东兜底解决认缴出资下的差额风险

(1) 经股东会决议通过以实缴出资为基数分配剩余财产的议案

鉴于摩联公司章程未对公司清算时的剩余财产分配标准做出明确约定,清算组提出以实缴出资为基数分配剩余财产的议案,并经过股东会决议通过。

根据权利和义务相一致原则,股东享有权利应以其履行义务为前提。在股东未履行或未全面履行出资义务时,其对剩余财产的分配请求权应受到合理限制。此外,按照认缴出资比例进行分配将导致"不劳而获"的局面,对已足额实缴的股东不公平。

(2) 大股东兜底解决认缴出资下未缴出资股东的分配差额风险

针对认缴制下剩余财产分配是按股东实缴额还是认缴额的争议,清算组通过计算、分配认缴额与实缴额的差额,与大股东友好沟通,由大股东在风险额度范围内出具承诺书兜底解决。

4. 本案第一次、第二次债权人会议合并,实现高效结案

清算组从高效办案角度出发,创新"串联"为"并联"的债权人会议模式。在传统的破产或强制清算案件中,通常需要召开两次债权人会议。通过合理安排,本案实现通过一次债权人会议认定债权并表决各项议案,节约了司法成本,减轻了债权人和股东的诉累,提升了债务人财产变现进度。

清算组探索并创新工作模式,最终顺利实现设定目标并超前完成所有事项,通过一次债权人会议表决财产分配方案的形式,使得财产在短期内进行拍卖,实现价值最大化,维护了广大债权人利益,提高了强制清算的效率,极大降低了司法成本,为国家经济高质量发展提供了有力支持。

四、项目结果

摩联公司的强制清算案在清算组的专业管理和精心操作下取得了显著成果。通过并行股东会及债权人会议的双轨核查及表决机制,成功平衡了债权人与股东的利益,确保了清算过程的公正性和透明度。这一机制不仅提高了决策效率,还为其他类似案件提供了宝贵的经验供参考。

在资产处置方面,清算组创新性地采用了"假马竞标规则",有效地解决了出资之债问题,并通过结算方式实现了资源的重新配置。这一策略不仅提高了资产处置的效率,还最大化财产处置的效益,最终实现了资产高溢价转让,成交额达到140万元,溢价率高达63倍,显著超出预期。

在剩余财产分配问题上,清算组坚持以实缴出资为依托,通过股东会决议,确定了以实缴出资比例为基础的分配方案。这一做法不仅符合权利与义务相一致的原则,还避免了"不劳而获"的局面,保护了已足额实缴股东的权益。

最终,本案在2023年5月26日由静海法院裁定确认《清算报告》,并终结强制清算程序。2023年10月13日,清算组顺利完成摩联公司工商注销工作,标志着本案的圆满结束。整个清算过程不仅全额清偿了债权人利益,还在剩余财产分配中实现了股东权益的最大化,展现了清算组在处理紧急危机事项中的精准策略制定和极强的专业能力。通过这一系列高效、公正的操作,清算组既维护了各方的合法权益,也为营造良好的营商环境和促进市场经济的健康发展做出了积极贡献。

五、项目提示

在摩联公司的强制清算案中,我们获得了一些重要的项目提示和实践经验,这些对于未来的清算工作具有指导意义。

1. 双轨制表决模式的重要性

本案参照适用《企业破产法》及其司法解释的有关规定与《公司法》及其司法解释的有关规定,采用"双轨制"表决模式,即股东会与债权人会议并行的方式,既保障了股东权益又保障了债权人权益,化解矛盾,实现共赢。这种模式有助于化解矛盾,提高决策效率,并为其他案件提供了可行的参考。

2. 创新"假马竞标规则"的应用

债权人兼大股东先行提供意向收购价格（评估价格612.89万元）并提供评估报告。清算组以该评估价格作为起拍价进行竞拍，减少了清算费用，提升了清算效率，降低了流拍风险。这种方法为未来处理类似资产处置问题提供了新的思路。

3. 资产处置、剩余财产分配的创新方式

针对出资之债的追缴做结算处理，对剩余财产的分配以股东实缴出资为原则，大股东兜底解决认缴出资下的差额风险。如此，既高效解决了出资追回问题，又在剩余财产向股东分配环节，考虑了股东的利益，把控了相应风险，更彻底地解决了股东现有问题及可能产生的问题。

4. "串联"变"并联"法的创新方法

本案将第一次、第二次债权人会议合并，节省了时间成本，维护了债权人、股东利益，提高强制清算的效率，极大降低了司法成本。

5. 良好的资源重新配置效果

本案清算组挂牌后，实现了资产高溢价转让，特别是出资之债的处置，平均出价均在400次左右，最高492次出价，挂牌总额2.2万元，成交额140万元，溢价率高达63倍。

企业自主清算及破产清算前的风险梳理项目指引

尚丽娟

一、项目介绍

某集团公司子公司因市场下行和经营不善，业务基本处于停滞状态，拟退出经营。公司及股东方拟就人员安置、资产处置和债权债务处理等聘请律师团队提供法律支持，并最终确定退出路径，确保依法退出。债权债务方面，公司对外存在相当规模的债权债务，其中主要债权人为公司股东、金融机构和上游供应商，已资不抵债。资产方面，公司持有的是短期内难以变现的厂房和变卖会导致价值贬损的生产线。人员方面，除股东委派的主要管理人员外，员工人员结构以一线操作人员为主，有正式员工、劳务派遣员工等多种用工方式。员工的工龄基本较长，员工安置预期较高。基于与股东和关联方等的合作原因等，目前债权人主动起诉公司的案例不多。

现几方股东意见偶有分歧，但是大局方面仍基本可控，尚不至于需要借助司法解散方式破除公司僵局。

二、项目难点

一是退出路径的选择和计划的制订，有步骤实施，尽可能规避未来公司、股东和管理层的风险。根据公司债务规模，公司注册资本1亿元，账面资产3亿元，负债规模已经达到5亿元，且短期内无偿债能力变化和经营好转的预期。依据《企业破产法》第2条"企业法人不能清偿到期债务，并且资产不足以清偿全部债务或者明显缺乏清偿能力的,依照本法规定清理债务。企业法人有前款规定情形,或者有明显丧失清偿能力可能的,可以依照本法规定进行重整"等相关规定,公司基本具备破产原因。是选择破产清算还是通过自主清算方式退出?如果通过自主清算退出,公司债务如何化解?如果通过破产清算,公司、股东等可能产生的时间成本和其他成本是什么?该等问题均需要进行充分论证。

二是平稳解决近300名员工安置问题。关于员工安置资金来源和后续合法性问题,如果通过股东垫付,股东垫付权益如何保障?同时,员工安置诉求较高,此前已经存在关联公司安置标准较高的先例,另案中已经出现员工占领厂区等恶性事件,员工希望通过谈判对峙提升安置标准。安置的平稳性是首要目标。如果安置不当,可能会引发社会稳定事件,导致公司面临追责或安置成本大幅度提升等。

三是最终实现有效地处置资产和成本控制等,保障股东、公司及债权人利益。根据法律规定,公司财产在分别支付清算费用、职工的工资、社会保险费用和法定补偿金,缴纳所欠税款,清偿公司债务后的剩余财产,有限责任公司按照股东的出资比例分配,股份有限公司按照股东持有的股份比例分配。目标公司首先考虑清算费用和职工安置资金的来源问题。如果公司清算周期和资产处置周期较长,可以考虑先把职工安置解决,如果员工安置资金依靠资产处置,将直接影响员工安置的速度和效果,也变相增加了安置成本。此外,如果通过破产清算,未来资产处置主导程序将由人民法院指定的管理人决定,如通过司法拍卖等,限制更多,资产贬值的可能性较大。

三、法律分析

1. 退出路径之法律分析

《民法典》第68条规定:"有下列原因之一并依法完成清算、注销登记的,法人终止:(一)法人解散;(二)法人被宣告破产;(三)法律规定的其他原因。法人终止,法律、行政法规规定须经有关机关批准的,依照其规定。"依据《民法典》,法人终止主要是解散清算和法人破产清算。

《公司法》第229条规定:"公司因下列原因解散:(一)公司章程规定的营业期限届满或者公司章程规定的其他解散事由出现;(二)股东会决议解散;(三)因公司合并或者分立需要解散;(四)依法被吊销营业执照、责令关闭或者被撤销；（五）人民法院依照本法第二百三十一条的规定予以解散。公司出现前款规定的解散事由，应当在十日内将解散事由通过国家企业信用信息公示系统予以公示。"依据前述《公司法》之规定，结合对公司章程等的梳理，公司目前除股东会决议解散之外，并不符合其他客观解散的条件。

根据《公司法》等相关法律的规定，公司退出经营，消灭主体需要经过解散并清算的程序。其中，解散分为自主解散和司法解散，清算分为自主清算、强制清算和破产清算等流程。

同时，《公司法》第237条规定："清算组在清理公司财产、编制资产负债表和财产清单后，发现公司财产不足清偿债务的，应当依法向人民法院申请破产清算。人民法院受理破产申请后，清算组应当将清算事务移交给人民法院指定的破产管理人。"公司自主清算和强制清算过程中，如发现公司处于资不抵债情况下，需要转为破产清算程序。

公司现在已经存在资不抵债和破产情形，如果不对债务进行化解，那么清算程序中就需要最终转化为破产程序。是否需要化解债务，需要股东方结合相关情况判断。例如，先行垫付和化解债务，归集债权，待将来发展形势决定是继续经营还是启动破产程序。

在这一过程中，我们协助客户对债务规模和构成、债务瑕疵等进行分析，协助客户与第三方债权人和债务人做出谈判规划，归集债权债务至股东方，同时利用后续合作等其他方式三方化解债务，最终将债权全部归集至股东方，规避了外部债权人诉讼导致直接进入破产程序等潜在不可控因素。

2. 有关方责任及风险分析

（1）清算义务人和清算组成员的法律责任。新《公司法》明确有限责任公司董事为清算义务人，应当在解散事由出现之日起十五日内组成清算组进行清算。清算组由董事组成，但是公司章程另有规定或者股东会决议另选他人的除外。清算义务人未及时履行清算义务，给公司或者债权人造成损失的，应当承担赔偿责任。清算组成员履行清算职责，负有忠实义务和勤勉义务。基于以上规定等，提示董事等有关人员勤勉尽责，例如，妥善保管公司财产、财务账册及重要文件等，勤勉履职，避免产生其他法律责任。

（2）股东的出资责任。无论是在自主清算还是破产清算情况下，股东出资均属于公司清算资产，公司已经资不抵债，股东认缴而尚未实缴的出资后续应当在

四
企业退出篇

清算程序中履行出资义务。同时，未履行出资义务或者出资有瑕疵股东均应承担责任。

（3）股东滥用股东权利或不当处置公司资产等产生的责任。如果存在股东滥用股东权利损害债权人利益情形，无论是在进入破产和清算程序之前的个别诉讼中，还是在自主清算之后追责问题中，以及破产程序之下等均可能引发风险，例如，引发股东赔偿或者引起关联公司合并破产等。股东不当处置公司资产，例如，在人民法院受理破产申请前一年内涉及以不合理价格与股东及关联方进行交易，或者人民法院受理破产申请前六个月内对股东或者任何关联方的个别清偿行为等不当处置财产的行为在破产程序中均会被撤销，甚至引发其他法律责任。所以，即便股东及关联方是合法的债权人，也应当充分提示注意规避个别清偿等不当处置财产的行为出现。

3. 人员安置问题

（1）退出路径对员工安置预期的影响分析。通过大量经验积累，我们知道不同退出路径对员工安置预期是有影响的。例如，公司毫无征兆突然宣布解散清算，员工对抗性情绪可能较大。相反，如果是在公司进入破产清算程序之后，相对而言员工安置预期会降低很多。当然，在这两种情形下补偿均是有明确法律标准的，但是对员工稳定性目标认知需要差异化处理。

（2）区分人员与公司的法律关系，根据不同法律关系的各自法律依据进行处理。具体来说，将公司现有人员区分为劳动关系、劳务派遣关系及劳务关系进行处理。另外，股东派驻人员原则上与公司不存在直接法律关系，往往与股东方存在劳动关系，由股东方自行安置。对于派遣人员等，则依据与派遣公司的协议，充分协商，有效解决派遣人员问题。

（3）在进入破产程序之前，正式员工的清退方案有两种。第一种方案以公司停业为清退的前提，以《劳动合同法》第40条第3项"劳动合同订立时所依据的客观情况发生重大变化，致使劳动合同无法履行，经用人单位与劳动者协商，未能就变更劳动合同内容达成协议的"之解除方式作为兜底方式，该处的客观情况发生重大变化主要是指公司停止业务经营，并据此撤销所有部门或者据此调整组织架构；并交叉使用《劳动合同法》第36条规定的协商解除方式及第44条第1项规定的劳动合同到期公司不再续签方式。第二种方案以公司解散清算为清退前提，依据《劳动合同法》第44条第5项"用人单位被吊销营业执照、责令关闭、撤销或者用人单位决定提前解散后"之规定以公司进入清算程序解除与所有员工的劳动关系为前提。以上方案中会同时告知员工，如公司进入破产程序可能会面临经济补偿标准和领取时间的区别等，以控制员工合理预期。

关于防范措施的方向，可从内部与外部两方面来说。从内部来说：一是充分利用现有的职工监督及民主形式（工会及职工代表大会），对员工诉求及预期进行摸底，并有针对性地对员工开展相关法律教育；二是提供解除奖励机制，分批分流安置，避免矛盾集中爆发；三是提前解决好安置资金及预备资金问题，尽量缩短处理程序。从外部来说：一是知会并取得人力资源和社会保障部门的支持，保证清退安置方案的合法性，降低仲裁/诉讼风险，以及在发生人员不稳定事件时，寻求政府部门的支持与协调；二是可与招聘机构等平台展开合作，为员工的再就业提供便利，降低清退难度。

（4）股东垫付安置费用清偿保障。根据《企业破产法》第48条的规定，破产企业拖欠员工的工资和医疗、伤残补助、抚恤费用，所欠的应当划入员工个人账户的基本养老保险、基本医疗保险费用，以及法律、行政法规规定应当支付给员工的补偿金，按照该法规定的清偿顺位予以支付。按照财务报表的账面价值分析，已经存在资不抵债问题，公司账面的流动资金实际无法使用，同时面临一部分债务无法偿付问题，债权人可能会通过诉讼或执行程序主张权利，且暂时不考虑通过资产处置方式弥补资金缺口。解决好安置资金的来源问题将成为本项目核心问题之一。解决资金问题，除了调动股东等相关方积极性，还需要充分利用公司可融资或抵押资产，以及整合产业链合作关系等，以化解困局。

4. 资产处理

笔者结合企业属性、行业特点、行业上下游等市场行情，建议客户暂缓处置资产，寻找合适投资人，便于资产价值最大化。

四、项目结果

本案股东基于综合判断，选择暂停营业方式优先解决员工问题。再通过集体协商或者债权转让等方式有效地化解外部债权，将债权归集给股东，避免小额债权人诉讼引发破产风险。之后通过引入外部投资人转让股权，避免实体走向破裂。有效避免社会风险，公司有效价值资产得以最大化。避免股东及关联方受目标公司破产程序牵制。本案中股东未选择直接破产程序，但是通过前期的大量工作和法律梳理，律师团队理顺企业基本情况，分析了未来走向和整体风险，最终逐步实现股东、公司和债权人利益最大化。

五、经验提示

1. 注重谋篇布局，在公司决定退出思路前，一定要通过专业机构确定退出路径。现在很多公司在不当退出后，出现大量清算责任纠纷案件和追责案件。在路径选择中，一部分管理人员认为借助破产清算程序会当然减轻公司和股东的工作，有助于直接实现脱困，实际上可能有时候选择一些更积极主动的解决思路反而可以有效化解债务，真正终局性解决难题。

2. 人员安置程序也要灵活运用多种工具。区分股东背景，是否涉及国资性质和外资性质，是否有相关单位的安置前列，如涉本项目中股东及关联方存在的安置基准很高，涉及 2N 及补缴各种待遇等历史问题。要充分吸取经验教训，设置合理安置目标。同时，按照人员的不同法律关系，分类进行清退安置。在安置前，要充分争取关键员工的支持与协助，充分向员工释明，避免出现工作组人员与员工对抗局面，造成工作被动。

3. 注意避免因为清算前准备工作和清算程序不周延反而引发其他风险。例如，在清算准备期间个别清偿债务，最终因自主清算无法进行转为破产清算后个别清偿可能被撤销等。再如，清算程序中对已知债权人的认定和通知瑕疵，可能导致清算程序结束后债权人以虚假清算等理由追责清算组或者股东。

4. 资产处理中，不仅要关注法律，更要关注行业惯例和市场行情，多元思路处理资产。资产处理中，首先要捋清楚公司是否涉及国有资产，是否涉外资持有等。处置程序需要符合法律规定。同时，还需要关注资产本身法律特性，如是否属于融资租赁、售后回租、保留所有权的买卖合同、在建的建筑工程等法律上需要特殊关注的资产属性。此外，还需要关注资产服务行业上下游的行业状况、市场行情、投资惯例，以进一步判断处置和交易节点等，尽可能在法律框架下丰富处置路径。

公司解散纠纷解决

——国有股东视角

胡德莉

一、案例介绍

2010年1月，案涉公司成立，主要经营范围为工程咨询，股东为某国有企业（持股比例32%，本案委托人，以下简称国资股东）及4名自然人股东（各持股比例8%~24%不等，合计持股比例为68%），案涉公司法定代表人为其中一名自然人股东。

案涉公司章程约定：股东会会议分为定期会议和临时会议。定期会议每年召开一次，定于次年1月31日前召开。公司在上述期限内因故不能召开股东会定期会议的，应当报告全体股东说明原因，并提出延期召开股东会会议的日期。案涉公司自2016年3月起未召开过股东会。

2019年11月，公司中3名自然人股东（以下合称三涉刑股东，包括担任法定代表人的自然人股东）通过案涉公司对外签订虚假合同，虚构公司业务，将公司公款倒取成现金，形成公司账外款等手段，非法获利千万余元，分别被判决犯贪污罪、职务侵占罪。

因公司主要业务及经营管理均由4名自然人股东负责，三涉刑股东被判处刑罚后，严重影响了公司商誉、经营发展和管理。并且，由于法定代表人拒不配合工商年检手续、银行账户信息变更等相关手续，公司经营严重受阻，国资股东多次沟通协调均未果。

2021年8月，因公司财务及经营状况不佳，经征询全体员工意见后，公司发布暂停正常生产经营活动的通知，并同步解决员工安置问题，截至本案起诉之日，仅余一位员工劳动关系存续。

2021年12月，经公证债权文书确认，公司尚欠国资股东6000万余元债务未归还，截至本案起诉时，尚有债务余额5000万元未执行完毕。

另外，2021年12月起，公司欠缴税费及滞纳金持续增加，至2024年1月累计欠缴额已达87 395.71元；自2022年2月开始，应税收入和计税依据均为0。

2023年8月，国资股东曾提出解散公司的提议，三涉刑股东均以书面形式表示不同意公司解散。

2023年12月，国资股东委托本所律师，诉求为通过司法程序解散公司。

2024年6月（本案二审期间），案涉公司依法被吊销营业执照。

二、案例难点

现行关于股东解散公司请求权的法律规范仅有《公司法》第231条及最高人民法院《关于适用〈中华人民共和国公司法〉若干问题的规定（二）》相应条款，且具体裁判标准并不明确，实践中观点亦不统一。

本案中，面临的难点主要为以下三点：（1）三涉刑股东在一审中提出抗辩，公司经营未达到严重困难的程度，且部分涉刑股东即将刑满释放可助公司扭亏为盈，即不符合"公司继续存续会使股东利益受到重大损失"之解散情形；（2）"穷尽其他救济方式"为司法解散之诉的诉前前置程序，案涉公司尚未穷尽收购股权及减资等手段；（3）二审期间，案涉公司被吊销营业执照，该事实是否在程序及实体上影响本案案件审理。

三、法律分析

1. 公司解散标准之"人合性"和"资合性"判断——结合公司股东涉刑事实

案涉公司系依法成立的有限责任公司，基于股权的封闭性特点，股东间的信任和资金的联合构成了有限责任公司两个不可或缺的信用基础。若想使维系公司经营管理和正常运转的"资本多数决"原则发挥作用，既要求股东之间"人合"，又要求股东之间"资合"。根据《公司法》第231条的规定，公司解散的实质要件即"公司经营管理发生严重困难，继续存续会使股东利益受到重大损失"，就该要件，应从"人合性"要素和"资合性"要素两方面来考察。

（1）关于"人合性"。

参考《公司僵局的司法破解》①的观点，即"公司僵局的本质在于公司的人合性危机进而导致公司治理结构的失灵……公司僵局的产生标志着公司的人合性危机，表明股东或董事之间的利益冲突或权利争执以及情感对抗已经发展到极致，相互合作基础几近丧失"。

"人合性"因素主要是指股东之间具有良好合作意愿和稳定的协作关系是公司存续的必要条件，公司的正常运行也是通过股东行使权利和公司管理机构行使职权实现的。如果股东之间发生利益冲突或情感对抗，并丧失了最起码的信任，那么，股东之间相互合作的基础已完全丧失，即公司存续的人合基础丧失，进而导致公司管理混乱、运行瘫痪。

本案中，在"人合性"要素方面，结合关联刑事案件已认定三涉刑股东侵吞案涉财产而犯职务侵占罪、贪污罪，三人因损害公司利益已受到刑事处罚，三人的行为不仅损害公司利益而且必然损害其他股东利益，现公司股东之间已丧失信任基础。2023年8月，国资股东向三涉刑股东以书面形式征询是否同意解散公司事宜，三人均签字表示"不同意"。由此可见，公司股东之间确已发生了严重的矛盾与对立。事后，由于其中两涉刑股东仍处于在押状态，各个股东无可能达成一致意见来管理公司，股东矛盾无法自行调和，公司管理事务已处于瘫痪，公司的运行已陷于僵局。在此情况下，股东间已无法形成包括解散公司在内的任何决议，不存在继续通过其他公司内部自治等救济程序打破僵局之可能。由此可认定，公司的"人合性"要素已不复存在。

---

① 《公司僵局的司法破解》的观点："公司僵局的本质在于公司的人合性危机进而导致公司治理结构的失灵……公司僵局的产生标志着公司的人合性危机，表明股东或董事之间的利益冲突或权利争执以及情感对抗已经发展到极致，相互合作基础几近丧失。在公司僵局的情形下，运行机制的失效导致了无效率将使公司无可避免地陷入盈利能力的衰退和资产的减损""所谓公司僵局，是指公司在存续运行中由于股东或者董事之间发生分歧或者纠纷，且彼此不愿妥协而处于僵持状态，导致公司有关机关不能按照法定程序作出决策，从而使公司陷于无法正常运转甚至瘫痪的事实状态。公司僵局是封闭公司中的一种现象。究其原因，不仅仅是在强调人合性的封闭公司中，作为基础的信任破裂难以弥合。"参见冯果：《公司僵尸的司法破解》，载《人民法院报》2015年12月23日，第7版。

（2）关于"资合性"。

在"资合性"要素方面，公司法中规定的公司经营管理发生严重困难，包括两种情况：一是权力运行发生严重困难，股东会、董事会无法正常运行，无法对公司的任何事项作出任何决议；二是公司的业务经营发生严重困难，公司经营不善、严重亏损。

首先，权力运行是否严重困难。公司章程约定每年召开一次定期股东会会议，从在案证据并结合各方陈述看，案涉公司自2016年3月起连续多年未召开过股东会，且自部分涉刑股东被区监察委员会留置起，案涉公司已持续两年以上不能做出有效的股东会或者股东大会决议，公司治理结构已完全失灵，案涉公司处于事实上的瘫痪状态，无法对公司的任何事项作出任何决议。

其次，公司业务经营是否严重困难。案涉公司多年来未开展实际经营并将员工逐渐遣散，且经查询显示案涉公司已处于经营异常状态，已被列为失信被执行人和限制高消费，自2022年2月开始，应税收入和计税依据均为0。2024年6月案涉公司被吊销营业执照，该公司业务经营显然严重困难。由此可见，该公司的"资合性"要素已出现严重危机，不具有生存的基础。

鉴于此，本案中股东间的信任和资金的联合均已出现严重危机，公司经营管理出现严重困难，严重损害股东利益且穷尽其他途径不能解决，应依法解散公司。

2. "通过其他途径无法解决"虽属案件受理的形式要件，但司法实践中，基于公司自治、经济成本和社会成本的考虑，法院亦可在审判阶段中给予当事人调解磋商机会

（1）"其他途径"释义及实际调解效果。

司法解散确实可以彻底解决股东间的利益冲突，但由于司法解散制度的终局性和不可逆转性，立法者希望各方通过自行协商调解、股权转让或回购等较为缓和的方式解决问题以避免公司解散。最高人民法院倾向于将"穷尽其他救济方式"解读为司法解散之诉的诉前前置程序，有利于节约司法资源和谦抑性的适用。《公司法》第231条设置了限制性条件，即公司和股东发生矛盾需要"通过其他途径不能解决"；最高人民法院《关于适用〈中华人民共和国公司法〉若干

问题的规定（五）》第 5 条①亦强调人民法院在审理涉及有限责任公司股东重大分歧案件时，应当注重调解，并列举了公司股份回购、对内对外转让股权、公司减资以及公司分立等具体调解方式。2013 年至 2022 年我国公司解散纠纷案件的调解结案率仅 2.1% 左右，且统计结果显示，2020 年调解结案案件数量 109 件，2021 年 32 件，2022 年仅 1 件。②

此处穷尽其他途径的关注重点应该在"穷尽"。"穷尽"不仅仅指原告股东曾经采取过其他手段化解纠纷这一"过程"，还应该包括原告股东已经采取了一切可能的手段但仍无法化解内部治理障碍这一"结果"。③ 根据山东省高级人民法院民二庭《关于审理公司纠纷案件若干问题的解答》第 13 条④及《公司僵局及其纠纷解决的实践思路》⑤，"其他途径"包括内部途径与外部途径两个方面，

---

① 最高人民法院《关于适用〈中华人民共和国公司法〉若干问题的规定（五）》第 5 条规定："人民法院审理涉及有限责任公司股东重大分歧案件时，应当注重调解。当事人协商一致以下列方式解决分歧，且不违反法律、行政法规的强制性规定的，人民法院应予支持：（一）公司回购部分股东股份；（二）其他股东受让部分股东股份；（三）他人受让部分股东股份；（四）公司减资；（五）公司分立；（六）其他能够解决分歧，恢复公司正常经营，避免公司解散的方式。"

② 参见邓振鸿：《公司司法解散制度实证研究——基于 200 份裁判文书的分析》，江西师范大学 2023 年硕士学位论文，第 32 页。

③ 参见刘婷：《公司司法解散纠纷司法介入问题研究》，兰州大学 2022 年硕士学位论文，第 50 页。

④ 山东省高级人民法院民二庭《关于审理公司纠纷案件若干问题的解答》第 13 条指出：2018 年《公司法》第 182 条（现为第 231 条）规定，"公司经营管理发生严重困难，继续存续会使股东利益受到重大损失，通过其他途径不能解决的，持有公司全部股东表决权百分之十以上的股东，可以请求人民法院解散公司"，其中：（1）"公司经营管理发生严重困难"应当如何认定？（2）"其他途径"具体包括哪些情形？答：（1）公司经营管理发生严重困难，可以分为公司外部的经营困难和公司内部的管理困难。经营困难，即公司的生产经营状况发生严重亏损的情形；管理困难，则是指公司的股东会、董事会等公司机关处于僵持状态，有关经营决策无法作出，公司日常运作陷入停顿与瘫痪状态。判断公司的经营管理是否出现严重困难，应当从公司的股东会、董事会或执行董事及监事会或监事的运行现状进行综合分析认定，公司是否处于盈利状况并非判断公司经营管理发生严重困难的必要条件。公司经营管理发生严重困难的侧重点在于公司管理方面存有严重内部障碍，如股东会机制失灵、无法就公司的经营管理进行决策等，不应片面理解为公司资金缺乏、严重亏损等经营性困难。（2）"其他途径"主要是指非诉方式，如自行协商、行业调解、人民调解等。从立法目的角度考虑，公司法规定"通过其他途径无法解决"限制条件的目的是保护公司的稳定和存续，防止中小股东滥用司法解散制度，鼓励当事人通过其他非诉讼途径解决僵局，同时也是使人民法院审慎适用强制解散公司的手段，但并非要求对于公司僵局的处理必须以穷尽其他救济途径为前提。

⑤ 《公司僵局及其纠纷解决的实践思路》指出："'其他途径'一般包括内部途径与外部途径两个方面，前者如召开股东会、董事会、内部协商转让股权、请求公司收购股份等；后者包括第三方居中调解、仲裁或者股东提起单项诉讼等。公司法之所以规定这一前置条件，是考虑到解散公司是一种最为严厉的打破公司僵局的救济措施，它意味着公司主体资格的消灭，所以原告股东在起诉解散公司之前要尽力化解公司矛盾。"刘振：《公司僵局及其纠纷解决的实践思路》，载《人民法院报》2023 年 9 月 21 日，第 7 版。

四
企业退出篇

前者如召开股东会、内部协商转让股权、请求公司收购股份、寻求减资退股等，后者包括行业协会或行政部门等第三方进行调解等。

（2）现行法律规定未要求对于公司僵局的处理必须以穷尽其他救济途径为前提。

目前，对于该要件的争议主要集中在其究竟属受理案件的形式条件，还是判决解散的实质条件。学者金海平认为"通过其他途径无法解决"是司法解散的实体要件，是法官作出判决的实体标准。① 张勇健教授认为该条应该作为受理司法解散之诉的前置程序条件，类似于股东代表诉讼中的"穷尽内部救济"规则。② 辛欣与周宏法官则认为该条件"既是股东提起诉讼的形式审查条件，更是审理中能否判决解散公司的实质审查条件"。③

前述山东省高级人民法院民二庭《关于审理公司纠纷案件若干问题的解答》第13条第2款"从立法目的角度考虑，公司法规定'通过其他途径无法解决'……并非要求对于公司僵局的处理必须以穷尽其他救济途径为前提"；深圳市中级人民法院《关于受理公司解散和清算案件的裁判指引》第5条④"'通过其他途径不能解决'……不作为决定是否受理案件的条件"。笔者认为，现行法律规定并非要求对于公司僵局的处理必须以穷尽其他救济途径为前提，即将"穷尽其他救济途径"作为形式审查要件更为合理，一方面不能将其机械地理解为前置程序，另一方面不能苛责当事人必须用尽一切替代性措施。原告股东只需要证明，自己向被告提出了回购股权的请求或其他救济手段但被告拒绝即可，而无须证明自己已经穷尽种种可能的措施。

（3）司法实践中，基于公司自治、经济成本和社会成本的考虑，法院在综合考虑股东在诉讼前是否已经积极寻求过解决公司经营管理困难的途径的基础上，亦可在审判阶段中给予当事人调解磋商机会。

本案二审判决载明，"基于公司自治、经济成本和社会成本的考虑，法院即

---

① 参见金海平：《公司司法解散制度研究》，中国政法大学2007年博士学位论文，第64页。
② 参见张勇健：《新〈公司法〉的先进理念与公司诉讼》，载《法律适用》2006年第Z1期。
③ 参见辛欣、周宏：《公司司法解散要件解析——从超运公司解散案说起》，载《法律适用》2019年第6期。
④ 深圳市中级人民法院《关于受理公司解散和清算案件的裁判指引》第5条指出："股东提起解散公司诉讼时，人民法院应要求股东对公司法第一百八十三条（现为第231条）规定的'通过其他途径不能解决'情形进行举证或者书面说明，但不作为决定是否受理案件的条件。"

使查明股东在诉讼前已经积极寻求过解决公司经营管理困难的途径并且未果的情况下应给当事人提供相对充足的时间和机会予以磋商。当事人协商同意由公司或者股东收购股份，或者以减资等方式使公司存续，且不违反法律、行政法规强制性规定的，人民法院应予支持。当事人不能协商一致使公司存续的，人民法院应当及时判决"。

为证明"股东在诉讼前已经积极寻求过解决公司经营管理困难的途径"，本案中，代理律师团队积极组织证据，证明自2020年11月起作为原告的国资股东多次通过涉刑股东亲友及羁押场所工作人员以电话、书面函件等多种方式询问涉刑股东意见，旨在证明就解散公司等事宜无法形成股东会决议，已穷尽公司内部自治救济程序；二审中，法院亦询问各方当事人是否可以通过收购股权方式或者减资方式使公司存续，案涉公司及三涉刑股东提出书面股权收购方案，认为案涉公司债务情况存疑，主张以1万元收购国资股东所持股权，鉴于该股转金额无评估依据且案涉公司对国资股东尚负有5000万余元债务，故国资股东对此不予认可。显然双方无法就通过股权收购方案达成一致意见，本案公司僵局不能通过协商一致的方式使得公司存续，亦应视为"通过其他途径不能解决"。

3. 二审期间公司吊销对本案之程序及实体影响

本案二审期间，案涉公司被吊销营业执照，四上诉人自述其针对吊销事宜提起行政诉讼，故申请本案中止审理。就公司吊销与公司解散纠纷之关联性，笔者梳理并提交相关案例供法院参考。最终，二审法院认为，2018年《公司法》第182条规定的司法强制解散应当符合相应的法定条件，该条件与被吊销营业执照而导致解散情形无关。四上诉人主张的所谓行政诉讼并未实际发生，且即使其已经通过行政诉讼主张权利亦不对本案司法强制解散审查构成先决关系。鉴于此，四上诉人的申请不符合中止审理的法定条件，法院不予准许。

因暂未检索到诉讼中吊销的案例，故笔者就公司被吊销营业执照后，是否可以再次司法解散问题予以检索，司法实践中实际上存在一定争议，主要裁判观点如下：

支持解散公司：如广东省广州市白云区人民法院（2022）粤0111民初6056号民事判决书、上海市浦东新区人民法院（2020）沪0115民初19288号民事判决书裁判观点，法院一般会结合公司没有正常经营活动，公司持续两年以上无法召开股东会或者股东大会，公司经营管理发生严重困难，继续存续必然会使股东的利益受到重大损失等为由，判令支持解散公司。

不支持公司解散请求，驳回起诉：如上海市金山区人民法院（2022）沪0116民初16684号民事裁定书、上海市青浦区人民法院（2021）沪0118民初8814号民事裁定书、云南省昆明市五华区人民法院（2021）云0102民初21522号民事裁定书，法院认为，一旦公司被行政机关吊销营业执照，则意味着该公司已被行政强制解散，已处于解散状态。在此情况下，再次诉请法院判令解散公司，属于对公司的重复解散，缺乏相应的诉权。

四、裁判结果

一审法院认为案涉公司现状符合持续两年无法作出有效股东会决议、公司经营管理发生严重困难、继续存续损害股东利益的法定公司解散情形，且无其他解决途径，故判令案涉公司解散；之后，三涉刑股东及案涉公司均提起上诉，各方调解未达成一致意见，二审法院判决驳回上诉，维持原判。

五、案例提示

诚然，司法解散制度的设立为股东开辟了一条破解公司僵局困境的路径，但该路径耗时长、成本高等缺点对于股东来说实属最后的无奈之举。各企业管理者应提前积极采取相应的措施，减少公司陷入僵局的可能。

1. 双层股权结构预防公司僵局的构建。根据现行《公司法》第65条[①]的规定，公司章程完全可以规定股东不按照出资比例进行表决，即双层股权结构具有法律基础。双层股权结构的公司涉及"同股不同权"以及分类表决机制，为预防公司僵局，应在公司章程中提前架构合理的股权结构，在预设表决权倍数时，同时保证类别股与普通股、同种类股之间的占比均能保证公司会议能够有效召集、决议可以有效作出；亦应对股权类别的转化、股东之间的转让及相应转让限制提前作出安排，对可能造成"势均力敌"局面的股权转让预先予以限制，给股东提供明确的行为指引，以保持双层股权结构应有的治理效能。[②]

[①]《公司法》第65条规定："股东会会议由股东按照出资比例行使表决权；但是，公司章程另有规定的除外。"

[②] 参见江苏省苏州市吴江区人民法院课题组、吴岚：《公司僵局预防机制研究——以公司治理中双层股权结构的构建为路径》，载《人民司法》2024年第13期。

2. 通过公司制度或股东协议建立公司僵局预防机制。（1）独立董事制度。在股东会将权力充分授权给董事会的情形下，设置独立董事并由独立董事做出最终的决断有助于避免公司僵局的产生，亦可避免大股东通过关联交易及高薪回报方式转移利润等情形侵害小股东权益之可能。（2）指定临时管理人。在未设置独立董事的情形下，在公司章程中约定，在公司僵局持续至特定的情形下，将由确定的管理人暂时接管公司运营，可尽可能防止公司财产的非正常减损，维持公司最低限度的运营，有助于保障债权人的利益。（3）股权强制收购制度。在公司章程中预先设置股权回购方案，明确回购情形（若连续两次股东会或董事会对重大事项难以达成决议，则持有公司50%以上股权的股东或一致行动人，有权收购投反对票的股东的股权）及强制收购股权的价格计算方法等事宜，有利于僵局的解决。

PPP 项目争议剖析及结算退出建议

于娟娟　王丽婷

"政府和社会资本合作模式"简称"PPP 模式"（public – private partnership）。我国对 PPP 模式最早的探索源于 20 世纪 90 年代，主要是国家计委核准的基础设施领域 BOT 试点项目。后以 2014 年财政部发布的《关于推广运用政府和社会资本合作模式有关问题的通知》为标志，我国 PPP 进入了大规模推广阶段，聚焦引导和鼓励社会资本通过 PPP 模式参与基础设施建设相关领域的公共产品和服务供给。截至 2022 年年末，全国已落地 PPP 项目投资总额约 20 万亿元，PPP 模式在一段时期内成为我国稳增长、促改革、调结构、惠民生的重要抓手，有效减轻财政负担，提高了建设运营效率。尽管 PPP 模式对我国基础设施建设做出了重大贡献，但由于商业可持续性弱、存量资产盘活困难、地方政府履约不力、融资约束等多方面原因，近年来投资增速放缓、社会资本结构失衡，以及增加地方财政刚性支出等问题有所凸显，存量 PPP 项目的争议呈现增长趋势。

笔者有机会在不同的 PPP 项目中服务政府、社会资本方或金融机构等不同主体，交易模式包括 BT 模式、BOT 模式、PPP 模式、ABO 等模式，以及投资人 + EPC 模式、特许经营模式等，有幸深度参与从项目识别、准备、采购、执行、移交等全流程或相应阶段。近年来在四川、贵州、内蒙古、浙江、山东、山西、湖南、河南、京津冀以及东三省等多地，代理了诸多存量 PPP 项目争议的案件，实践中遇到了诸多共性与个性问题。本文试图浅析 PPP 项目争议中的法律和实践问题并提出相应的解决方案。

一、PPP 项目类纠纷概述

1. PPP 模式的概念

政府与社会资本合作（PPP）模式是指政府为增强公共产品和服务供给能力、提高供给效率，通过特许经营、购买服务、股权合作等方式，与社会资本建立的利益共享、风险分担及长期合作关系。通常模式是由社会资本方承担设计、建设、运营、维护基础设施的大部分工作，并通过"使用者付费"及必要的"政府付费"获得合理投资回报；政府部门负责基础设施及公共服务价格和质量监管，以保证公共利益最大化。

2. PPP 模式的特征

（1）主体结构复合性

PPP 模式包括政府部门（含授权主体）、社会资本方、项目公司、金融机构、施工方、第三方服务机构等多元主体。其中，政府方兼具公共管理者与合同当事人的双重身份，社会资本方通过股权合作或债权融资参与项目，项目公司作为特殊目的载体（SPV）承担具体实施职责，形成"政府主导、市场运作、多方协同"的治理格局。

（2）法律关系多重属性

行政法律关系：政府方基于公共管理职能行使行政许可、监督管理、征收安置等行政行为；民商事法律关系：PPP 协议中的投资回报、风险分担、违约责任等约定，体现了平等主体间的契约精神；社会法律关系：PPP 项目涉及公共服务供给的社会责任，需平衡公共利益与私有资本权益等。

（3）权利义务动态调整

从项目准备期的特许权授予，到建设运营期的绩效付费，再到项目终止后的资产移交，PPP 项目法律关系和权利义务始终处于动态调整过程中。特别需关注政府方行政优益权的行使边界与社会资本方的合法权益保障之间的平衡。

3. PPP 模式的性质

（1）行政协议主导

PPP 项目的法律性质正是 PPP 争议中的核心争议问题，其本质是公法与私法交融的特殊法律关系，需结合我国立法、司法实践及项目阶段综合分析。实践中，对于 PPP 项目协议的认定呈以行政协议性质为主导，以民事关系为补充的趋势。2019年最高人民法院《关于审理行政协议案件若干问题的规定》第1条，明确将政府特许经营协议纳入行政协议范畴，如比较典型的污水处理、高速公路PPP项目，此类协议的行政性体现在政府方保留行政优益权；合同内容涉及公共服务供给义务；争议解决适用行政复议及行政诉讼等。

（2）民事合同补充

如政府采购服务类PPP项目，不涉及特许经营权授予，遵循平等自愿原则，适用《民法典》合同编；政府方以采购人身份履约，无行政优益权；争议解决可约定仲裁或民事诉讼等。

（3）分段认定趋势

PPP模式的性质还有另一种公私要素交织的特点，既以公共利益目标、行政监管、财政预算约束，又遵守市场主体平等、对价支付、违约责任等。司法实践中，法院倾向于"分段认定"，即前期特许经营协议属行政协议，后期融资、工程合同属民事合同。

4. PPP项目纠纷的管辖

PPP项目争议中，根据原告的请求权基础及争议焦点，以及法院对于PPP协议性质的判断不同，PPP项目纠纷的管辖适用大体可以分为两类：

第一类，当PPP协议被认定为行政协议，根据最高人民法院《关于审理行政协议案件若干问题的规定》第2条第五项规定，公民法人或其他组织可以提出行政诉讼。另根据《行政诉讼法》第18条规定，行政案件由最初作出行政行为的行政机关所在地人民法院管辖。经复议的案件，也可以由复议机关所在地人民法院管辖。在行政诉讼中，行政机关不可作为原告。因此，如将PPP项目授权主体即地方政府作为被告，通常可由中级人民法院管辖。

第二类，因部分案件涉及社会资本方向政府方主张欠付费用或索赔，部分法院认为该类主张属于民事权益，不属于行政行为，由此认定为一般的民商事合同关系。对此，类PPP项目争议的管辖适用我国《民事诉讼法》等民事法律规范中关于民商事合同纠纷管辖的规定确定管辖。此种情况下，除诉讼标的额巨大，根据级别管辖的规定属于中级人民法院受理的案件外，通常均由被告所在地的基层人民法院管辖。

二、PPP 项目类争议焦点及实务

笔者在公开数据库检索了 PPP 项目类纠纷案件，据不完全统计，近五年来，全国各级法院共受理 PPP 项目类纠纷相关案件 7913 件，其中一审案件 5592 件，二审案件 2020 件，再审案件 116 件。笔者进一步分析了此类案件的高频争议焦点，主要为以下五类：

1. 合同性质争议

如上文，PPP 合同究竟是民事合同还是行政协议，以及因 PPP 合同引发的纠纷属于民事纠纷还是行政纠纷，是 PPP 项目争议案件中最为突出的一类问题。而对于合同性质认定的不同，不仅导致诉讼程序的适用和管辖法院的不同，还对各方权利义务、举证责任、法律适用、法律责任等均有重大影响，也增加了 PPP 项目实施的风险，并影响了社会资本方对自身权利的救济和保障。

司法实践中，目前多数观点认为，PPP 项目系政府基于公共服务的目的，为了改善城市环境，引入城市基础设施综合运营服务商，采用 PPP 模式吸引社会资本提供配套资金，属于行政协议，符合最高人民法院《关于审理行政协议案件若干问题的规定》提起行政诉讼的受案范围。如广东高院（2019）粤行终 602 号案件所涉污水处理项目，主要裁判观点以"实现公共利益"为核心，认定协议的行政性质。另有观点认为，PPP 项目纠纷主要争议为政府欠付项目服务费，并非行政法上的行政行为，属于因协议约定的权利义务产生的民商事争议，应按平等民事主体处理。如最高院（2015）民一终字第 244 号所涉新陵公司案，强调"平等协商合意"，认定协议为民事合同。

通过笔者代理此类纠纷案由选择及结合各地法院的实践情况，目前普遍倾向于 PPP 合同属行政协议，但具体是否属于行政诉讼还需要结合具体诉请进行确定，优先以行政协议起诉。

2. 合同效力争议

PPP 协议的效力是司法实践中在处理此类案件中的争议焦点。PPP 项目在准备、采购、执行等不同阶段，由于顶层设计不足、交易背景复杂、项目周期长、实施主体项目经验不足等原因，导致 PPP 协议的效力存在争议。根据《民法典》第 155 条和第 157 条的规定，民事法律行为无效则自始没有法律约束力，行为人因该行为取得的财产，应当予以返还；不能返还或者没有必要返还的，应当折价补偿。有过错的一方还应当赔偿对方由此所受到的损失。因此，PPP合同的效力问题是PPP项目争议案件中较为突出且法律后果严重的一类争议。

司法实践中，PPP项目合同未经招投标程序或未经政府审核等程序，导致合同效力问题的争议较大。如最高人民法院（2019）最高法民申990号案裁判观点认为，应当招投标而未找投标的合同无效。四川省宜宾市中级人民法院在（2020）川15民终794号有不同裁判观点，"中核城市建设公司主张兴文县政府采购前投资概算超过原概算10%未经政府部门重新审核、未完成物有所值评价和财政承受能力论证审核，即使将两个项目合并为一个项目确经省财政厅同意，该行为系以合法形式规避国家政策，违反了《企业投资项目核准和备案管理条例》《政府投资条例》《企业投资项目核准和备案管理办法》《关于依法依规加强PPP项目投资和建设管理的通知》等有关规定，但其所举规定并非法律、行政法规的效力性强制性规定，也不存在可认定合同无效的其他情形，故中核城市建设公司关于案涉PPP合同无效的上诉理由不能成立"。

常见的关于合同无效的争议为是否属于违反法律、行政法规的强制性规定，以及是否属于违反社会公共利益的情形。因PPP项目关涉重大国家利益和社会公共利益，涉及多方主体，包含多重法律关系，对PPP协议的无效认定法院均采取审慎的态度，以法律之准绳裁量的同时，兼顾保护公共利益及维护交易稳定。

3. 实施主体授权争议

此类争议事项通常表现为被告主体是否适格及最终责任承担方确认的问题。PPP项目中，通常由政府方向具体项目实施部门（如住建部门）出具授权书，由实施主体负责后续合同签订及履行。如认定为行政授权，则被授权主体属于履行行政职责，独立承担责任；如将授权书认定为行政委托，则授权人（如县政府）对授权行为及结果承担责任。

司法实践中，行政授权与行政委托除对责任主体有影响外，与PPP协议的效力也直接相关。由于行政协议兼具"行政性"和"合同性"，政府方需依法行政，包括对项目的授权方式、实施主体、合同内容、法定程序等均需符合行政法律规范。根据最高人民法院《关于审理行政协议案件若干问题的规定》第12条对行政协议无效的认定，即存在行政行为实施主体不具有行政主体资格或者没有依据等重大且明显违法情形。故政府方授权不明或实施主体无行政职权等，则行政协议可能被认定无效。另外，行政授权的授权主体需为有权机关，依据法律、法规、规章的规定进行授权，否则，可能被认定为委托关系，最终的法律责任应由委托人即政府方来承担。

笔者在代理PPP项目争议案件中，对于行政授权还是行政委托的法律关系需首先作出判断，审查授权文件合法性，并通过瑕疵补正等方式尽量避免行政协议被认定为无效，以推动协议各方妥善解决争议。

4. 合同解除争议

在PPP合同（含特许经营合同）的实际履行过程中，合同一方的违约行为可能会导致守约方承担经济损失，甚至导致合同目的无法实现。当合同各方对于合同解除与否无法协商一致时，守约方往往会诉诸法院，要求法院判决解除合同或继续履行合同。

司法实践中，政府方和社会资本方均有权行使解除权，但通常情况下，社会资本方起诉解除合同情形更为普遍。只要合同约定的解除条件成就，合同一方当事人依约行使解除权通常被支持，但需提供充分的证据证明解除条件成就。如在河南濮阳中院（2017）豫09民终2852号判决中，以社会资本逾期出资条件成就，支持解约。

就合同解除后的补偿原则，以过错责任为主，兼顾止损义务。通常情况下，PPP合同中会就合同提前终止后补偿如何计算进行约定，就不同情形下解除合同约定不同的计算方式。如合同双方对于解除均存在过错，均应对合同终止履行承担责任，但合同一方在合同终止后积极作为防止损失进一步扩大的，应当减轻其违约责任。在最高人民法院（2015）民二终字第116号案件中，对政府接管减损可减轻责任作出过裁判观点。另外，如各方对合同解除均无过错，法院应当根据公平原则裁判，各方需就无过错承担举证责任。对此，广东省佛山市中级人民法院（2016）粤06民终3853号案对无过错则按情势变更公平分担也形成过裁判观点。

PPP项目纠纷守约方主张解除合同的案件中，需对于合同约定的解除条款做深入的分析并充分组织证据，评估解除条件是否成就，以及合同解除后的结算或补偿，推动对无争议或争议较小的问题先行确认，促成共识，避免损失扩大。

5. 结算责任争议

在PPP项目履约过程中，若因合同一方单方违约、政策调整、不可抗力等原因导致合同未成立或提前终止的，合同各方如何承担责任、项目收益与损失如何分配等问题也是PPP项目涉诉纠纷的争议焦点。

司法实践中，非常值得总结的是关于审计结算的问题。PPP 合同双方往往因合同约定的付款条件是否成就发生争议。政府方通常以 PPP 项目涉及财政资金支付，需政府方对投资总额进行审核，未经审核付款条件不成就为由进行抗辩。对此，最高人民法院曾有裁判观点认为，根据审计法的规定及其立法宗旨，法律规定审计机关对政府投资和以政府投资为主的建设项目的预算执行情况和决算进行审计监督，目的在于维护国家财政经济秩序，提高财政资金使用效益，防止建设项目中出现违规行为。重庆建工集团与中铁十九局之间关于案涉工程款的结算，属于平等民事主体之间的民事法律关系。因此，本案诉争工程款的结算，与法律规定的国家审计的主体、范围、效力等，属于不同性质的法律关系问题，即无论案涉工程是否依法须经国家审计机关审计，均不能认为，国家审计机关的审计结论，可以成为确定本案双方当事人之间结算的当然依据，故对重庆建工集团的上述主张，法院不予采信，对案涉工程的结算依据问题，应当按照双方当事人的约定与履行等情况确定。

另外，参考最高人民法院《关于建设工程承包合同案件中双方当事人已确认的工程决算价款与审计部门审计的工程决算价款不一致时如何适用法律问题的电话答复意见》（〔2001〕民一他字第 2 号）中明确，审计是国家对建设单位的一种行政监督，不影响建设单位与城建单位的合同效力。建设工程承包合同案件应以当事人的约定作为法院判决的依据。只有在合同明确约定以审计结论作为结算依据或者合同约定不明确、合同约定无效的情况下，才能将审计结论作为判决的依据。因此，如将审计结果作为工程结算依据，必须作明确具体约定，即在合同中约定以审计部门的审计结论作为竣工结算价款支付依据。否则，政府方以政府未完成审计的抗辩理由不成立。

笔者在代理 PPP 项目纠纷中，遇到的审计结算的争议问题高发。一方面需避免政府方对行政优益权的不当适用，为缓解政府财政压力等原因，以审计结算条件不成就为由变现拖延结算。对此，原告方可在诉讼程序中向受诉法院提出评估鉴定类申请。另一方面合同双方均需按照 PPP 项目合同的付款条件执行，保障财政资金的合法合规使用。

三、PPP 项目争议风险防控

PPP 项目争议中，社会资本方多为国有性质的投资者，产生投资损失的较多，原因包括地缘、经济、社会、政策等因素的影响。笔者结合实务对PPP项目争议风险防控提示四点。

1. 合规性复核

存量PPP项目中，存在诸多前期手续不齐、留存资料不全、决策或经办人更换过多、过程信息不详等诸多问题。对于PPP项目各方，可有针对性地对可能或已经存在的PPP项目的审批、立项、可研、环评、招投标等相关文件进行合规性复核，以及时发现问题并有针对性地解决，包括在法律允许的情况下优化合同条款、依法依规设置价格调整机制的公式法或基准指数法、细化各方违约情形及赔偿标准等。

2. 动态履约管理

社会资本方应对项目运营过程中的市场风险、技术风险、政策风险等进行实时监测和评估，及时发现风险隐患。各方均需制定风险应对措施，如上文总结，PPP模式各方权利义务呈动态调整的特征，而PPP项目履约周期长，在合同履行过程中建立风险预警机制，包括建立财政支付能力监测指标体系、设置经营管理方重大事项报告制度、定期进行法律合规审查，以及各方建立证据管理体系和完整的履约档案，包括但不限于会议纪要、函件往来、日志记录、变更纪要、验收报告等。对PPP合同约定条款与合同履行中的实际操作的适配性进行确认，形成动态履约管理和报告机制。

3. 强化成本控制

社会资本方在PPP项目工程建设期间，需加强项目建设的全过程管理，确保项目按照设计要求和施工计划顺利推进。严格把控工程质量，加强对施工单位、监理单位的管理和监督，避免因为工程质量导致最终向政府方承担违约责任。此外，投资方应对可能导致成本增加的因素进行提前预判和防范，如材料价格波动、设计变更等，及时采取应对措施，避免成本超支。尤其对于最终需政府审核、审计结算的项目，可能存在投资金额高于审计金额的投资亏损情况。以及PPP项目转入商业运营后，需加强对项目公司的管理与成本控制，避免经营管理不善带来的履约风险和经营损失。

4. 多元争议解决

（1）协商优先。PPP项目发争议发生后，力争采用多元化争议解决机制。包括构建协商优先的沟通机制，社会资本方与政府方保持密切的沟通和协调，对于项目实施过程中出现的问题和困难，积极与政府方协商解决，争取政府的支持和确认，建立定期沟通协调机制。

（2）专业调解。如PPP项目矛盾中涉及专业技术问题等，可邀请行业专家参与调解磋商，在兼顾各方利益的基础上达成调解。

（3）司法救济。包括主张行政复议、行政诉讼、民事诉讼等，诉求请求可以包括继续履行合同、支付费用、解除或终止合同给予补偿，项目公司股权退出及解散清算等。鉴于PPP项目的特征，以司法途径解决不失为一种积极的解决问题及化债方式。但对于诉讼策略的选择，相关方需在专业法律团队的支持下充分论证，以实现公共利益与商业利益的平衡。

四、结语

PPP项目争议解决既是法律问题，更是治理问题。本文通过对PPP项目争议中的法律关系解构、争议焦点剖析和防控体系构建等，以期为行业各方参与主体提供参考价值。2024年5月1日，《基础设施和公用事业特许经营管理办法》修订实施，为特许经营理性回归PPP本源及促进项目顺利落地实施奠定了坚实基础，也为未来基础设施投资市场的发展指明了新方向、带来了新机遇。在法治政府建设与优化营商环境的双重背景下，PPP模式将持续发挥重要作用。

五

权益保障篇

破解"以房产置换赡养"现实困境
——赠与合同纠纷案

兰玉梅　张文嘉

一、案例介绍

刘奶奶与小张系祖孙关系。小张父母在其3个月大时离异，故小张自幼由刘奶奶独自抚养长大，至今已27年。刘奶奶的爱人在小张出生前就已过世，刘奶奶以多年积蓄先后购置了三套私产房且均登记在其个人名下。A房屋自取得开始便由祖孙二人日常居住使用，B、C两套房屋的租金成为二人的生活来源。

小张成年后一直无业，鉴于共同生活多年感情深厚，刘奶奶打算将三套房屋均过户给小张，但条件是小张需为刘奶奶养老送终，刘奶奶在A房屋住到百年之后由小张继续收取B、C两套房屋的租金。小张均表示接受，刘奶奶也多次在小张在场时向同事和邻居谈及此事，但双方从未签订任何书面协议。

2019年1月，刘奶奶与小张签订《房屋买卖协议》并自愿放弃资金监管，协议约定的成交价90万元仅系房屋市值的四分之一，但小张从未支付购房款，双方只是想通过买卖形式过户房屋。A房屋过户后，仍由祖孙二人继续共同居住。2022年4月，双方先后签订两份《赠与合同》，分别约定刘奶奶将B、C两套房屋全部份额无偿赠与小张。两套房屋均在数日后完成过户。

2023年中下旬，小张及其女友因生活作息及卫生问题与刘奶奶频繁争执。随后二人另行租房居住，并和刘奶奶再无联系。

2024年3月底，刘奶奶没有答应小张突然联系其索要10万元看病的要求。此后小张便开始不断地骚扰刘奶奶，包括打电话限期腾房、微信发送腾房起诉状照片、以低于市值的价格将 A 房屋卖给快收房公司、表达将采取断水电及 24 小时不间断装修的措施、连续多日在凌晨反复长时间按门铃、持锤子敲砸 A 房屋门锁并在房门上泼漆并刷写侮辱性语言、在屋内墙面及衣柜等多处书写"死"字，以此催促刘奶奶尽快搬离 A 房屋。

2024 年 4 月，刘奶奶起诉撤销双方签订的《房屋买卖协议》。2024 年 5 月，天津市河东区人民法院签发人身安全保护令。但 5 日后小张仍再次出现在 A 房屋门口并对着监控做手枪手势进行威胁。2024 年 6 月，刘奶奶起诉撤销对 B、C 两套房屋的赠与。

二、案例难点

在本案中，我们面临的难点主要集中在以下几个方面：首先，需要明确双方就 A 房屋签订的《房屋买卖协议》的性质，究竟是属于赠与行为还是买卖行为。尽管刘奶奶坚定地主张其是将 A 房屋无偿赠与孙子小张，但实际上双方确实签署了一份房屋买卖合同。因此，我们需要深入探究并确认祖孙二人的真实意思表示到底为何，这是解决本案的关键所在。其次，我们需要核实孙子小张是否曾向刘奶奶支付过购房款。根据民法典的相关规定，作为双务合同的买卖合同要求出卖人交付财物并转移所有权，而买受人需支付相应对价，进而确认小张是否实际支付过购房款对于本案的判断至关重要。再次，我们需要判断孙子小张实施的行为是否构成了刘奶奶行使法定撤销权的条件。在赠与关系中，受赠人是受益方，但为实现对赠与人权益的保护，对受赠人行为的约束，确保赠与行为的公正性和合理性，法律规定当受赠人严重侵害赠与人合法权益、不履行扶养义务或约定义务时，赠与人可依法行使法定撤销权。因此，我们需要认真判断小张的行为是否符合这些条件。最后，明确刘奶奶行使法定撤销权是否已超过法定的除斥期间。法律对于不同的撤销权及相应的除斥期间均有明确规定，我们理应严格区分并精准适用。

三、法律分析

1. 就 A 房屋签订的《房屋买卖协议》名为买卖，实为赠与。

首先，从双方签订的合同内容来看，小张应支付全部房屋价款的时间是签订买卖合同的前一日，但截至签订买卖合同时小张并未支付房屋价款，该约定明显

五
权益保障篇

与客观事实不符。且合同约定的内容十分简单，有别于一般意义的房屋买卖合同，除约定了转让价格和过户时间外，其余主要条款包括付款方式、违约责任等均为空白，合同中约定的房屋价款也远低于市场价格，且合同中约定双方自愿放弃资金监管服务。综上可见该合同的约定不符合真实的房屋买卖约定。

其次，从合同的履行情况来看，在小张分文未付的情况下，刘奶奶就已将 A 房屋过户至小张名下。另外，双方在签订买卖合同的当天就同时申请了过户，且在 4 日后小张就已经领取到了 A 房屋的产权证，这较合同中约定的过户时间提前了近 20 日。根据一般交易常识可知，正常的房屋买卖在房屋过户前应当支付房款。但从本案合同的实际履行情况来看，在分文未付的情况下，刘奶奶就已将 A 房屋过户至小张名下。特别是在办理过户手续后至今长达 5 年的时间里刘奶奶从未向小张讨要过房款，该行为明显不符合正常的买卖交易习惯。

再次，二人系祖孙关系且共同生活二十余年，小张一直没有正式工作，更无收入来源，直到房屋过户时刘奶奶仍需每月给小张三四千元的生活费，刘奶奶明知小张不具有支付购房款的能力却仍将 A 房屋卖给小张，显然与常理不符。进而双方实为赠与，签订买卖合同仅是为了办理过户需要，减少税负，这样才能合理解释合同内容异于常态的约定以及小张实际未支付过房款的原因。

最后，结合其他事实，双方是祖孙关系，且小张从其 3 个月大时就一直由刘奶奶直接抚养长大成人，再结合证人证言，足以证实刘奶奶的真实意思表示是将涉案房产赠与小张，同时小张要孝顺赡养刘奶奶，小张也多次表示接受且承诺一定孝顺赡养刘奶奶。

《民法典》第 146 条规定："行为人与相对人以虚假的意思表示实施的民事法律行为无效。以虚假的意思表示隐藏的民事法律行为的效力，依照有关法律规定处理。"结合双方祖孙身份关系等事实可知，刘奶奶未向小张主张过购房款，小张亦未向其给付，刘奶奶系无偿将 A 房屋给予小张。双方名为买卖实为赠与，买卖手续只是为了完成房屋过户。《民法典》第 657 条规定："赠与合同是赠与人将自己的财产无偿给予受赠人，受赠人表示接受赠与的合同。"可见 A 房屋处分过程中不存在真实的对价支付关系，虽然具有买卖合同的外形，但不符合买卖的实质要件，是以虚假买卖合同隐藏了真实赠与合同，A 房屋买卖合同为虚假行为，应认定为无效。刘奶奶和小张以虚假的意思表示签订买卖协议，隐藏真实的赠与关系并完成 A 房屋的产权过户，该买卖协议实为赠与合同，符合赠与的构成要件。

综上所述，考虑到双方之间的亲属关系，再结合双方间房屋买卖合同的内容、履行情况以及双方发生纠纷的背景，应认定双方间系赠与合同关系。

2. 孙子小张未举证证明其支付过购房款。

A房屋案件一审第一次开庭时，孙子小张以一张89万余元的手机转账截图证明其曾向刘奶奶支付过购房款，双方构成买卖合同关系。对此，本案代理律师从以下几方面进行论证：第一，转账时间不符合常理。该笔转账发生在双方签订《房屋买卖协议》之后的5个月左右，不仅与需在签订买卖合同的前一日支付全部房屋价款的合同约定严重不符，更与一般的正常房屋交易习惯不一致。第二，转账金额与合同约定的90万元房屋价款不同。第三，转账款项实为孙子小张偿还的借款。经本案代理律师调查取证，在双方签订《房屋买卖协议》之前的3个月左右，刘奶奶曾通过孙子小张向案外人出借120万元，借款本息分三笔逐笔转回。该89万余元系最后一笔还款，由案外人先转至孙子小张账户，再由其在当日转回给刘奶奶，与A房屋的购房款毫无关系。

综上所述，孙子小张虽主张其曾支付过购房款并出具相应的转账流水材料，但经证明该笔款项实为归还的借款，即小张并未完成举证证明责任，应承担不利后果。《民法典》第595条规定："买卖合同是出卖人转移标的物的所有权于买受人，买受人支付价款的合同。"本案中，刘奶奶已将A房屋过户至小张名下，但小张未支付相应价款，双方不构成买卖合同关系。

3. 小张严重侵害刘奶奶的合法权益，刘奶奶有权行使法定撤销权。

2024年3月刘奶奶拒绝小张突然索要10万元的要求后，小张便不顾刘奶奶的身体情况开始了一系列的恐吓、威胁、骚扰等侵权行为。这些行为包括：打电话限期10日搬离A房屋；通过微信向刘奶奶发送起诉腾房的起诉状；以低于市价30万余元的价格将A房屋卖给中介公司；连续3日在凌晨两三点钟反复多次且长时间地按门铃；持锤子砸损A房屋门锁；向A房屋的房门上泼洒白色油漆并刷写侮辱性语言，甚至张贴系其本人所为的纸张予以挑衅；在警察陪同进入A房屋内的过程中，趁警察不注意在房屋墙面及柜子等多处书写"死"字；在法院签发人身安全保护令的5日后，仍再次前往A房屋门口敲门，甚至对着门口监控做出手枪手势予以威胁。刘奶奶已近80岁高龄且身患心脏病、高血压、糖尿病等疾病，不仅需要定期复查、长期服药控制病情，甚至还要住院治疗。每次小张骚扰和催促时，担忧、伤心和恐惧都会令刘奶奶心跳加速、失眠、血压升高。

五
权益保障篇

特别是小张凌晨砸门的行为使得刘奶奶不得不和衣而睡，身心均遭受了极大的伤害。

此外，小张不履行赡养的约定义务，刘奶奶亦有权撤销赠与。结合证人证言、刘奶奶多年前自书的《遗赠抚养协议》以及三套房屋均过户后刘奶奶名下再无其他住房的现实情况，足以证实其真实意思表示是在小张孝顺、赡养刘奶奶的基础上，即附义务地将三套房赠与小张。但小张擅自出售刘奶奶的唯一住处并要求其尽快搬离 A 房屋，以及做出一系列威胁、恐吓、骚扰的行为，显然并未履行约定的孝顺、赡养义务。

小张在得知刘奶奶因被要求限时腾房之事输液看病时仍不予理会，甚至连基本的关心都没有。在明知其采取的要求腾房的措施已给刘奶奶身体造成了严重伤害时仍然继续侵权。小张不仅没有尽到约定的赡养义务，更严重侵害了刘奶奶的人身权利和居住权利，严重违背公序良俗以及中华民族倡导的敬老孝亲的传统美德。因此，根据《民法典》第 663 条第 1 款第 1 项的规定，刘奶奶有权撤销赠与。

4. 刘奶奶行使法定撤销权未超过除斥期间。

《民法典》第 663 条规定："受赠人有下列情形之一的，赠与人可以撤销赠与：（一）严重侵害赠与人或者赠与人近亲属的合法权益；（二）对赠与人有扶养义务而不履行；（三）不履行赠与合同约定的义务。赠与人的撤销权，自知道或者应当知道撤销事由之日起一年内行使。"

第一，关于撤销事由，根据法律条文的体系解释方法可知，《民法典》第 663 条第 2 款所规定的"撤销事由"系指第 663 条第 1 款规定的三项具体事由。具体到本案中，小张通过凌晨反复按门铃进行骚扰、泼油漆并刷写侮辱性语言进行恐吓、违反人身安全保护令进行威胁等多种方式严重侵害刘奶奶合法权益且不履行约定的孝顺、赡养义务的行为，切实构成法定的"撤销事由"。

第二，关于除斥期间，《民法典》中有三处关于"撤销权"的规定，但这三处规定在不同的章节中，适用对象、适用情形及立法目的均不同，不能混同适用。总则编第 152 条规定的撤销权适用于该章节中"重大误解""欺诈""胁迫"等法定情形，且其规定的最长 5 年的除斥期间自"民事法律行为发生之日"起算；合同编第一分编通则部分第 541 条规定的撤销权系当债务人恶意影响债权人利益实现时债权人可行使的权利，其规定的最长 5 年的除斥期间是从"自债务人的行为发生之日"起算；合同编第二分编赠与合同一章第663条法定撤销权仅规定"自知道或者应当知道撤销事由之日起一年内行使"，并未沿用第541条中"自债务人的行为发生之日起五年内没有行使撤销权的，该撤销权消灭"之规定，因为在赠与合同中，受赠人不是债务人，赠与合同是单务、无偿合同，受赠人并无对等义务。既然赠与合同的法定撤销权对5年的除斥期间没有规定，那么按照特别规定优于一般规定的法律适用原则，赠与合同法定撤销权的除斥期间为一年。

综上所述，撤销事由自2024年3月底开始发生，而刘奶奶于2024年4月起诉要求撤销A房屋的赠与，2024年6月起诉要求对B、C两套房屋撤销赠与，均未超过一年的除斥期间，其依法有权行使法定撤销权。

四、裁判结果

针对A房屋，一审法院将案件争议聚焦在小张是否支付了购房款以及双方之间是房屋买卖关系还是赠与关系两个问题上。第一，一审法院认为小张支付款项的金额和时间与合同约定不符且未做合理说明；小张自述无业的情况下无法说明款项的具体来源且鉴于祖孙之间本身就存在大量资金往来的情况，故认定小张未曾支付购房款。第二，不能仅以小张主张刘奶奶曾在微信中就A房屋使用过"卖"的字眼就认定为买卖关系，要结合考虑合同内容、合同实际履行情况以及刘奶奶年岁已高且表述不清等因素，认定双方之间系赠与合同关系。买卖合同因虚假意思表示无效，赠与作为隐藏的真实意思表示因小张多次骚扰、违反人身安全保护令等行为而应予撤销。故一审法院判决小张协助刘奶奶将房屋所有权变更登记至刘奶奶名下。

针对B、C两套房屋，一审法院均将案件争议聚焦在赠与合同是否应被撤销。法院认为受理法院因小张多次实施骚扰、恐吓行为而作出人身安全保护令，且双方之间多次因纠纷报警处理，小张的行为无疑是对刘奶奶合法权益的严重侵害。故两个案件均判决撤销刘奶奶与小张签订的《赠与合同》，同时小张配合刘奶奶办理房屋的产权登记变更手续，将房屋产权登记变更至刘奶奶名下。

小张针对上述三个案件的一审判决均表示不服且提出上诉，二审法院均判决驳回上诉，维持原判。

五、案例提示

在本案中，孙子小张在获得刘奶奶赠与的三套房屋后，不但未对刘奶奶有任何感恩之情，反而还与刘奶奶对簿公堂，忘记亲情，迷失自我，丧失底线。

本案实则为赠与合同纠纷，建议律师在代理名为买卖、实为赠与的合同纠纷时，应注重厘清案涉合同和正常买卖合同从约定内容到实际履行情况等不同之处，对购房款是否实际支付以及受赠人是否本身具备支付能力进行专项研究。确定实为赠与合同纠纷之后，建议代理律师要注重类案检索和除斥期间的理论研究，梳理受赠人的严重侵权行为脉络并及时固定证据，尽量组织和搜集能够最大限度证明受赠人合法权益受到严重侵害的一切有效证据材料，必要时可向人民法院申请人身安全保护令。此外，当双方之间属于附义务的赠与时，要和当事人多沟通和交流，尽力发掘出能够证明双方之间达成约定义务的证据材料，包括但不限于录音、文书、邻居及同事的证人证言等。同时，对受赠人所持的受赠财产要及时采取保全措施，防止赠与人的损失进一步扩大。

三套房子，三个案件均历经两级人民法院审理，一审天津市河东区人民法院依法判决支持了刘奶奶撤销三套房屋赠与的诉讼请求，二审天津市第二中级人民法院也均判决维持原判。乌鸦有反哺之孝，羔羊有跪乳之情。本案的司法判决结果不仅积极维护了作为赠与人的老年人合法权益，还向社会传递出中华民族千百年来所一直倡导的尊亲敬长、孝老爱老的传统美德，达到了良好的办案效果。

老年再婚妇女在离婚案件中的财产保护

李彦君

一、案例介绍

2021年，当事人苗女士与刘先生协议离婚，离婚协议约定坐落在天津市河东区的房屋归苗女士所有，双方无其他争议。办理离婚登记后，苗女士和刘先生因小事发生争议，苗女士搬离了河东区房屋；刘先生的子女发现父亲与苗女士离婚后，认为苗女士欺骗了父亲的感情，劝说父亲起诉苗女士，主张双方系假离婚，要求法院撤销离婚登记，并对双方200万元财产依法进行分割。

苗女士接到传票后，在女儿陪伴下到律师事务所进行咨询。苗女士称：苗女士与第一任丈夫诉讼离婚时获得天津市和平区南市一套房屋；53岁的时候与时年68岁丧偶的刘先生再婚。刚结婚时，刘先生认为自己比苗女士大15岁，对苗女士很疼爱，看在苗女士对自己照顾有加上，担心自己百年之后苗女士无依无靠便做了财产约定，婚姻期间的部分财产归苗女士所有。刘先生这次离婚的目的是逃离儿子的纠缠，因为刘先生的儿子总是找他们夫妇两个要钱，直接影响了他们两个人的生活安宁和生活品质；苗女士也不想继续接济他的儿子，所以当刘先生提出离婚时，苗女士便同意了。就刘先生诉讼主张的假离婚，苗女士不认可，但她同意念在十几年的夫妻情分上，可以继续照顾刘先生至百年，但是不同意和刘先生复婚。

通过阅卷，律师了解到：刘先生除主张双方离婚系假离婚应予撤销外，还主张婚姻存续期间购买的4套房屋均系刘先生出资购买，应当为夫妻双方共同共有，苗女士将房屋变卖，变卖款应当分出一半给刘先生；同时，刘先生的律师依据律师调查令调取了苗女士的银行账户流水，在签订离婚协议时点存款余额为200多万元。

苗女士决定委托本所代理该案件，本所接受委托，指派李彦君律师担任苗女士的诉讼代理人，以维护其合法权益。

二、案例难点

代理律师认为苗女士的案件有几个难点：第一，苗女士再婚前的财产与再婚后的财产是否发生混同，是否可相对清晰地进行分割；第二，苗女士再婚后，双方是否存在对夫妻共同财产进行约定，公证书中关于个人财产的约定能否涵盖全部关系存续期间；第三，苗女士财产形式的变化是否会对财产属性造成影响，即是否因形式变化由个人财产变为共同财产；第四，假离婚变真离婚，是否属于可撤销情形。

1. 苗女士再婚前后财产如何划分？

苗女士与刘先生系再婚。再婚前，苗女士系通过诉讼与前夫离婚，民事判决书显示离婚时获得天津市和平区南市一套房屋，后苗女士将该房屋变卖获得100万余元，该存款无大额消费转账，但再婚期间有过存取记录。账户的存取款变化，是否影响财产是婚前个人财产的性质？

刘先生认为苗女士的存款已经发生变化，与婚内共同存款不可分，应演变为夫妻共同财产。

2. 苗女士和刘先生对婚内部分房屋做的公证书是否能够涵盖整个婚姻关系存续期间？

在购买坐落在天津市河东区的某房屋时，苗女士和刘先生曾经到公证处就该房屋的归属做出约定，该房屋为苗女士个人所有。除该房屋外，双方并没有在该约定书中涉及存款以及其他房屋。

双方就这套房屋所有权进行的约定，能否视为双方对婚姻关系存续期间的财产约定？刘先生认为该房屋产权约定系基于婚姻关系，约定的目的是在其百年之后能够留给苗女士安身立命的经济资本，并不是苗女士所称的是她个人财产、跟刘先生毫无关系。苗女士认为做公证的目的就是明晰产权，明确房屋是她个人所有的。

3. 婚姻关系存续期间，存款和房款相互交融，由存款变为房屋，或由房屋变为存款，这种情况是否影响财产的性质？

除前述房屋外，苗女士和刘先生还陆续购买了天津市红桥区某小区3套房屋，但房款并不是全部来源于既有存款，而是变卖房屋所得。存在变卖房屋取得房款后，再购买房屋的情形。刘先生认为房屋变卖后取得的房款是在双方婚姻关系存续期间，这部分房款是共同存款，再利用售房款购买的房屋也应该是夫妻共同财产。苗女士认为只要是自己个人所有的房屋，变卖后取得房款或者是利用房款购买的房屋均是个人所有，不属于共同财产，不同意分割。

4. 刘先生主张双方系假离婚，离婚登记是否应予撤销恢复至婚姻关系存续状态？

某种程度上，苗女士认可在双方决定办理离婚登记时并不是因为双方感情破裂，而是不想继续资助刘先生的儿子，但苗女士并不想和刘先生复婚；刘先生则主张自己不可能在全部财产都归苗女士的情况下净身出户，以至于自己在离婚后居无定所、老无所居。这种情形下的协议离婚是否能够撤销恢复原状呢？

三、法律分析

1. 苗女士再婚前后财产如何划分？

根据《民法典》第1063条的规定，婚前财产属于夫妻一方的个人财产。最高人民法院《关于适用〈中华人民共和国民法典〉婚姻家庭编的解释（一）》第31条规定："民法典第一千零六十三条规定为夫妻一方的个人财产，不因婚姻关系的延续而转化为夫妻共同财产。但当事人另有约定的除外。"即使婚前财产在婚姻存续期间有过存取记录，只要该财产不属于法律规定的转变为共同财产的情形，如投资收益所得或明确约定将婚前财产变为夫妻共同财产等，原则上该婚前财产仍然保持其个人财产的性质。因此，本案中即使苗女士在再婚期间曾有过存取记录，也只是苗女士对自己个人财产的支配，不会因为单纯的存取记录而改变其归属性质。

2. 苗女士和刘先生对婚内部分房屋做的公证书是否能够涵盖整个婚姻关系存续期间？

根据《民法典》第1065条的规定，男女双方可以约定婚姻关系存续期间所得的财产以及婚前财产归各自所有、共同所有或者部分各自所有、部分共同所

五
权益保障篇

有。约定应当采用书面形式。夫妻对婚姻关系存续期间所得的财产以及婚前财产的约定，对双方具有法律约束力。苗女士和刘先生在公证处就房屋归属做出约定，明确该房屋为苗女士个人所有。这一约定是双方的真实意思表示，并且采用了书面形式，符合法律规定。因此，该约定具有法律效力。刘先生认为该房屋产权约定是为了在自己百年之后能够给苗女士安身立命的经济资本，而苗女士认为做公证的目的是明晰产权，明确房屋是其个人所有的。这两种解释并不矛盾，关键在于公证的内容明确房屋为苗女士个人所有，这是双方在公证时共同确认的。因此，根据双方的公证约定，该房屋为苗女士的个人财产，但该约定仅涉及该房屋，不能推及其他财产。

3. 婚姻关系存续期间，存款和房款相互交融，由存款变为房屋，或由房屋变为存款，这种情况是否影响财产的性质？

最高人民法院民一庭意见：当事人以生产、经营之外的其他方式使用自己的婚前个人财产，即使该财产的形式因此发了变化，不导致上述财产所有权及其自然增值归属的变化。本案中变卖的房屋是经公证的苗女士个人财产，且变卖所得的房款没有用于夫妻共同生活或投资经营，那么这部分房款仍然属于苗女士的个人财产。因此，苗女士再利用其个人所有的房款购买新的房屋，该新购买的房屋也仍属于苗女士的个人财产。根据最高人民法院《关于适用〈中华人民共和国民法典〉婚姻家庭编的解释（一）》第31条的规定，夫妻一方的个人财产，不因婚姻关系的延续而转化为夫妻共同财产。即使该房屋在苗女士与刘先生婚姻关系存续期间被变卖，该房屋仍为苗女士的个人财产并不应转化为夫妻共同财产。苗女士出售房屋所得价款，来源于对个人财产的处置，不能因财产形态改变而认定转变为夫妻共同财产。

4. 刘先生主张双方系假离婚，离婚登记是否应予撤销恢复至婚姻关系存续状态？

苗女士、刘先生双方持离婚协议向婚姻登记机关申请办理离婚登记，经婚姻登记机关备案登记，双方登记离婚后，即发生离婚的法律效力，夫妻关系解除，因此不存在"假离婚"之说。即使双方均认可夫妻感情未破裂，但办理了离婚登记，夫妻双方的婚姻关系就已解除，无法通过法律途径恢复至婚姻关系存续状态。

四、裁判结果

天津市南开区人民法院经审理认为：双方对案涉3套房屋进行了夫妻财产约定，明确房屋归苗女士个人所有，该夫妻财产约定业经公证，当依法确认为苗女士个人财产，即房屋为个人财产，所得售房款仍应认定为其个人财产；个人财产与共同财产一同出借给案外人所得本息，则按照个人资产与夫妻共同财产之比例予以分割。结合查实的夫妻共同财产总额，根据法律规定的分割原则，酌定由苗女士支付刘先生共同财产分割款12万元。

五、案例提示

因老年人口数量不断攀升，老年再婚已成为当今社会一种常见的社会现象。老年再婚，对于提高老年人的生活质量、满足其情感需求具有重要意义。但是，当面临离婚困境时，老年再婚人群尤其是老年妇女的合法权益问题却非常棘手。同时，老年再婚家庭往往存在财产来源多元化、家庭关系较为复杂、重组家庭儿女干涉等特点，使得老年再婚妇女在离婚时的合法权益极易受到侵害。如何有效保护老年再婚妇女在离婚案件中的合法权益，不仅关系到老年再婚妇女的晚年生活质量和幸福指数，更是衡量社会公平正义与法治完善程度的重要标志之一。

1. 老年再婚妇女财产权益保护的现状及问题

（1）婚前财产界定模糊

许多老年再婚妇女在结婚前可能拥有自己的房产、存款等财产。然而，在实际生活中，由于缺乏明确的婚前财产约定或者相关证据保存不善，在离婚时婚前财产与夫妻共同财产难以清晰区分。例如，一些老年再婚妇女将自己婚前的房屋在婚后用于共同居住，可能会因房屋装修、共同还贷等情况而使得房屋产权归属产生争议。部分再婚夫妻在日常生活中对财产管理较为随意，未对婚前财产进行公证或签订书面协议，一旦面临离婚诉讼，双方各执一词，法院在认定婚前财产范围时面临较大困难。

（2）夫妻共同财产分割困难

①财产来源复杂

老年再婚夫妻的财产来源可能包括退休金、子女赡养费用、投资收益、房产增值等多个方面。其中，退休金作为老年夫妻的重要生活来源，在离婚时如何合理分割成为一大难题。不同地区、不同职业的退休金数额差异较大，且其具有一定的人身属性，如何在保障双方基本生活需求的基础上进行公平分割考验着司法实践。此外，对于一些婚后共同投资产生的收益，如股票、基金等，由于市场波动和投资管理情况复杂，准确界定其价值和分割比例并非易事。

②家庭贡献衡量不均

在老年再婚家庭中，妇女往往承担了较多的家务劳动，如照顾老伴、料理家务等。然而，这些家务劳动的价值在夫妻共同财产分割中却常常被忽视。传统的财产分割模式主要侧重于有形财产的分割，对于妇女无形的家务劳动贡献缺乏有效的评估与补偿机制。例如，一方长期患病，另一方（多为妇女）全身心投入照顾，但在离婚时却难以获得相应的经济补偿，导致财产分割结果显失公平。

（3）法律规定与实际操作脱节

虽然我国《民法典》等相关法律对夫妻财产关系、离婚财产分割等作出了规定，但在老年再婚妇女离婚案件的实际处理中，仍存在法律规定难以有效落实的情况。例如，关于家务劳动补偿的规定，在实践中由于缺乏明确的补偿标准和计算方法，法院在判决时往往较为谨慎，补偿数额较低甚至不予补偿。又如，对于夫妻共同财产中一些特殊财产的认定，如一方因身体受到伤害获得的赔偿款，在实际案例中可能会因各种原因被错误地纳入夫妻共同财产进行分割，而法律规定未能得到精准执行。

2. 老年再婚妇女财产权益保护的对策建议

（1）完善法律制度

①细化财产分割标准

立法机关应进一步细化老年再婚夫妻财产分割的标准，针对退休金、投资收益、房产等常见财产类型，制定明确的分割规则和指导意见。例如，对于退休金的分割，可以根据夫妻双方的婚姻存续时间、各自的缴费年限、退休前的工资水平等因素确定分割比例。对于房产分割，应综合考虑购房资金来源、房屋登记情况、居住使用情况等多方面因素，制定出更加公平合理且具有可操作性的分割方案，减少司法实践中的争议和不确定性。

②明确家务劳动补偿计算方法

为使家务劳动补偿制度真正落地实施，应通过立法或司法解释明确家务劳动补偿的计算方法。可以建立一套综合评估体系，将家务劳动的类型（如照顾老人、儿童、料理家务等)、劳动时间(每日、每周、每年的劳动时长累计)、劳动强度(是否涉及特殊护理、高强度劳作等)以及对家庭经济的间接贡献(如因从事家务劳动而放弃的工作收入机会等)等因素纳入考量范围,确定具体的补偿计算公式或参考标准,使法院在判决家务劳动补偿时有据可依,确保老年再婚妇女的家务劳动价值得到充分合理的补偿。

(2)加强司法实践

①提高法官专业素养

针对老年再婚妇女离婚案件的特殊性,应加强对法官的专业培训,使其深入了解老年再婚家庭的特点、财产权益纠纷的常见类型及处理难点。通过培训,提高法官在处理此类案件时准确适用法律的能力,尤其是在夫妻共同财产界定、分割以及家务劳动补偿等方面,能够综合考虑案件的各种因素,作出公平公正的判决。例如,组织法官学习老年心理学、社会学等相关知识,以便更好地理解老年再婚妇女的处境和诉求,在司法裁判中充分体现人文关怀。

②加强案例指导

最高人民法院应及时收集整理具有代表性的老年再婚妇女离婚案件案例,形成典型案例库,并通过定期发布指导性案例等方式,为各级法院在审理此类案件时提供参考和借鉴。这些指导性案例可以明确法律适用的标准和尺度,统一司法裁判思路,避免因不同地区、不同法官的理解差异而导致同案不同判的现象发生。例如,对于一些涉及复杂财产关系或新型财产类型的老年再婚妇女离婚案件,指导性案例可以详细阐述财产认定和分割的依据与方法,为下级法院提供清晰的裁判指引。

(3)提升老年再婚妇女自身法律意识

①开展法律知识普及活动

社会各界应积极开展针对老年再婚妇女的法律知识普及活动。社区、老年大学、妇联等组织可以联合举办法律讲座、法律咨询服务等活动,向老年再婚妇女宣传《民法典》等相关法律法规中关于婚姻家庭财产权益保护的知识。通过深入浅出的讲解、实际案例分析等方式,帮助老年再婚妇女了解自己在婚姻关系中的财产权利和义务,掌握在面临离婚时维护自身财产权益的方法和途径。例如,开展模拟法庭活动,让老年再婚妇女亲身感受离婚案件的审理过程,增强其法律意识和维权能力。

②鼓励婚前财产约定

鼓励老年再婚妇女在结婚前与配偶进行婚前财产约定。相关部门可以提供婚前财产约定的模板和指导服务，帮助老年再婚妇女明确各自的婚前财产范围、婚后财产的归属及分割方式等内容。通过签订合法有效的婚前财产约定协议，可以有效避免在离婚时因财产界定不清而产生的纠纷，为老年再婚妇女的财产权益预先提供保障。同时，也要加强对婚前财产约定协议合法性和有效性的审查与监督，确保协议内容符合法律规定，不存在欺诈、胁迫等情形。

六、结语

老年再婚妇女在离婚案件中的财产权益保护是一个涉及多方面因素的复杂问题。当前存在婚前财产界定模糊、夫妻共同财产分割困难、法律规定与实际操作脱节等诸多困境。通过深入的法律分析可知，《民法典》等相关法律为老年再婚妇女财产权益保护提供了一定的依据，但仍需在实践中不断完善和细化。为切实保障老年再婚妇女的财产权益，应从完善法律制度、加强司法实践、提升老年再婚妇女自身法律意识等多方面入手，构建全方位的保护体系。只有这样，才能在老年再婚这一社会现象日益普遍的背景下，确保老年再婚妇女在离婚时的财产权益得到充分、有效的保护，促进社会的和谐稳定与公平正义。

无罪辩护经典案例解读

——周某涉嫌诈骗罪羁押 3 年被判无罪案

沈　健

一、案情要点

1. 案发过程

被害人王某报案称：2016 年，王某向被告人周某提出购买周某经营公司的厂房，周某表示同意将厂房出售给王某，但需先向王某借款还清外债，才能将厂房出售，王某同意。2017 年 7 月，周某以公司的全部资产作为抵押，向王某借款 600 万元。后偿还了 400 万元，剩余 200 万元未偿还。被害人王某将周某起诉至法院，法院判决周某还款，但执行未果。2018 年 3 月，周某向王某再次提出需借款 200 万元解决厂房债务，承诺解决债务问题后就将厂房过户给王某。王某通过现金给付方式再次向周某出借 200 万元，周某以自有的别墅一套作为抵押物与王某签订了借款合同。后周某拒绝还款，并称没有向王某再次借款 200 万元。王某经调查发现 2017 年年底周某已将厂房出售给案外人，且作为抵押物的别墅也不在周某名下。随即，王某认为周某的行为构成诈骗罪，向公安机关报案。

2. 接受委托

周某被逮捕后，律师接受委托会见周某了解案情。

据周某陈述：王某并未出借给周某 200 万元现金。2018 年 3 月 21 日签署的借款合同等材料上提到的 200 万元，就是王某曾起诉到法院的 200 万元，没有再次出借 200 万元的事情。2018 年 3 月 21 日这天王某控制周某，让周某重新写借款合同，不写不让离开，周某当日醉酒，记不清怎么回事就在文件上签了字。而

五
权益保障篇

且，王某早就知道周某把厂房对外出售了，王某陈述再次出借200万元后才知道是虚假的。

3. 办案过程

在会见周某了解事实后，律师首先对周某的亲朋好友进行走访调查，了解周某的家庭背景和王某相关背景情况，认为案件存在重大疑点。周某已欠王某200万元强制执行未果，在此情况下，王某再次向周某出借200万元是十分不符合常理的。且王某主张案涉200万元是现金支付，缺乏客观证据。律师向检方立即提出羁押必要性审查，请检方在案件合理性和证据客观性同时存在问题的情况下，考虑对周某变更强制措施为取保候审，但该申请被检方驳回。

4. 证据博弈

案件进入审查起诉阶段，公诉机关指控：周某隐瞒已变卖厂房的事实，谎称将厂房卖给王某，使王某陷入错误认识为购买厂房向周某出借200万元。周某以自有别墅作为抵押物与王某签订借款合同，在借款到期时拒绝还钱，否认借款事实，具有非法占有目的。周某用来抵押的别墅并不归其所有和使用。周某以非法占有为目的，虚构事实隐瞒真相，骗取他人财物，数额特别巨大，应当以诈骗罪追究其刑事责任。

辩护律师认为，虽然被告人周某零口供，非常坚定地确认没有收200万元，律师从外围了解的情况也是王某因周某拖欠其200万元不还，遂有意陷害周某，但是现有证据对周某十分不利，其中4份书证、多位证人证言可以证明周某借款200万元真实发生，且周某的所述事实既无证据支持，又不具合理性（周某重复签订欠条后未到公安机关报案，也未将其经历告诉任何人）。想要让法官相信周某的陈述一定要从细节入手，从证据入手。

若果真如被告人周某所述，王某早就知道周某将厂房变卖了，且涉案200万元现金借款并未实际发生，那么被告人周某当然无罪。由此看来，如何举证证明上述事实是本案的重中之重。

为此，律师总结了以下五点案件焦点：第一，如果真的发生了200万元现金借款，那么现金来源是什么？第二，如果被告人周某拿走了200万元现金，现金去向是哪里？第三，200万元现金数量庞大，如何存放、如何清点、如何携带？200万元现金借款常人一辈子也难以见到一次，因此目睹借款全过程的证人应当记忆深刻，对涉案200万元现金的清点过程应当有较为清楚的记忆。第四，在周

233

某已经欠王某200万元未还,且已经进入强制执行程序的情况下,王某再次向周某出借200万元的合理性何在?第五,除被害人王某与被告人周某的短信等聊天记录外,是否有其他证据能证明王某明知周某将厂房变卖?王某在起诉周某过程中是否知道被告人周某将厂房出卖?

为查清上述争议焦点,律师向检方申请调取如下证据:(1)调取王某办公室全部景象的照片和录像(包括户型、家具摆放位置和办公室内存放保险柜小屋的情况);调取王某所述存放200万元现金的保险箱的相关照片和录像。(2)调取王某诉周某偿还200万元借款的诉讼及执行案件的全部案卷(显示王某在2018年3月15日申请了执行,在财产线索一栏填"无")。(3)申请检察院向王某询问涉案200万元现金来源情况(王某称其中50万元是向朋友借的,150万元是之前清算超市、变卖库存货物的钱,后一直存在保险柜中,但其多次笔录相互矛盾,并未说明150万元的来源,也未提供相应证据)。(4)调取被告人周某及其亲属银行卡交易情况(证明被告人周某是否取得以及是否消费200万元现金的相关事实)。(5)到交通管理部门调取借款当日被告人周某拉着行李箱离开公司的录像以及被告人周某到家的录像。检方最终没有调取第4项证据,仅调取了律师申请的第1、2、3、5项证据,其中第2、5项证据调取不全。

调取证据后第二次全案分析。首先,现有证据可以证明被害人王某早已明知涉案厂房被卖,因此被告人周某不存在隐瞒事实的行为:(1)2017年12月底,周某便以短信形式告知王某"抵押物我确实没有了";(2)王某在2018年1月民事诉讼保全时,没有申请保全厂房(后法院详细调取该案执行卷宗,发现王某在2018年3月向法院申请执行周某财产时也未将厂房写入财产线索);(3)周某写涉案200万元借条等材料时,王某没有让周某用厂房抵押,而是用没有产权证的别墅抵押。其次,本案被害人王某陈述、证人证言存在多个自相矛盾、互相矛盾之处,严重不符合常理。200万元现金借款事实严重存疑。

律师认为,王某与证人于某、赵某在同一公司工作,存在特殊联系,于某、赵某均是王某的下属,听从王某的安排,存在利害关系。不能排除合理怀疑,即被害人王某与于某、赵某三人共同编造事实陷害被告人周某。应当申请被害人王某及证人于某(公司副总)、赵某(律师、法律顾问)出庭接受质询,当庭详细询问200万元借款出借的全过程。如果出借200万元的事实是编造的,那么三人在庭上的陈述一定有矛盾以及纰漏之处。证人殷某的证言〔……(借款当日)

五
权益保障篇

王某跟我沟通,说让我过去,说周某借被害人王某钱不还,让我过去解决这个事,我在电话里就急了,因为跟我没有关系,我担保不着……]也能证实借款当日的200万元借款,就是周某之前的借款,而非新产生的借款。此外,王某也无法证明其所述200万元现金的合理来源。仅凭王某提供的借款合同等证据,在民事案件中都无法认定200万元借款真实存在,更何况是对证据要求更为严格的刑事案件。

在民事案件中,如果原告仅有借条而没有转款凭证,那么人民法院不能直接认定借款存在,而是需要结合借贷金额、款项交付、交易方式、交易习惯、当事人财产变动情况等诸多事实和因素,综合判断查证借贷事实是否发生。而本案中,王某称其向周某出借200万元的巨款,对于这样大额的借贷,王某仅能提供借条,而没有其他任何合法有效的证据予以佐证。本案是可能判处10年以上有期徒刑的重大刑事案件,对证据的要求应当远远严格于民事案件。而综观本案现有证据,存在诸多无法解释的矛盾,证据的真实性严重存疑,无论是民事案件还是刑事案件,现有证据都远远不能证实200万元借款真实发生。

退一万步讲,即便200万元现金借款真实存在,被告人周某逐步偿还被害人王某95万余元,没有非法占有目的,亦不构成诈骗。现有证据可以证实,2018年4月至6月,被告人周某偿还被害人王某95万余元(该95万元,被告人周某称是为了偿还之前的欠款200万元,被害人王某称是为了偿还新借的200万元)。因此,即使本案存在被害人王某向被告人周某出借200万元现金的事实,被告人周某根本不具有非法占有的目的,而是逐步偿还欠款,双方仅是民事纠纷,本案中周某并不存在诈骗行为。

5. 法院审理

在法庭调查阶段,被告人周某依旧坚持零口供,对指控的犯罪事实均不认可。在举证质证环节,王某、证人于某以及赵律师出庭接受质询,律师研究发问策略,问题环环相扣,步步深入,两位证人当庭对于重要的案件事实的陈述漏洞百出。王某在初次庭审时不愿出庭,在之后的庭审过程中出庭接受了质询。面对发问,王某的回答自相矛盾,且与其之前在公安机关的陈述亦存在矛盾。

辩护律师认为,王某陈述和证人证言的真实性严重存疑,不能作为定案依据。首先,200万元现金是非常庞大的数目,对于普通人来说一辈子也难以见到一次,因此应当对当时的细节记忆深刻。庭审过程中,面对发问,证人对搬运

200万元现金的过程、200万元现金放置的位置、数钱的过程、装钱的过程、被告人周某离开的过程等关键事实的描述均存在严重矛盾之处。其次，二位证人为王某公司员工、法律顾问，与被害人王某具有直接利害关系。最终法院采纳了律师的意见，没有采信王某陈述以及证人证言。

在法庭辩论环节，律师当庭发表无罪的辩护意见，律师认为公诉机关指控被告人周某构成诈骗罪，事实不清、证据不足。诈骗罪是指被告人以非法占有为目的，采取虚构事实或隐瞒真相的方式，令被害人陷入错误认知，基于错误认识将财产交付给被告人。

本案中，王某报案称周某隐瞒已经将名下厂房变卖的事实，虚构具有别墅所有权的事实，使其陷入了错误认识，将200万元现金交付给周某，周某拒不偿还。但本案现有证据足以推翻上述观点：第一，本案现有证据可以证明王某早已明知涉案厂房被卖，因此被告人周某不存在隐瞒事实真相的行为。第二，别墅虽不在周某名下，但周某对别墅进行了出资，因此不能认定周某虚构事实。第三，王某向周某支付200万元现金的证据不足。王某陈述、证人证言存在多个自相矛盾、互相矛盾之处，严重不符合常理，200万元现金借款事实严重存疑。同时，王某也无法证明其所述200万元现金的合理来源，本案现有证据尚不能达到民事案件认定存在借款事实的标准，当然更无法在标准更为严苛的刑事案件中认定借款事实真实发生。第四，即便200万元现金借款真实存在，现有证据可以证明被告人周某逐步偿还给被害人王某95万余元，没有非法占有目的，亦不构成诈骗罪。

6. 案件结果

一审宣判被告人无罪。法院经过长达一年多的审理，历经三次庭审，三次补证质证庭审。最终，法院采纳了律师的意见，认定周某隐瞒真相的证据不足、王某借给周某200万元现金的证据不足，周某非法占有目的的证据不足，本案指控的犯罪事实严重存疑。最终，周某被判无罪。

二审审理期间上级检察院撤回抗诉，一审判决生效。一审法院宣判后，检察院提起了抗诉，案件移送至天津市第二中级人民法院进行二审审理。二审审理期间，律师当面与上级检方就案件焦点问题进行了充分沟通，认为本案指控周某构成诈骗罪的证据不能达到确实、充分的标准，不能排除合理怀疑，诸多证据存在自相矛盾、互相矛盾的情况，无法作为定案依据，不足以认定犯罪事实。一审判决论证充分，逻辑清晰，客观公正。最终，检方召开检察委员会会议讨论后认可了律师的观点，遂撤回了抗诉，二审法院予以准许并下发了裁定，一审无罪判决生效。

一审判决生效后，律师继续为周某代理了国家赔偿案件，检察院最终赔偿周某56万余元赔偿款。

二、诉讼技巧

本案是经典的无罪案例，被告人周某被羁押近3年，被判无罪，目前已经获得国家赔偿。据了解，该案件当时在法院内部也存在不同意见，法院重点审查了控辩双方的证据，最终以案件事实不清、证据不足为由判决被告人无罪。经办律师顶住了各方压力，在被告人被批捕、检察机关坚持起诉的情况下，通过向各方走访调查，审核全案证据，多次与检察官、法官就案件疑点进行沟通，坚持无罪的辩护思路，用清楚的逻辑和充分的说理成功说服了法官。

《刑事诉讼法》规定刑事诉讼的证明标准为"犯罪事实清楚，证据确实、充分"。"证据确实、充分"应当符合以下条件：第一，定罪量刑的事实都有证据证明；第二，据以定案的证据均经法定程序查证属实；第三，综合全案证据，对所认定事实已排除合理怀疑。刑事案件中，证明被告人有罪的举证责任由控方承担，若控方提供的证据不能达到法定的"犯罪事实清楚，证据确实、充分"的证明标准，即不能证明被告人有罪，被告人不构成犯罪。《刑事诉讼法》的规定，给无罪辩护提供了以下思路，在案证据不能确实、充分地证明行为人无罪，但可对控方的证据链条进行质证，在证据链条中发现问题，从而实现"事实不清、证据不足"的无罪结果。

一言以蔽之，无罪辩护的重中之重就是证据。控方要提供确实、充分的证据来证明被告人符合犯罪的构成要件，辩方则需要结合案件事实和证据的矛盾之处，发现证据中存在的漏洞，提出合理怀疑来对抗控方起诉书中所指控的事实。反过来说，如果检方证据确实充分，无罪辩护的效果往往会适得其反。在为刑事案件被告人辩护的过程中，应当充分发挥证据作用，说服法官，从而达到辩护目的。

以本案为例，诈骗罪是以非法占有为目的，虚构事实、隐瞒真相，骗取被害人，致使被害人基于错误认识主动交付财物。针对诈骗罪辩护寻求无罪判决，需要综合考虑多重因素并做好充分的准备工作。首要任务便是对案情进行详尽的审查，包括对各项证据的把握程度，以确定后续的辩护思路。在确定辩护思路后，律师整理、总结相关证据，将有利证据与不利证据分别列出，并通过在庭前申请检方和法院调取重要证据、申请证人出庭接受质询，在庭审过程中举证质证等手段，完善有力证据，击破不利证据。最终，法官认为本案认定诈骗罪的证据不足，宣告被告人无罪。

刑辩律师应当培养创新性思维，懂得破立之道，善于依据案件事实和法律，找准控方证据链条的薄弱环节，并以此作为突破口，在控方证据之外重建一套证据体系，从而对控方证据实行反包围，动摇或推翻控方所认定的事实，实现当事人无罪的裁判结果，维护社会的公平和正义。

贪污罪的辩护要点

董彦林

一、贪污罪的概念和核心本质

贪污罪，是指国家工作人员和受国家机关、国有公司、企业、事业单位、人民团体委托管理、经营国有财产的人员，利用职务上的便利，侵吞、窃取、骗取或者以其他手段非法占有公共财物的行为。

其犯罪客体是公共财物的所有权和国家公职人员的职务廉洁性；客观方面是行为人利用职务上的便利、侵吞、窃取、骗取或者以其他手段非法占有公共财物的行为；主观方面是故意并且以非法占为己有为目的。

贪污罪的核心本质是以权谋私、中饱私囊。

二、围绕贪污罪的本质特征辩护

辩护人的责任是根据事实和法律，提出证明犯罪嫌疑人、被告人无罪、罪轻或者减轻、免除其刑事责任的材料和意见，反驳无理的指控，维护犯罪嫌疑人、被告人的合法权益。

贪污罪是职务犯罪中最常见的犯罪，辩护律师在做该罪的辩护中，不仅限于法庭审理，而是从接受委托开始就已经进入辩护的角色，会见当事人、查阅案卷、制订庭审预案、辩护意见、答辩提纲都是法庭审理辩护前的必要铺垫，本文主要论证指控贪污罪不能成立的辩护要点，以贪污罪的核心本质是以权谋私、中饱私囊为主要切入点，进行精准有力的辩护。

1. 会见当事人

认真会见当事人是辩护的重要环节，应当充分听取当事人辩解，充分了解其辩解无罪的事实、证据和理由。

需要注意的是应当认真甄别辩解的真伪，在一起贪污案件辩护中，当事人故意向辩护人陈述虚假事实，幸亏被辩护人及时发现，对其释明了该虚假陈述进行辩护的危害，及时调整了辩护思路。

2. 制作阅卷笔录

对证据的客观性、关联性、合法性准备质证意见。吃透案情后，制作庭审询问提纲，辩护意见、答辩提纲。

3. 公诉方指控的事实不客观包括两个方面

一是不全面，这种情况在指控的贪污犯罪中比较容易被忽视，虽然指控事实本身是真实的，但是因为指控事实不全面，导致不客观；二是不真实，背离事实真相；应当注意区分，采取不同辩护策略。

三、案例详解

以下贪污案件可以反映出具体的辩护要点：公诉机关指控，吴某作为国家高校的食堂管理人员，伙同食堂会计郑某，员工王某、赵某某，未经学院领导批准，共同贪污食堂结余，数额巨大，构成共同贪污罪。

吴某在会见中，一再强调自己和所在高校存在书面承包协议，辩护人根据卷宗资料和生活经验，指明该虚假陈述系自作聪明，有害无益，引导其实事求是，如实陈述当时没有书面协议，是学院领导早已授权的事实承包，虽然控方提供了诸多否定事实承包的证据，但是因客观性瑕疵被法院否定。

1. 围绕犯罪构成的发问提纲

对于吴某：

（1）某学院食堂有餐饮许可证吗？食堂法定代表人、负责人是谁？

（2）你什么时间接手学院食堂管理工作？学院负责人指示过你参考与他人之间的协议模式吗？

（3）2005年至2009年年初，你组织过食堂人员召开会议吗？会议包括什么内容？

（4）涉及学院食堂，签订过书面承包协议吗？谁与谁之间签订？有什么内容？

（5）2012年经过审计后，你们退钱了吗？退钱后，又返还了吗？签订后续

五
权益保障篇

承包协议了吗？

（6）自2005年至你退休，你经营管理食堂有多长时间？有自己独立账号吗？有独立的财务账吗？有专属自身的会计吗？有独立的公章吗？这期间，你对食堂的财务、承包等重大事项有直接支配权吗？你可以无须院领导审批，直接负责支配食堂的财务权利吗？食堂每月有结余吗？分过吗？上交过学院吗？学院对你这样做提出过异议吗？

（7）2010年9月至2012年6月间，你们四人的工作时间是多长？都干什么？学院方面给过加班费吗？给过多少？

（8）你们分配食堂剩余伙食费是什么标准，谁拿钱最多？为什么？

（9）有学院领导向你们要求过食堂伙食费专款专用、不得截留、私自处分吗？

（10）你们提供伙食服务的学生，对其伙食服务满意吗？

（11）某班每人伙食费多少钱？你们经营教工食堂可能亏损吗？

对于郑某：

（1）某学院食堂负责人是谁？

（2）2005年至2009年年初，你参加过食堂人员召开会议吗？会议包括什么内容？

（3）涉及学院食堂，签订过书面承包协议吗？谁与谁之间签订？有什么内容？

（4）2012年经过审计后，你们退钱了吗？退钱后，又返还了吗？签订后续承包协议了吗？

（5）自2005年以来，你在哪里工作，负责什么？食堂有自己独立账号吗？有独立的财务账吗？有独立的公章吗？这期间，谁对食堂的财务、承包有直接支配权？食堂的财务，经过院领导审批过吗？食堂每月有结余吗？分过吗？上交过学院吗？学院对以上做法提出过异议吗？

（6）2010年9月至2012年6月间，你们四人的工作时间是多长？都干什么？学院方面给过加班费吗？给过多少？

（7）你们分配食堂剩余伙食费是什么标准，谁拿钱最多？为什么？

（8）有学院领导向你们要求过食堂伙食费专款专用、不得截留、私自处分吗？

（9）你们提供伙食服务的学生，对其伙食服务满意吗？

（10）某班每人伙食费多少钱？

对于证人郭某：

（1）你主管学院食堂的起止时间？食堂有自己独立账号吗？食堂的财权你审批过吗？食堂每月有结余吗？食堂上交过学院结余吗？2005年至2011年，你主管食堂期间，向吴某提起过对食堂的整改吗？

（2）2009年3月至2011年2月，学院领导开过班子会议吗？提到过学院食堂承包，任务核算，责任制到班组的事宜吗？食堂的经营者和管理者是谁？

2010年9月至2012年6月间，你知道吴某等人每天的工作时间吗？休过公休日、寒暑假、法定节假日吗？学院给加班费吗？给多少？

（3）是学院管理教工食堂的人、财、物吗？

（4）某班学员每天伙食费多少钱？教工食堂是根本不会亏钱吗？

（5）吴某等人提供的饭菜质量有问题吗？学生对伙食服务满意吗？

（6）你主管吴某6年，食堂没有结余吗？分过吗？上交过学院吗？

（7）"培训学生的伙食费，都是国家拨付的专款，应该'专款专用'，就不能产生利润，也不应该有剩余的伙食费，即使有了剩余的伙食费，也不能私自处理。"这种说法，你向吴某等人传达过吗？既然这样要求，学院为什么还把黑人学院每人每天伙食扣去70元？

2. 辩护思路——强调以下影响客观真相的全面事实

（1）吴某是某学院食堂法定代表人、负责人。

（2）在吴某接手学院食堂管理工作之前，学院负责人就指示吴某参考与岳某某之间的协议模式，该协议中包含独立核算，自主经营的内容。

（3）2005年至2009年年初，学院食堂负责人吴某多次组织食堂人员召开会议，研究食堂的经营，多次涉及内部承包，独立核算，自负盈亏，多劳多得的内容。

（4）2005年9月至2013年7月，涉及学院食堂签订多份书面承包协议，多次确认不同形式的内部承包，独立核算，自负盈亏的内容。

（5）2009年3月至2011年2月，学院领导班子会议，认可学院食堂承包，任务核算，责任制到班组，吴某是食堂的经营者和管理者。

（6）2012年经过审计后，学院追认教工食堂的事实承包，批准并执行按照承包利润的80%分配给吴某等人，并签订后续承包协议。

五
权益保障篇

（7）自 2005 年至吴某退休，历时 8 年左右的时间，学院食堂虽然属于学院管理，但却是一个独立实体，有自己独立账号，独立的财务账，专属自身的会计，独立的公章。此间，吴某一直是食堂的负责人，对食堂的财务、承包等重大事项有直接支配权。吴某无须院领导审批，直接负责支配食堂的财务、承包等权力，食堂每月结余，由吴某决策依据承包协议和按劳分配原则予以处分，从来没有上交过学院，对此学院一直认可，从未向吴某提出过异议，这些事实无疑说明食堂的实际运营体现了独立核算和自主经营。

（8）2010 年 9 月至 2012 年 6 月间，吴某等人的工作时间每天达到 12 小时，从未休过公休日、寒暑假、法定节假日，应当得到加班工资待遇，是他们正常收入的数倍以上，对吴某等人的应得利益，学院方面并没有依法予以充分保障。

（9）因为王某劳动强度大，付出劳务多，所以分配利益最多，并超过吴某的事实，说明吴某等人分配结余伙食费，体现了多劳多得的原则。

（10）本案的所谓的书证和证言中提到"专款专用"和不得截留伙食费，私自处分的说法，从来没有人向吴某等人传达。

（11）吴某等人提供伙食服务的学生，对其伙食服务都很满意，没有提过意见。

根据庭审情况对公诉方观点充分预测，在开庭前应当准备答辩提纲，本案答辩的主题是死盯因果关系和犯罪构成（顺序：客体—客观方面—主观方面）。

（1）虽然某学院食堂已经脱离某系统，但是其餐饮卫生仍由某办公室主管，餐饮许可证加盖某办公室的公章，并列明吴某是某学院食堂的法定代表人（负责人或业主），说明吴某是食堂的经营者和管理者，至于法定代表人和负责人或业主的不同称谓，不影响吴某的职权。

（2）公诉方关于学院食堂不是经营的说法错误。学院食堂收费和提供就餐正是体现了经营行为。

（3）公诉方关于教工食堂不应该有利润的说法错误，2012 年 9 月，教工食堂与学院签订并实际履行承包协议，说明教工食堂可以有利润。

（4）公诉方关于"吴某经管教工食堂，前面无承包协议，后面有承包协议，前后矛盾，以及有承包协议后就不能改变伙食标准"的说法不客观。

实际上，有无书面承包协议都产生了利润，只是利润大小和比例的区别，就是否产生利润问题，既没有区别，也没有实质矛盾；有无书面承包协议与否，都不影响食堂自行决定伙食标准，只要就餐者满意即可。

（5）关于审计结果的问题。

审计结果只能说明学院食堂程序上违反了财政纪律，不必然导致吴某等人不该得结余伙食费的结果，更不能说明吴某等人的行为属于贪污犯罪。其中按照劳动量分配结余更说明不符合贪污罪要求以权谋私的本质特征。

（6）关于学院给吴某等人返款的原因问题。

公诉方主张"徐某拿了8.8万元伙食费，与24.7万元有着密不可分的关系，所以滥用权力返款"的事实证据不足，是主观臆测。学院给吴某等人返款的真正原因是参照其后的书面承包协议80%利润约定，根据吴某等人劳务付出而确定的，是合法所得。

（7）关于本案吴某等人主观目的的问题。

①公诉方主张主观目的靠客观行为反映，吴某等人预谋贪污的心态昭然若揭。辩护人认为主观目的靠客观行为反映的观点非常正确，学院食堂的资金来源，不管是财政拨款，还是就餐者支付，对于学院食堂而言，没有本质区别。公诉方提供有关预谋证据中，商议根据劳动付出多少，确定分配结余标准，恰恰说明吴某等人的目的不是以权谋私，不是预谋贪污，而是商议按劳分配。

②公诉方提供有关证据中提到"如果不返款，怕吴某等人闹"的情节，同样说明吴某等人没有非法占有目的。如果认识到自己不该得钱，所得是贪污，那么怎么可能闹？

（8）关于本案的客体。

公诉方主张"所得加班费等收入不能违反学院每8小时50元的标准，以及提示加班费可以通过劳动监察等法律手段解决的问题"。

辩护人认为：违反学院每8小时50元的标准的行为，不能证明符合贪污罪的任何构成要件。以下情节值得关注：

①学院食堂自主经营，独立核算，吴某有权决策食堂财权。

②对于王某而言，虽然在门卫和在教工食堂的收入有差距，但是根据王某在门卫和在教工食堂工作量比较，应得收入只少不多。

根据教工食堂的就餐人数，就餐时间跨度，就餐标准等就餐方面的整体要求，在没有临时工参与的情况下，吴某等人已经付出的总体劳动量，相当于正常职工十多人的工作量。吴某等人的实际全部所得，尚未达到应得收入，没有侵犯贪污罪的客体。

③公诉方既然承认加班费可以通过劳动监察等法律手段解决的问题，那么说明也认可吴某等人应得加班费的合法性。本案中，吴某等人所得加班费明显没有得到法定应得标准。就起诉书指控吴某贪污的事实，如果一方面认定贪污，另一方面单位还拖欠加班费，那么这二者的本质矛盾是无法合理解释的。

（9）吴某等人陈述将第三食堂部分所得给徐某的原因。

吴某等人因为超过本单位其他职工的收入所得，所以为了长期稳定维护多劳多得的正当利益，送钱给学院一把手徐某，该情节不能证实吴某等人涉嫌共同贪污的任何主客观要件。

（10）国有事业工作人员已经得到工资、奖金和加班费后，再得到的其他收入是否构成贪污的问题。

公诉方认为：国家工作人员已经得到工资、奖金和加班费后，再得到的其他收入，其行为必然构成贪污罪。

辩护人认为：此观点是错误的伪命题，国家工作人员已经得到工资、奖金和加班费后，再得到的其他收入，其行为不必然构成贪污罪。这要看再得到的其他收入的根本原因，如果符合贪污罪的全部构成要件，那么就可以定贪污罪，否则就不可以定贪污罪。

公诉方仅仅举证证实吴某等人已经得到工资、奖金和加班费后，再得到的其他收入，尚不足以证实吴某等人必然构成贪污罪，还需继续举证证实吴某等人符合贪污罪的全部构成要件，即公诉方对指控吴某等人行为构成贪污罪的负完全证明责任。

辩护人提出关于国家工作人员已经得到工资、奖金和加班费后，再得到的其他收入，其行为不必然构成贪污罪的观点。公诉方要求辩方举证，辩方认为，首先公诉方违反了"谁主张，谁举证"的原则，公诉方应当对指控符合贪污罪的全部构成要件负举证责任；其次此举证义务，辩方也无须举证了，公诉方已经客观地完成，本案起诉书指控自2010年9月至2012年6月以前和后续时间吴某和其他人经营学院食堂的模式，都是行为人已经得到工资、奖金和加班费后，再得到的其他收入。

（11）关于公诉方主张吴某等人偷工减料不是事实。

就餐者满意的事实清楚、证据确凿，不存在偷工减料的问题。

(12）关于公诉方主张在已得工资、奖金、加班费的情况下，没有领导同意分配结余是贪污，有领导同意就是领导教唆贪污的问题。辩护人认为这要看犯罪构成，是什么原因导致的分配结余，不管领导同意与否，如果全过程符合贪污罪的犯罪构成，即构成贪污罪，否则，就不构成贪污罪。

（13）吴某是否有权直接决定食堂财权的问题。

从2005年开始后8年左右的时间，吴某一直直接决定经管食堂财权，学院一直没有异议的客观事实看，公诉方补充书证主张吴某无权直接决定食堂财权虚假，并被郭某的当庭证言所否定。

既然公诉方认可郭某作为主管院长否定承包，那么郭某陈述吴某有权直接决定食堂财权无须审批的事实同样应当被认可。

法庭辩论中即兴发挥以下答辩观点：

（1）起诉书指控吴某等人所得的根本原因，正是辩护人强调起诉书遗漏的11点客观事实，公诉方不但不能否定此事实，而且更没有完成证实吴某等人符合贪污罪四个构成要件的全部证明责任。

（2）公诉方以学院是被害人为理由，否认辩护人举证的合法性，但是公诉方却没有把学院当成被害人，通知其委托诉讼代理人参加诉讼，辩护人认为公诉方对此问题应当适用同样的法律标准。

（3）吴某强调了工作量和工作时间，包括加班的事实，休庭后，虽然检察机关随即调取证据，以证明学院支付了加班费，但是没有核实吴某强调的总体工作量的事实，对此如果公诉方认可了吴某强调的总体工作量，那么辩护人表示赞同；如果现在公诉方不认可吴某强调的总体工作量，又不予以客观核实，那么与刑事诉讼法有关司法机关应当依法收集有罪、无罪，情节轻重的证据的原则相悖。

（4）公诉方指责辩方违反职责，误导法庭和旁听人员。

当庭回应：公诉方也同样强调渲染了吴某等人行为的社会危害性，辩护人依据事实和法律，否定吴某等人行为的社会危害性，依法反驳，行使辩护权，是正当职责所在，并无不妥。

3. 起诉书认定吴某等人构成共同贪污事实的性质分析

（1）主观方面

在认识要素上，吴某等人中，每人都认为自己所得是应得利益，是自己血汗钱，没有认识到自己所得是故意实施非法占有单位财产的行为。

五
权益保障篇

在意志要素上，吴某等人追求的目的是获得应得利益，即自己的血汗钱，没有明知自己所得必然造成单位财产被非法占有，将得到本不应当得到单位的财产利益，占了单位便宜的危害结果，但都积极追求这种危害结果，希望这种危害结果的发生的主观目的。

各被告人原始供述中反映因王某劳动强度大，付出劳务多，所以多的钱的分配模式看，吴某等人不具有贪污罪要求以非法占有为目的的主观要件。

（2）客体方面

起诉书仅强调了吴某等人在得到工资、奖金、部分加班费的同时，继续获取伙食费结余和临时工工资的事实，却遗漏了吴某等人超负荷加班，应当得到的待遇，是他们正常收入的数倍以上，学院远远没有依法保障的事实。实际上，吴某等人的已得利益还没有达到应得利益。

吴某等人不具有贪污罪要求的客体要件。

（3）客观方面

从王某所得最多及吴某等人的劳动时间和劳动强度等有关事实看，吴某等人是依靠劳务付出获利，不是利用权力谋私利。

因此吴某等人的行为缺乏贪污犯罪的客观方面要件。

（4）以上分析得出的结论：本案吴某以外的其他三被告人没有职权，都是因为付出辛勤劳务，所以获取应得利益，不构成职务犯罪。吴某是出于正当履行职责的目的，保障了四人的辛勤劳务所得，四被告人主观上都没有非法占有的目的，客观上都没有以权谋私，侵害单位财产所有权，行为性质不符合贪污犯罪的主、客观要件，不能认定为贪污犯罪。

4. 需要说明的问题

（1）多年来，吴某等人超负荷加班，身心严重透支，危及健康的情况，某学院的有关领导是应当知道的，但其却为了政绩，不但没有依据劳动法保护员工身心健康，充分保障员工正当合法所得，而且在案发后推卸责任，没有全面如实反映吴某等人所得财物的根本原因，不但于法不容，而且有违诚信道义，从法律和道德上均应予否定。

（2）吴某等人所得远超出本单位其他职工的收入所得标准的问题

某学院的前身属于某系统。某系统中从事特殊工种或特殊劳务作业的人员，因为劳动强度大，作业时间长，所以远超出本单位其他职工的收入所得标准，大额度获得劳务报酬，是血汗钱。这种做法是某行业早在 20 世纪 80 年代就已经实行的惯例，发展至今更是一如既往，屡见不鲜，其目的是体现国家改革开放后的多劳多得政策，调动职工的积极性，不但不违法，而且普遍提倡。

认定贪污犯罪应当严格依据罪刑法定原则，按照贪污犯罪的全部主客观构成要件客观认定，绝不能背离犯罪构成要件（尤其是主观要件），按照主观臆测主观认定。

司法机关惩治腐败是大势所趋，但是前提必须是"依法"，绝不能违背当前依法治国根本原则，"依法"更是国之根本，民心所向。

不但认定吴某等人贪污的事实错误，而且认定事实不完整，以偏概全，断章取义，遗漏重要的关键事实，没有客观公正地反映事实真相，致使在案的吴某等人响应国家改革中多劳多得政策，以自己辛勤劳动，获得应得收入行为被以贪污犯罪追诉。吴某等人的行为不构成贪污罪。

5. 裁判结果

一审法院判决指控吴某贪污罪不能成立，检察机关抗诉被二审法院驳回。

优秀民营企业深陷法律盲区之应对

刘弘琳

一、案例介绍

2009年1月,某工业制造企业经天津海关进口东洋离子涂层炉1台,以国家鼓励发展的内外资项目为理由申报免税进口,申报价格123万美元。该涂层炉采购于日本东方贸易株式会社,该企业在使用东洋离子涂层炉过程中发现存在技术缺陷,经日方技术人员多次修理调整仍无法根本解决。遂该企业与日本东方贸易株式会社协商决定,由日本东方贸易株式会社负责协调,以最近产品新型号的涂层炉与原涂层炉进行等值更换,该企业无须增补费用。

原涂层炉进口时享受税收优惠政策成功申报免税进口,如进行调换时如实向海关进行申报,则在调换时已无法享受免税政策,需要全额补交税款。因此,为避免产生进口税款,该企业管理层决定编制《设备改造维修协议书》等材料向海关申报,以出境修理物品的名义将原涂层炉运送出口,日方再以维修完毕的名义将新的涂层炉运送进口。

2020年,新涂层炉运送入境,后经举报公安机关对该企业立案侦查。同年9月该案被移送至检察院进入审查起诉阶段,该企业与企业负责人均涉嫌走私普通货物、物品罪。该企业负责人称并不知道以此方式调换新涂层炉进口会触犯走私普通货物犯罪,企业管理层均认为虽发生了新旧涂层炉调换的事实,但原涂层炉享受政策免税进口,新涂层炉进口替代了原涂层炉,虽因时间变化免税政策已经过期,但实质上国家税款没有产生损失,不认可犯罪。

二、案例难点

办理走私普通货物类案件，需要从分析行为人客观行为和主观认识，并结合涉案数额核定是否正确两大方面入手。

本案企业负责人称没有犯罪故意，主观上不知道这样的行为可能会涉嫌犯罪。在辩护时需证明被告人没有偷逃税款的主观故意，或者没有客观上造成国家税收的损失。

本案只从进口新涂层炉没有如实申报的角度来看，进口货物应如实申报进口理由、用途，未如实申报或以其他名义申报骗取税收优惠，该企业的确构成走私普通货物犯罪。但从案件整体角度来看，新涂层炉与旧涂层炉进行了更换，原涂层炉确实享受进口免税政策，新涂层炉代替了原涂层炉是否也可以享受免税，即使进口新涂层炉时免税政策已经不存在，但旧炉存在问题无法使用，更换后的新炉完全替代旧炉，国家税收没有产生损失。

在数额核定问题上，辩护时可以提出涉案数量或核定税额有误，未扣除合法部分或不应计入的金额（如佣金、拍卖费、维修费等）。这需要详细审查相关财务记录和交易凭证，确保涉案金额的准确性。本案新涂层炉价格不能按旧炉进口时的价格确认，货物价值存在较大争议，影响犯罪金额认定。

三、法律分析

笔者在审查起诉阶段接受该企业委托。经深入了解，该企业成立于2007年，坐落于天津港保税区，是一家经营金属表面处理、热加工及模具制造等业务的大型民营企业，由日本东方贸易株式会社独资设立。该企业与马自达旗下子公司在机床领域合作多年，从日本等地引进了多项享有专利的高新技术，企业产品实现了耐用和可再生利用的突破创新，是一家优质的技术型民营企业。该企业年纳税额高，为地方税收做出了卓越贡献，推动解决当地就业问题，是一家模范民营企业。出现本案情况系因企业管理层员工法律及税务知识匮乏，认为更换新涂层炉系因原涂层炉存在质量问题，以旧换新的行为没有产生新货物入境，且也属于维修的一种，所以按维修申报进出口不应缴纳关税。

笔者经阅卷针对性提出以下问题：

五
权益保障篇

1. 新更换的涂层炉是新制作的，还是用原涂层炉改造的？

新炉上是否存在旧炉上的元件或再利用的旧元件？提出该问题系考虑到如新炉上存在旧炉上的元件，将涉及本案两个重要事实认定问题。第一，如新炉使用了旧炉的核心元件，那么，新炉是否可以被称为"新炉"，是否可以说新炉就是旧炉改造而来的？如此推论，那么新炉究竟是维修还是更换，可否视为维修？第二，关乎新炉子进口价格问题，如果用了旧炉的元件，那么新炉的价格势必不能和旧炉完全相同，新炉价格如何确定？完全以第一次进口时的涂层炉价格确定走私金额明显存在问题。

2. 涉嫌偷税金额如何确定？

确定偷逃税款金额系按照原进口第一台涂层炉的价格确定。我方主张应按照扣除电源并将旧元件按折旧后的价格确定，那么将存在以下争议：第一，如何能证明存在旧元件？第二，即使真的存在旧元件，那么旧元件的价格如何确定？在一般走私案件中，确定物品价格会采用委托第三方鉴定的方式，但本案较为特殊，涂层炉属于特殊工业设备，是特别订制产品，不是一般市场流通物，委托第三方鉴定的方法很难得出鉴定结论。

经过律师多次与承办案件检察官沟通，发现对于涂层炉价格问题存在较大争议。检察官逐渐接受律师意见，认为涂层炉价格问题不容回避，不能够武断地以第一次进口的价格认定。从案卷材料中可以明显看出，涂层炉的电源部分是没有运输回日本的，新炉电源与旧炉电源相同所以无须更换，如此看来至少电源的价值应从设备总价值中扣减。

检方接受辩护人观点后，综合研究认同新炉价格这一问题的确存在争议，将案件退回公安机关补充侦查。在补充侦查期间，公安机关办案人员再次向企业负责人调查，欲确定新炉的实际价值，但在新旧炉存在共用部分的情况下，很难区分新炉具体价格。办案人员屡次提出，必须由企业认可新炉价值等同旧炉，不再提出异议，偷逃税款金额才能确定，这一案件的关键问题才能得到解决。但企业负责人坚持实事求是，坚持认为新旧炉价格不相同。

在该案中如能证明新炉确实存在旧元件，则对当事公司非常有利。但证明这一问题，需要提供充足的证据。例如：生产厂家的新炉改造方案等书面证据，可体现出新炉究竟用了旧炉哪部分，或哪部分元件是二手的旧物；炉体改造相关技术人员的证人证言，能够证明存在旧元件等直接证据。在律师引导下当事公司着手进一步搜集证据。

后补充侦查期限届满，该案补充侦查未果，再次进入审查起诉阶段，案件关键问题——涂层炉的价格仍没有得到解决。与此同时，律师经大量法律及案例检索，发现本案中当事公司进口新涂层炉的行为属于进口普通货物，不考虑本案特殊情况，只看基本事实与法律规定，该案件应按进口普通货物申报缴纳关税，企业的行为的确触犯了走私普通货物罪。

在此情况下，律师主动与检察官取得联系，深入交换意见，商谈可否在企业补缴税款的条件下，利用最高人民检察院保护民营企业的政策优势，将情节轻微不起诉的法律规定适用于本案，对涉案企业采取不起诉处理。如此处理，涂层炉的价值问题就不再是本案的争议焦点，案件可以顺利推进，企业也能够足额补缴税款和罚款，使国家税收损失得到弥补，同时也响应了最高人民检察院《关于充分发挥检察职能服务保障"六稳""六保"的意见》中依法保护民营企业正常生产经营活动的要求。意见初步得到检方认可后，律师着手搜集当事公司的各项成绩，形成辩护意见，向检方提交。

四、裁判结果

走私普通货物、物品罪是指违反海关法规，逃避海关监管，非法运输、携带、邮寄国家禁止进出口的武器、弹药、核材料、假币、珍贵动物及其制品、珍稀植物及其制品、淫秽物品、毒品以及国家禁止出口的文物、金银和其他贵重金属以外的货物、物品进出境，偷逃应缴纳关税额5万元以上的行为。对单位判处罚金，并对其直接负责的主管人员和其他直接责任人员，处3年以下有期徒刑或者拘役；情节严重的，处3年以上10年以下有期徒刑；情节特别严重的，处10年以上有期徒刑。

经过研判，检方认为本案确实存在事实不清问题，认可辩方提出的涂层炉的电源部分没有运输回日本，新炉电源与旧炉电源相同所以无须更换，如此看来至少电源的价值应从设备总价值中扣减的观点。走私普通货物、物品的价值在走私案件中至关重要。走私金额关乎定罪量刑，因此在确认涉案基础货物价格后，才能够根据综合税率、数量等，综合统计得出偷逃税额的总额。因此可以说货物的实际价格对于确定嫌疑人是否构成犯罪、罪轻罪重是至关重要的，在走私案件办理过程中，对于基础价格的认定亦应予以足够的关注。

五
权益保障篇

基于以上分析，检方也认为根据现有情况涂层炉价值无法确定，进而偷逃税款数额无法准确认定，案件存疑。在此基础上对于案件应更谨慎地审查认定。

最终，经过多方协调，检方依据《刑事诉讼法》第177条"对于犯罪情节轻微，依照刑法规定不需要判处刑罚或者免除刑罚的，人民检察院可以作出不起诉决定"及《刑法》第13条"一切……危害社会的行为，依照法律应当受刑罚处罚的，都是犯罪，但是情节显著轻微危害不大的，不认为是犯罪"的规定，对案涉企业作出不起诉处理。

五、案例提示

1. 该案中律师接受委托后首先对案件整体评估，确定该企业的行为按法律规定确实构成犯罪，在此前提下对案件卷宗认真研究，找出证据存疑的问题，有效利用存疑有利于被告人原则。

存疑有利于被告原则是指认定事实存在模糊之处时，应作出有利于被告人的判决、裁定，亦即在刑事诉讼过程中，当案件事实在证明过程中出现不确定的因素时，应作出有利于被告人的解释或认定。该原则也被称为罪疑唯轻原则，是指犯罪事实上存在与否在证据上尚有合理怀疑时，则本乎刑罚解释谦抑性的作用，应为有利于被告之推定。刑法作为善良人的大宪章与犯罪人的大宪章，理应发挥其保护、打击的双重作用。刑罚权的指向并不只是对各种破坏社会关系行为的惩罚，而更是对刑罚权实施范围与强度的限定，从而体现其正义性。而真正体现刑事正义的是刑事个案的处理，存疑有利于被告原则的确立，并不是对犯罪行为的姑息与放纵，而是要通过对个体权利的维护来保证对公民普遍权利的维护，它可能会牺牲小正义，但同时维护了大正义。因此，存疑有利于被告原则无疑是一条基本的人权原则。刑法与刑罚的功能也决定了存疑应该有利于被告。现代刑法确定了罪刑法定原则，刑法、刑罚的权益保护功能与自由保障功能必须达到相对的平衡，刑罚作为最严厉的制裁手段，只应在必要及合理的范围内实施。在案件事实存在疑问时作出有利于被告人的认定，客观上维护了司法的自由保障功能，体现了刑法的谦抑性。我国刑事诉讼法体现公平平等原则，其中明确规定必须有足够证据才能定罪量刑，在证据模糊不清的情况下，法院应该按照有利于被告的原则处理，也就是说存疑有利于被告是基本人权法则。这一原则的贯彻实施可以减少冤假错案的发生，体现刑事诉讼法的司法权威。本案中律师巧妙利用证据存疑之处来说服检方考虑作出不起诉决定。

2. 由于案涉企业属于优秀民营企业,应有效利用最高人民检察院保护民营企业的政策优势,将检方向政策优势的方向引导,给检方作出不起诉决定更加有力的理由。

法律保护民营企业是确保民营经济健康、稳定、持续发展的重要基石。司法机关应充分考虑民营经济的特点,严格区分经济纠纷与经济犯罪的界限,平等保护各类所有制经济的合法权益。应审慎妥善办理涉民营企业案件,全面准确贯彻宽严相济刑事政策和少捕慎诉慎押刑事司法政策,最大限度减少司法办案给企业生产经营带来的不利影响。坚实的法治保障是最有效、最根本的保障,是提振民营经济发展信心的重要一环。法治是最好的营商环境,为民营经济的发展提供了稳定、可预期的法治环境。通过法律保护,民营经济能够更好地践行新的发展理念,转变发展方式,调整经济结构,转换增长动力,实现高质量发展。法律保护民营企业是确保民营经济健康发展的关键所在。通过立法、司法等多方面的保护措施,为民营企业提供了全面、有力的法律支持,为民营经济的发展壮大奠定了坚实的基础。

3. 说服当事公司如果补缴税款能换取不起诉是该案最佳的处理方式,让公司积极补缴税款。

依法纳税是每个公民和企业应尽的义务。补缴税款是纳税人或企业因某种原因未能按时足额缴纳税款后,按照税法规定和税务机关的要求,对少缴或未缴的税款进行补缴的行为。这体现了纳税人对国家税收法律的尊重和遵守,是履行公民义务的重要体现。税收是国家财政收入的重要来源,也是调节社会收入分配、实现社会公平的重要手段。补缴税款有助于维护税收制度的公平性和公正性,确保每个纳税人或企业都按照其应纳税额进行缴纳,避免因为某些人或企业的逃税行为而损害其他纳税人的利益。税收是国家运转和提供公共服务的重要经济基础。补缴税款能够增加国家财政收入,为国家提供更多的资金支持,从而保障国家在经济、社会、文化等各方面的正常运转和发展。补缴税款有助于维护市场的公平竞争环境,促进经济的健康发展。通过打击逃税行为并要求补缴税款,可以维护市场秩序,防止不正当竞争和恶性竞争,为各类市场主体创造一个公平、公正、透明的经营环境。补缴税款的过程也是纳税人或企业接受法治

五
权益保障篇

教育、提升法治意识的过程。通过补缴税款,纳税人或企业能够更深刻地认识到税收法律的重要性,增强遵守税收法律的自觉性和主动性,从而推动整个社会的法治建设。

如此几个不起诉条件同时满足,最终促使检方作出了不起诉的好结果,从而使该企业可以继续运营,保护了优质民营企业。

对法院委托鉴定机构所作的鉴定结论有异议之救济路径探析

关立君

一、案例介绍

1. 诉讼背景

2014年8月,某电力检修公司与某建材租赁站签订建筑材料租赁合同,某建材租赁站为某电力检修公司所在项目提供钢管、构件等建材租赁,某电力检修公司支付租金。

2014年8月至2016年5月12日,双方陆续发生建材租赁业务往来。在此之后,某电力检修公司因为从其他现场调入了大量建材,没有继续再从某建材租赁站处新增租赁建材的需求,双方业务终止,之前已租赁的建材也陆续归还。

2018年4月,双方签署租赁费结算单,结算单载明,截至2018年4月29日,双方确定最终结算金额15万元。后某电力检修公司支付部分租赁费,扣除2014年8月支付的押金10万元后,还剩余2万元租赁费未付。

2. 诉讼过程

2019年,某建材租赁站起诉某电力检修公司要求支付租金50万元及利息,后于2020年4月申请撤诉;2020年5月,某建材租赁站再次以同一诉请和事由起诉某电力检修公司。

某建材租赁站提交法庭的关键性证据之一,系一份落款时间为2018年9月2日的建材租赁站发料单,该发料单上显示有某电力检修公司工作人员黄某的签字,并据此主张该发料单中的未付租赁费某电力检修公司应予支付;而某电力检修公司主张该发料单系虚假证据，发料单上签字并非黄某签署，且落款时间被景某篡改，双方实际未发生该次收发料行为，故不应支付租赁费。

在诉讼过程中，对该发料单上黄某签字的笔迹鉴定情况出现了两种完全不同的鉴定结论。某电力检修公司自行委托的鉴定机构A对该发料单上的签名字迹鉴定结论为：该签名字迹不是黄某本人所书写；而法院委托的鉴定机构B鉴定结论为：签名是黄某书写。

此外，因该发料单上的落款时间存在被修改痕迹，且某建材租赁站在此前庭审中承认该日期是由其自行涂改，并称是"当天涂改的，因为笔误，写错了涂改的"，"涂改的9和其他内容是同一时间写的"。某电力检修公司申请法院对该被修改日期部分与发料单形成时间进行鉴定，经法院委托的鉴定机构B鉴定结论为：被修改日期部分与发料单形成时间不一致。

二、案例难点

对于某电力检修公司来说，确信客观事实为该发料单上的签字不是黄某签署，但诉讼过程中却出现了两种结论完全相反的鉴定意见：某电力检修公司自行委托的鉴定机构作出的结论为该签名不是黄某签署，对其有利，符合客观事实；而法院委托的鉴定机构作出的结论为该签名是黄某签署，对其不利，不符合客观事实。

从两份鉴定意见书的证明力度上来说，毫无疑问，在符合法定程序和相关规定的前提下，法院委托的鉴定机构所作出的鉴定结论证明效力更强，更具可信度和权威性，实务中往往会被法院采纳，作为认定案件事实的根据。

此种情况下，某电力检修公司对法院委托的鉴定机构所作的鉴定结论不服，能否申请重新鉴定？

最高人民法院《关于民事诉讼证据的若干规定》（法释〔2019〕19号）第40条第1款规定："当事人申请重新鉴定，存在下列情形之一的，人民法院应当准许：（一）鉴定人不具备相应资格的；（二）鉴定程序严重违法的；（三）鉴定意见明显依据不足的；（四）鉴定意见不能作为证据使用的其他情形。"

根据上述规定，若存在上述情形之一，人民法院应当准许重新鉴定。然而，若想满足该条件，还需要提供充分的证据以支持其申请，否则法院将不予准许重新鉴定。因此，某电力检修公司对法院委托的鉴定机构所作的鉴定结论不服，其救济路径成为代理本案过程中的难点之一。

三、法律分析

为探析某电力检修公司在上述情境下如何救济,法律分析部分将结合笔者在该案办理的实际情况,提供几种救济路径以供参考。

1. 通过质证程序反驳鉴定结论

司法鉴定意见因其鉴定资格及鉴定事项的专业性,往往超出审理法官的知识体系范畴,在符合法定程序和相关规定的前提下,通常会因其合法性、权威性而被法院采纳。然而,在某电力检修公司对该鉴定结论不认可的情况下,从鉴定事项的专业角度看,申请具有专门知识的人(专家辅助人)出庭与鉴定人进行专业的交流和质询,则十分有必要。

(1) 要求鉴定人书面回复及出庭

在对鉴定机构作出的鉴定意见书质证时,某电力检修公司可从该鉴定机构资格、程序、鉴定依据等方面进行质证,提出书面异议。法院收到异议后,应当要求鉴定人作出解释、说明或者补充。如某电力检修公司对该回复仍不认可,可向法院申请鉴定人出庭,接受各方当事人的询问和法庭的调查,对鉴定意见进行说明和解释。最高人民法院《关于民事诉讼证据的若干规定》第37条、第38条对此作出了具体规定。

最高人民法院《关于民事诉讼证据的若干规定》第37条规定:"人民法院收到鉴定书后,应当及时将副本送交当事人。当事人对鉴定书的内容有异议的,应当在人民法院指定期间内以书面方式提出。对于当事人的异议,人民法院应当要求鉴定人作出解释、说明或者补充。人民法院认为有必要的,可以要求鉴定人对当事人未提出异议的内容进行解释、说明或者补充。"

最高人民法院《关于民事诉讼证据的若干规定》第38条规定:"当事人在收到鉴定人的书面答复后仍有异议的,人民法院应当根据《诉讼费用交纳办法》第十一条的规定,通知有异议的当事人预交鉴定人出庭费用,并通知鉴定人出庭。有异议的当事人不预交鉴定人出庭费用的,视为放弃异议。双方当事人对鉴定意见均有异议的,分摊预交鉴定人出庭费用。"

该案中,某电力检修公司申请鉴定人出庭。该鉴定报告中签字的鉴定人员有两名,最终只有一名鉴定人员出庭接受法庭询问和调查,另一名鉴定人员却以年事已高为由未出庭。

（2）申请专家辅助人出庭质证

专家辅助人是指具备某学科领域的专业知识，经当事人、诉讼代理人申请，在法院同意情况下，到庭对鉴定人作出的鉴定意见发表意见，辅助其进行诉讼的人员。最高人民法院《关于民事诉讼证据的若干规定》第83条、第84条对此作出了具体规定。

最高人民法院《关于民事诉讼证据的若干规定》第83条规定："当事人依照民事诉讼法第七十九条和《最高人民法院关于适用〈中华人民共和国民事诉讼法〉的解释》第一百二十二条的规定，申请有专门知识的人出庭的，申请书中应当载明有专门知识的人的基本情况和申请的目的。人民法院准许当事人申请的，应当通知双方当事人。"

最高人民法院《关于民事诉讼证据的若干规定》第84条规定："审判人员可以对有专门知识的人进行询问。经法庭准许，当事人可以对有专门知识的人进行询问，当事人各自申请的有专门知识的人可以就案件中的有关问题进行对质。有专门知识的人不得参与对鉴定意见质证或者就专业问题发表意见之外的法庭审理活动。"

该案中，法院委托的鉴定机构出具鉴定意见书后，某电力检修公司向法院申请两位在笔迹鉴定领域具有极高业务水平的专家辅助人出庭，与鉴定人进行专业问题交流，专家辅助人发表专业意见认为，法院委托的鉴定机构无论从程序上还是从实体上均存在诸多重大问题，该笔迹应为摹仿笔迹，而不是黄某本人签名。

2. 向法院申请重新鉴定

如上文所述，根据最高人民法院《关于民事诉讼证据的若干规定》的规定，申请重新鉴定的条件包括以下几种：（1）鉴定人不具备相应资格的；（2）鉴定程序严重违法的；（3）鉴定意见明显依据不足的；（4）鉴定意见不能作为证据使用的其他情形。

该案中，若想满足前3项条件几乎已无可能，只余第4项的兜底情形似乎还存在适用空间。但对于其他情形具体包括哪些又未予以具体明确。代理律师在承办过程中，一方面努力通过其他途径推动案件，另一方面始终未放弃重新鉴定的申请。

3. 向司法行政机关投诉

如认为鉴定机构或鉴定人在执业活动中存在违法违规情形，当事人可以向司法鉴定机构住所地或者司法鉴定人执业机构住所地的县级以上司法行政机关投诉。司法行政机关根据投诉处理工作需要，可以委托司法鉴定协会协助开展调查工作。接受委托的司法鉴定协会可以组织专家对投诉涉及的相关专业技术问题进行论证，并提供论证意见；组织有关专家接待投诉人并提供咨询等。

投诉人、被投诉人认为司法行政机关的投诉处理结果侵犯其合法权益的，可以依法申请行政复议或者提起行政诉讼。

以下将相关程序简要列举：

（1）投诉途径：根据《司法鉴定执业活动投诉处理办法》第10条的规定，公民、法人和非法人组织可以向县级以上司法行政机关投诉司法鉴定机构和鉴定人在执业活动中的违法违规行为。相关案例如江苏省高级人民法院（2018）苏行申1188号、江苏省高级人民法院（2019）苏行终1511号。

（2）投诉处理：司法行政机关接到投诉后，应进行全面、客观、公正的调查，调查结果应书面答复投诉人。相关案例如北京市高级人民法院（2020）京行申222号、北京市第一中级人民法院（2019）京01行终856号、辽宁省高级人民法院（2016）辽行申522号。如果投诉事项查证不实或无法查实，司法行政机关应对被投诉人不予处理，并向投诉人说明情况，并且可能会有批评教育训诫等处理方式。相关案例如江苏省高级人民法院（2019）苏行申1798号、山西省高级人民法院（2020）晋行申251号。司法行政机关根据投诉处理工作需要，可以委托司法鉴定协会协助开展调查工作。接受委托的司法鉴定协会可以组织专家对投诉涉及的相关专业技术问题进行论证，并提供论证意见；组织有关专家接待投诉人并提供咨询等。相关案例如湖南省郴州市中级人民法院（2019）湘10行终180号、北京市高级人民法院（2023）京行申818号、北京市第三中级人民法院（2019）京03行终1254号和北京市高级人民法院（2018）京行申1138号。

（3）行政复议：如果对司法行政机关的处理结果不满意，可以向上级司法行政机关申请行政复议。行政复议机关应当自受理申请之日起60日内作出复议决定。相关案例如江苏省高级人民法院（2019）苏行申1798号、福建省福州市中级人民法院（2021）闽01行再1号。

（4）行政诉讼：在某些情况下，投诉人也可以选择提起行政诉讼，请求法院

五
权益保障篇

撤销相关答复和复议决定。相关案例如江苏省高级人民法院（2019）苏行申1798号、北京市第一中级人民法院（2019）京01行终856号。

（5）不予受理的情形：根据《司法鉴定执业活动投诉处理办法》第15条的规定，仅对鉴定意见有异议的情况不予受理，或者如果投诉事项已经被司法行政机关处理或结案，没有新的事实和证据，或者有异议但未违反司法鉴定管理规定等情形下，则不予受理。相关案例如吉林省高级人民法院（2019）吉行申82号、辽宁省高级人民法院（2020）辽行申717号、辽宁省高级人民法院（2016）辽行申522号。

该案中，某电力检修公司对该鉴定结论不认可，并将异议反映至省司法鉴定协会，省司法鉴定协会组织全国笔迹鉴定专家对上述鉴定事项进行论证并形成专家意见，专家认为发料单上的该签名笔迹特征与黄某本人的签名存在明显差别，存在高仿的可能。专家意见文件成为某电力检修公司该案的重要证据之一。

4. 向公安机关刑事报案

鉴于某建材租赁站在诉讼中提交虚假证据，涉嫌虚假诉讼，法院还可以根据情节轻重对其予以罚款、拘留，如认为构成犯罪的，法院可依法直接移送公安机关，并裁定中止本案审理。

《刑法》（2017年修正）第307条之一【虚假诉讼罪】第1款和第2款规定："以捏造的事实提起民事诉讼，妨害司法秩序或者严重侵害他人合法权益的，处三年以下有期徒刑、拘役或者管制，并处或者单处罚金；情节严重的，处三年以上七年以下有期徒刑，并处罚金。单位犯前款罪的，对单位判处罚金，并对其直接负责的主管人员和其他直接责任人员，依照前款的规定处罚。"

《关于进一步加强虚假诉讼犯罪惩治工作的意见》（法发〔2021〕10号）第14条规定："人民法院向公安机关移送涉嫌虚假诉讼犯罪案件，民事案件必须以相关刑事案件的审理结果为依据的，应当依照民事诉讼法第一百五十条第一款第五项的规定裁定中止诉讼。刑事案件的审理结果不影响民事诉讼程序正常进行的，民事案件应当继续审理。"

在民事诉讼进行的同时，某电力检修公司依据已掌握的线索，包括专家论证意见表、鉴定报告以及其他本案相关材料等，向案件承办法官以及法院职能部门控告本案涉嫌虚假诉讼犯罪，要求移送公安机关、中止本案审理，以及时制止某建材租赁站继续进行虚假诉讼等有关违法行为，维护自身合法权益。

该案中，在法院尚未决定移送的情况下，某电力检修公司持上述有关证据材料直接到当地公安机关刑事报案，控告某建材租赁站以捏造的事实提起民事诉讼，妨害司法秩序，构成虚假诉讼罪。当地公安机关答复，不直接受理当事人直接控告的虚假诉讼罪案件，因该案件在法院审理过程中，法院对该案是否涉嫌虚假诉讼往往会了解较为深入，故其受理的虚假诉讼罪案件通常由法院移送到公安机关。

笔者认为，必要时，还可考虑向当地纪律检查委员会、监察委员会、中央巡视组等有关部门反映情况，以寻求救济。

5. 搜集其他事实和证据

对于案涉发料单上黄某的签字真伪问题，尽管法院委托的鉴定机构作出的笔迹鉴定结论对某电力检修公司不利，但笔者及某电力检修公司仍努力通过各种方式和角度搜集其他事实和证据，以推翻该鉴定结论，证明双方就该发料单并无实际收发料事实。这主要包括以下几个角度：

（1）法院委托鉴定的另一"形成时间"鉴定结论

该发料单上显示的时间虽然为"2018年9月2日"，但从肉眼即可明显看出，该日期极似由"2016年4月2日"篡改而来。某建材租赁站经营者及本案诉讼代理人景某在此前庭审中，曾承认该日期是由其自行涂改，并称是"当天涂改的，因为笔误，写错了涂改的"，"涂改的9和其他内容是同一时间写的"。但法院委托鉴定机构作出的鉴定结论为：被修改日期部分与发料单形成时间不一致。

对此，景某在庭审中无法自圆其说。以此证明该鉴定结论已经可以证明景某的主张系其编造的虚假陈述，该发料单根本就是其自行伪造的"证据"，双方根本未就该单据实际收发料。

（2）黄某的不在场证明

在某建材租赁站所主张的黄某签字日期，黄某本人并不在当地，并提供火车票、异地消费凭证等证据，因此黄某不可能到某建材租赁站处收料、签字，以此证明某建材租赁站完全系虚构租赁事实。

（3）黄某的职务权限

黄某的职务并非办理收退料人员，没有办理收料的权利，而是负责办理结算手续，也从未办理过收发料，对此黄某进行出庭作证，但案涉发料单中却显示的是黄某签字，不符合双方收发料的一贯做法。

(4) 建材租赁行业惯例

在真实的租赁行为下，发料单的签具日期即起租日期。而某建材租赁站提交的2018年9月2日发料单中，发料单签具日期与起租日期并不是同一天。结合建筑建材租赁的特点，因为涉及大量的现场清点工作，不存在后补或提前签具发料单的客观可能。以此证明该发料单明显系伪造而来，双方根本不存在收发料事实。

(5) 双方交易习惯

某建材租赁站自2018年8月17日以来，从未向某电力检修公司开具发票或进行结算申请，结合双方以往的交易习惯，亦可见双方之间并无租赁案涉发料单所载建材的事实。自2018年8月17日或2018年9月2日（该日期已鉴定系伪造）以来，某建材租赁站不可能任由某电力检修公司"使用"租赁建材，而不进行任何结算提报或开票事宜。

(6) 项目实际建材租赁需求

在2014年至2016年近两年的时间内，某电力检修公司向某建材租赁站租赁的建材合计数量，还不及案涉一张发料单的租赁数量大。经估算，某建材租赁站提交的发料单所载建材数量至少达几百吨，超出某电力检修公司在项目上的需求数倍，这明显违背项目现场对建材需求的规律，显属伪造。

(7) 某建材租赁站的实际履约能力

笔者与某电力检修公司工作人员一同走访某建材租赁站的货场，该货场原所属的社区居委会工作人员表示，其在工作期间需巡视下属片区的状况，自2018年年初开始即未见货场有任何经营行为，基本处于关停状态。因此，某建材租赁站在2018年年初已经开始搬空，根本不存在其主张的对外发料的实际履约能力。

四、裁判结果

一审、二审法院最终均采纳了一审法院委托的鉴定机构作出的鉴定意见，未启动重新鉴定程序，亦未将案件移送公安机关处理；但经开庭审理，认为某建材租赁站的发料单证据在出具时间上有明显涂改，且涂改部分形成时间与单据其他部分形成时间不一致，某建材租赁站亦无其他证据证明，故属于瑕疵证据，对该发料单不予采信。最终支持了某电力检修公司的抗辩意见。

五、案例提示

  本案例具有一定特殊性和典型性,该案实际历经了一审、二审、发回重审一审及二审,代理过程曲折,在法院委托的鉴定机构作出的鉴定结论与事实不符、证据形势对我方严重不利的情况下,笔者及某电力检修公司之间通力配合,不懈努力,积极探索民事、行政、刑事各种救济路径,并结合该案实际情况和建材租赁行业特点,搜集各方面事实和证据,包括申请发料单字迹形成时间鉴定、申请专家辅助人出庭、通过司法鉴定协会获得全国顶尖权威专家意见、向公安机关刑事报案、走访现场、从行业惯例和双方交易习惯等角度充分说理论证等。虽然法院判决理由较为简要,但上述因素无疑对法官内心确信及行使自由裁量权起到了重要作用。